官商跃迁

简史——中国古代政商关系

孙国生　尚进　朱承亮 著

团结出版社

图书在版编目（CIP）数据

官商跃迁 ： 中国古代政商关系简史 / 孙国生， 尚进，
朱承亮著. -- 北京 ： 团结出版社，2024. 8. -- ISBN
978-7-5234-1070-7

Ⅰ. F729.2

中国国家版本馆CIP数据核字第2024YS5529号

出 版：团结出版社
　　　　（北京市东城区东皇城根南街84号　邮编：100006）
电 话：（010）65228880　65244790（出版社）
网 址：http://www.tjpress.com
E-mail：zb65244790@vip.163.com
经 销：全国新华书店
印 装：武汉市卓源印务有限公司

开 本：170mm×240mm　16开
印 张：21.5
字 数：296千字
版 次：2024年8月　第1版
印 次：2024年8月　第1次印刷

书 号：978-7-5234-1070-7
定 价：88.00元

序 言
政治与商业密不可分

从最早的以物易物的时期开始，商业就成了人类文明中不可或缺的一环，商业作为交易这一概念的延伸，在人类社会发展的过程中起到了至关重要的作用，甚至很多时候，商业发展的过程深刻影响着整个社会发展的过程。

但我们认为，对于商业的研究，尤其是对于商业发展的研究，是不能够脱离政治这一因素的。

很多人把钱和权作为追逐的目标，明代朱载堉在《十不足》中如是写道：

> 逐日奔忙只为饥，才得有食又思衣。
> ......
> 家人招下数十个，有钱没势被人欺。

虽然《十不足》是讽刺贪得无厌的心理和行为，也从侧面反映出很多人的欲求，即"有钱"和"有势"，有钱才能衣食无忧，有势才能不被人欺。"有钱"离不开商业，而"有势"则离不开政治，商业和政治反映了人们的追求，所以政商关系往往是一个时代的缩影。

或许有些人会觉得政治与商业的关系从近代才开始紧密，其实不然，无论古今中外，政治与商业都是密不可分的。

早在古希腊时期，古代雅典政治家、军事家伯里克利曾在为纪念伯罗奔尼撒战争中牺牲的将士举行的国葬典礼上（公元前431年）发表演说，他在演说中描绘了理想城邦中，人人参与到城邦商业和政治事务活动中的景象，这一演说至今仍在影响着民主制度的构建。

而伯里克利之所以把商业和政治放在同等地位，就是因为古希腊立国的根基就是其发达的商业文明。商业的发达铸就了强大的军队，从而商业对政治产生了极大的影响，可以说，没有发达的商业，也就不会有古希腊民主制度。

实际上，古希腊民主体制本质上就是一种契约体制，国家依法治理，而法就是国家的契约，同时公民个人之间订立的契约则是个人的法律。而商业文明同样也建立在契约体制上，所以发达的商业成为民主制度的基础。

商业与政治互相影响的更典型案例是英国，英国大宪章几乎是所有宪章的起源，在英国的宪政过程中，新兴的商业贵族与传统的土地贵族联合起来，迫使代表专制等级体制的国王步步退让，最终在英国建立了议会至上的君主立宪制度，堪称商业影响政治的典范。

而在中国，商业一直是受到压制的，"士农工商"，商人的社会地位是最低的（在《十不足》中也提到"有钱没势被人欺"，商人地位之低下可见一斑），但即使在中国，也不是所有王朝都排斥商业，况且商业只是受到抑制，甚至多数时候从属于政治，但这恰恰说明了政商之间深刻的互相影响。

从学术的角度来说，政商关系作为一种极为重要的社会关系，是一种多层次的复合结构，从中可以折射出某一国家在一个特定时期的政治经济模式、政治生态、经济发展水平、社会文化思潮等方面的具体状况。在大一统中央集权君主政治长期延续的中国古代社会，政商关系的特点尤为显著，集中表现为以专制皇权为核心的政治权力始终主导着社会经济的发展，商业的发展服务于国家政治目的，政商之间缺乏明显的界限等内容，从政治学的视角来看，这是一种典型的依附型政商关系。中国古代社会的依附型政商关系自身具有独特的发展脉络和演进路径，其形成的机理正蕴藏在历代王朝有关政治与商业关系的政策网络、制度安排以及文化结构之中。

在多采用"抑商"政策的古代，是如何管理政商关系的？官员又如何同商人打交道呢？如果官员和商人来往过密甚至为商人站台，官员会面临处罚吗？从古至今政商关系如何发展和演变？这些问题都将在本书中得到答案。

唐太宗说：以史为鉴，可以知兴替。对于政商关系发展史的研究和探讨是很有必要的，笔者希望，这本书对于每一位读者来说，不仅仅是讲述和分析了一段历史。不管是社会还是企业甚至个人的发展，都可以从政商关系的发展史中获得启迪，因为政治从某方面来说是一种管理，而商业总是与获取收益分不开关系，不管是个人还是企业乃至国家，这两个方面都是非常重要的，而如何处理好二者的关系，我们不妨从历史中寻找答案。

当然，这个问题答案不唯一，对于每个人，每个企业，甚至每个国家来说答案都不同，所以本书会给予详尽而客观的分析，并不会给出直接的结果。

出于多方面考虑，本书中对于政商关系发展史的研究主要集中在我国，希望各位读者学有所获并加以指正。

目 录
Contents

第一章

中国古代政商关系概述

古今中外，无论何种国家或政体，商业与政治从来都无法分开。在我国，商人在古代地位不高，但是和政府官员又有着千丝万缕的联系。对于我国政商关系的研究，可以从两个大的部分展开，分别是中国古代政商关系和中国近代政商关系。

一方面，鸦片战争前后，统治阶级对于商业的态度差别很大，政治对于商业的影响也几乎两极反转。

另一方面，二者间的过渡以及变化过程，和两个时期间政商关系的对比，都是非常值得研究和探讨的。

按照时间的顺序，我们先来研究中国古代政商关系。

延伸阅读：

作为中国近代史的开端，鸦片战争的发生，其实也是商业影响政治的结果。虎门销烟时，林则徐在与英国交手之前，也有考虑过与英发生战争的可能性，但当时出于政治因素考虑，林认为英国女王不会远渡重洋与中国轻启战端。

但他只考虑了政治因素而忽略了商业对于政治的影响，商人们的利益受到损失，影响了国会投票，结果几票之差英国国会通过了对华开战的决议。鸦片战争发生，也揭开了轰轰烈烈的近代史。

可以说，鸦片战争的发生是一种必然下的偶然，中国必然会开启近代史，但近代史的开端不一定是鸦片战争，而这一次偶然的发生，恰恰是因为商业对于政治的影响。

所以对于政商关系的研究也是判断未来局势发展的重要依据。

第一节　中国古代政商关系溯源——制度篇

一、中国古代商业起源

中国是世界上商业兴起最早的国家之一，著名经济史学家赵冈指出："中国的国内商业活动，不但起源极早，而且十分发达，其发达之程度与其他若干部门几乎不成比例。"[①]

大量的文献证明，早在上古尧舜时期，中华文明尚处萌芽阶段，市场制度就已经开始建立，商品交换的领域也已相当广泛。

在《易经·系辞》中是如此形容早期易市的："庖牺氏没，神农氏作……日中为市，致天下之民，聚天下之货，交易而退，各得其所。"其大意为伏羲氏寿终后，神农氏兴起……神农氏规定每天日中时分为集市交易时间，招来天下百姓，聚集天下货物，相互交换贸易后离开，让人人都能得到其所需的生活用品。说的就是神农氏时期的商业萌芽，这说明了我国商业兴起的时间是非常早的。

实际上，我国商业不仅仅是兴起得早，纵观整个中国古代史，商业也都起到很大的作用。《管子·揆度》中提到过一种"尧舜之数（轻重之术）"，其中一部分讲的就是古代商业的逻辑，原文是"至于尧舜之王，所以化海内者，北用禹氏之玉，南贵江汉之珠，其胜禽兽之仇，以大夫随之。"[②]大意是在尧舜当王的时候，之所以能够治理好天下，就是因为在北方取用禹氏的玉石，从

---

① 孙志香.中国家户制传统与农村发展道路[J].中国社会科学，2015.

② 秦都雍.古代商家经营方略面面观[J].企业活力，2001，08（8）：44—44.

南方取用江汉的珍珠，他们还在驱捕野兽时，使大夫参与其事①。

这也是早期政治驱使商业达成目的的思维，这种思维在很大程度上影响了后世，以至于"商业服从于政治""商业服务于政治"的思想在中国流传了数千年，也事实上造成了中国古代商业受到政治压制的局面。包括司马迁在《货殖列传》中提出的"天下熙熙，皆为利来；天下攘攘，皆为利往"，其内核是鼓励人们通过商业利益来诱使其他人顺应自己的意愿行动，也是这种思想的延伸。

上古贤王时期，尧就非常重视商品流通和交易活动："故尧之治天下也得以所有易所无，以所工易所拙。"②（大意是尧治理天下的时候，用有的东西来交换没有的东西，用擅长的来交换不擅长的）。

舜曾贱买贵卖，辗转贸易："顿丘买贵，于是贩于顿丘，传虚卖贱，于是债于传虚。"③（大意为在顿丘别人买某件东西贵，于是就卖到顿丘。在传虚卖东西便宜，于是从传虚买来东西拿去卖）

禹王也将商品交换作为治国安邦的大计之一："暨稷播，奏庶艰鲜食。樊迁有无化居。丞民乃粒，万邦作义。"④（文出自《尚书·益稷》，大意为：大禹与后稷一起带领人民播种百谷，这样老百姓既有米食可餐又有野兽可食。同时还鼓励百姓贸易有无，将自己家里多余的东西拿出来交换。人民于是有了口粮，万邦的百姓从此也就有了可供资养的依靠。）

到了商代，华夏先民们创造了商业发达、经济繁荣的社会景象，不仅平

---

① 因为当时尧舜规定，各国诸侯之子要当官的，要穿两张虎皮做成的皮裘，各诸侯国内的大夫们也要穿不同的野兽皮裘，这样大夫们手里的钱财就用来购买兽皮，百姓们就会自发地去山林里捕猎野兽，于是财货就在官员和百姓之间流通，形成商业，国君只要高坐朝堂，野兽就会被驱逐捕杀，百姓也能从商业中获利。

② 吴秋生.晋商关公财神[J].会计之友，2012，000（002）：封2，前插3.

③ 汪大海.立足勤奋实干当家[J].中国工商，2005，000（002）：150—151.

④ 袁瑛，吴金勇."庶国"的艰难崛起[J].商务周刊，2008（08）：39—44.

民以经商为生计，贵族也纷纷经营此道。《诗经》中载："商邑翼翼，四方之极。"[1]（大意为殷商都城富丽堂皇，是天下的榜样。）

春秋战国时期，《盐铁论》有载：燕之涿、蓟，赵之邯郸，魏之温、轵，韩之荥阳，齐之临淄，楚之宛、陈，郑之阳翟，三川之二周，富冠海内，皆为天下名都。说明在这一时期国内就已经兴起了一大批著名的都会，由此可见商业的发达。

《尚书》也载："肇牵车牛，远服贾，用孝养厥父母。"[2]（大意是努力牵牛赶车，到外地去从事贸易，孝敬和赡养你们的父母亲。）

此后历朝历代，商业繁荣的记录充盈史册。《史记》中记载秦汉之后商业繁盛，百姓热衷从商的情况说："汉兴，海内为一，开关梁，弛山泽之禁，是以富商大贾周流天下，交易之物莫不通，得其所欲。"（出自《货殖列传》，关梁指水陆交通之地，所以本段大意为汉朝兴盛的时候，海内一统，水陆交通要道畅通，所以富商们在天下间到处流走经营，交易各种货品，得到自己想要的）东汉王符也写道："今举世舍农桑，趋商贾，牛车马舆，填塞道路。"（大意为现在几乎所有人都舍弃了农桑之事，而想要行商，拉货的牛车马车堵塞了道路。）

隋唐鼎盛之时，商人经营遍及天南海北，大诗人元稹诗曰："求珠驾沧海，采玉上荆衡，北买党项马，西擒吐蕃鹦，炎州布火浣，蜀地锦织成。（出自《估客乐》）"

到了两宋时期，商业的发展达到了一个全新的高度《东京梦华录》中详细记述了都城汴梁民众富庶闲适的生活："八荒争凑，万国咸通，集四海之奇珍，皆归市易……伎巧则惊人耳目，侈奢则长人精神。"（大意为全国各州

① 刘洋，董清（摄影）."商邑翼翼四方之极——殷墟文物里的晚商盛世"展览开幕[J].中国国家博物馆馆刊，2013，000（006）：159—159.

② 汪寿明.古代孝道与现代社会关系之我见[J].世纪，2014，000（006）：58—59.

郡之人都往京都汇集，世界各国的使者都和宋朝往来。调集了四海的珍品奇货，都到京城的集市上进行贸易；荟萃齐九州的美味佳肴，都在京城的宴席上供人享受。奇特精湛的技艺表演使人耳目一新，奢侈享受的生活使人精神放松。）

明清以降，在商品经济的大潮下，民间社会空前繁荣，明代李鼎的《李长卿集》中有载：燕、赵、秦、晋、齐、梁、江淮之货，日夜商贩而南；蛮海、闽广、豫章、楚、瓯越、新安之货，日夜商贩而北。

龚自珍对晚清时中国社会的图景描述道："五家之堡必有肆，十家之邑必有贾三十家之城必有商。"

与发达的商业长期相伴的是，从春秋时期的一代"商圣"陶朱公到清末民初的晋商巨富乔致庸，几乎历朝历代都会有数位著名商人的传记或传说在民间广为传颂甚至载入史册，如春秋时期的范蠡、子贡，战国初期的白圭、吕不韦，元末明初时期的沈万三，清朝时期的伍秉鉴、乔致庸、胡雪岩、王炽、叶澄衷等，是我国古代著名的十大商人，也是杰出的商业领袖。如范蠡，堪称历史上弃政从商的鼻祖和开创个人致富记录的典范，《史记》中记载其"累十九年三致金，财聚巨万"。白圭，是最早的经商理论大师，提出了"人弃我取，人取我与"的经商名言。沈万三，元末明初的江南巨富，曾助朱元璋修南京城，且其个人承包三分之一工程费用，也是我国历史上最早的国际贸易商人。清朝末年的乔致庸，山西晋商的代表商人，人称"亮财主"。胡雪岩，作为红顶商人，曾协助创办福州船政局、上海采运局，开创胡庆馀堂雪记药号等，讲究"君子爱财，取之有道"。王炽是滇中首富，也是唯一一位上榜英国《泰晤士报》百年来世界最富有的中国人。这些商人所创造的巨额财富为世人所艳，史家称之为"素封"。也正是在一群群一代代商业领袖不凡表现的影响和带动下，中国才有着良好的商业发展。

然而一个商业发源早且发达的国家，数千年来商人的地位却非常低下，这在世界范围内几乎是独一无二的，我称之为"中国古代商业的特殊性"。

二、中国古代商业特殊性的成因

中国古代商业的特殊性，可以一言蔽之，即一方面人们认识到了商业的重要性，另一方面却又奉行重农抑商，使得商人的低位非常低下。

尽管商业在中国历史上是如此的早慧而发达，尽管历朝历代的统治者以及各派思想家们不乏对商业和商人在民众生活中"变贵贱、调余缺、度远近"等重要作用有着深刻的认识，尽管那些闻名遐迩的富商大贾们往往富埒王侯，纵观中国历史，"商"这一概念在整个古代社会的进程中始终讳莫如深，难登大雅之堂。

自秦始皇在著名的"琅琊台刻石"中深深铭刻上了"上农除末，黔首是富"（"上农"，即尚农、是推崇、鼓励农业，以农为本的意思。"除末"，中的末指的是商业，即以工商业为"末作""末业"，所以除末是取消、削弱工商业的意思。黔首，是当时统治者对老百姓的称谓，简单来讲，这八个字基本是重农抑商的意思），将重农抑商确立为基本国策之后，后世历代王朝同各种抑商制度与政策之间，似乎就有了解不开的结。自秦以后，国家机器对商业的控制、干扰以及盘剥始终不曾中断，给商业的发展烙上了深刻的权力烙印，中国古代史诚可谓是一部抑商史。几乎每个时代都实施了重农抑商的政策：战国时期的齐国，通过货币干预市场的方法逐步将盐铁生意的经营权收回到国家手中，再利用低价买入的方式降低商人的获利或让商人不获利，同时通过抬高粮价，提高农民种田积极性。唐朝时期，不允许商人骑马，划分出地域、规定出时间从事商业活动，不得违规。到了唐中后期，诸道重税，凡千钱以上者有税。宋元时期，茶、明矾、煤、香料等商品和盐、铁一样被国家所垄断经营，实行国家专卖禁榷制度，经营所得成为宋朝财政收入的主要来源。元代也对盐、茶、酒、金、锡、铁等实行官营专卖禁榷制度而清朝则限制商人的商品买卖，虽然开放了海禁，但海外贸易收归政府控制的广州十三行掌握，且粮、丝、铁、金银不允许下海。这种海禁政策对对外贸易产生了巨大的危害和影响,对后世带来了较大的负面影响。这些种种都是历朝历代重农抑商政策实施的表现。

无论王朝如何更迭,统治阶级如何变化,商人阶层都不是社会发展的主流,他们无一不在君主政治的高压之下委曲求全,始终被各类政治势力所摆布,无法充分掌握自己的命运。纵观中国古代史,无论在哪个时期,商人都难以在历史舞台上成为主角,可谓是"皇帝轮流做,不到商贾家"。

最典型的证明就是,从司马迁在《史记》中专门为商人作传之后,历代官方正史之中再难看到有关商人阶层的完整记述,无论是当代多么富可敌国的富商巨贾,都难在正史中留下寥寥数笔,更遑论整个商人阶层,所以纵观中国古代史,你会发现"古代商人"这一群体在历史中的形象几乎是一片空白。我们只能从文人墨客对人间繁华的赞颂中侧面了解那个时代下发达的商业。

诚如费正清[①]先生所说:"在中国这部历史长剧的发展中,商人阶层没有占据显要的位置。它只是一个配角也许有几句台词 —— 听命于帝王、官僚、外交官、将军、宣传家和党魁的摆布。"

延伸阅读:关于"黔首"

公元前 221 年,即秦始皇统一中国的当年,颁布了"更名民曰黔首"的法令,使大部分奴隶变成了农民,进一步肯定了生产关系和阶级关系的重大改变,引起"天下大脯"的欢腾场面。于是黔首一词就成了当时统治者对老百姓的称谓。

---

① 费正清,本名 JohnKingFairbank,美国学者,国际汉学泰斗,中国学研究的奠基人.

在历代王朝普遍推行的抑商制度的背后是一个至为强大的政治权力制度安排，即以专制皇权为核心的大一统中央集权制度。中国历史上长期处于大一统中央集权王朝政治体制之下，其中虽有一些分裂动荡的时期，但是每一次分裂和动荡最后都以向大一统秩序的复归而告终，并且一统王权下的稳定时期总体上要远长于分裂动荡的时期。

王国斌[①]先生则认为："中华民族的一大特点在于它有能力使帝国制度不断再生，数千年来中国不仅一直维持着统一帝国的形象，而且不断地再创统一帝国的实体。"

在延续两千余年的专制王朝模式中，最为核心的当属皇权的至高无上性，皇帝集全天下最为崇高尊贵之身份和压倒一切的绝对权力于一体，口含天宪，独断乾纲，是全社会的最高政治首领和实际的主宰者。在生产力低下的漫长农耕时代里，要想在如此广土众民的中华民族保持大一统皇权的经久不衰，必须完成一整套与之匹配的制度建设。

这其中主要包括三方面内容：

第一是政治层面的中央与地方的权力分配模式，即郡县制度以及与之相配合的纵向垂直的官僚组织体系，最大限度地保证皇帝对整个官僚机构的绝对控制，避免地方割据势力的滋生。根据记载，秦代有叛民无叛吏；汉代有叛国无叛郡；唐代有叛将无叛洲（典出自柳宗元《封建论》）。充分表明了郡县制的优势。

第二是全民思想与社会精英的控制模式，即独尊儒术和基于儒家文化的科举制度，以此实现对全体国民意识形态的大一统的同时将优秀的人才吸纳入政治体制之内，为君王所用。故而唐太宗在端门看到新科进士鱼贯而出时曾发出"天下英雄入吾彀中矣"的慨叹。（典出自五代王定保《唐摭言·述进士》）

---

① 王国斌，R. BinWong，美籍华裔汉学家，师从费正清先生．

第三则是建立并维持小农经济为主，工商经济为辅的宏观经济模式，其中尤为突出国家权力对国计民生的整体性掌控，保障皇权对社会资源的全面、彻底占有。

延伸阅读：
为什么小农经济能够保障皇权对社会资源的占有？

小农经济虽然是土地私有制，但却并非纯粹的私有制形式，而是在国家最高所有权支配下的土地私有制度。

在中国封建社会，国家对土地的最高所有权，不仅表现在人们的思想观念中，如秦始皇在琅琊石刻上所做的宣告："六合之内，皇帝之土，人迹所至，无不臣者"（《史记·秦始皇本纪》），和自魏、晋、唐以国家名义推行的均田制；而且更主要地表现为历代国家最高统治者所拥有的对国家地籍册上的每一亩土地的最后处分权和户籍册上的每一个人口的直接课税权。

这种建立在国家最高所有权支配下的土地私有制度基础上的小农经济，一方面使个体农户具有较多的自由，即使是佃农也是如此。他们除了受地主阶级的剥削外，人身并不受其支配；另一方面，他们又不得不受国家权力的支配，这与西欧封建社会领主制的庄园经济和农奴制有很大的不同。这种在国家最高所有权支配下的小农经济是中国封建社会经济结构的根本特征，也是全部封建的政治、文化等上层建筑赖以建立和长期存在的深厚而坚实的基础。

经过长期的历史实践和制度创新，中国古代君主政治的各项制度逻辑日臻精致和完善，而商业作为其中的一项重要内容，时刻处于政治权力的支配之下，集中地体现出为官所有，为官所管，为官所用的特征。具体而言，其中又包含两方面内容：

其一在于禁榷专营与经济统制相结合，即国家垄断或控制最重要、最核心、最关乎民生的经济资源，在这些行业和领域中最大限度地排斥市场，不容任何民间势力觊觎。比如在古代私贩盐铁往往是抄家灭族的重罪。

延伸阅读："官盐"的由来

盐在化学上叫氯化钠，本身属于大自然的馈赠，制作起来很容易，临海地区的人们只需煮干海水就可以得到盐，内陆也可以通过开采盐井来制备盐。

但是在我国古代，贩盐这件事似乎一直被官方垄断，也就是所谓的官盐。

其实官方垄断盐的交易起始于春秋时期的齐国，当时七国争霸，为了快速积累财富，管仲向齐桓公谏言，把盐的生产和贩卖变成国家行为，获得大量财富的齐桓公迅速成为霸主。

于是其他国家纷纷效方，把盐的生产贩卖收回国家手中。慢慢盐的买卖就成了官方行为，民间不能私人买卖了。

到了战国时期，随着商鞅在秦国变法，实行了比齐国更严厉的食盐专卖政策，不但课以重税控制了食盐的生产和流通环节，而且还置"盐铁市官"专川泽之利，管山林之饶，加强对食盐生产与流通环节的控制和管理，防止私煮私销。一旦发现有人私贩食盐，以秦国的法度，最轻也要砍断双脚。

其二则是国家实行各种制度化的抑商政策，严密监控商人的日常生产生活并对其课以重税，甚至公开半公开地掠夺商人财富，极力控制民间工商业的发展，将市场经济的规模限制在较低的层次和较小的范围。

三、从禁榷专营制度看政商关系对国运的影响

1. 禁榷专营制度的起源

"禁榷"[1] 是指专制王朝对一些极重要的商品禁止民营的同时由政府实行垄断专卖的制度，对禁榷的行业比如盐铁等的税被称为"榷税"。到了宋代，这一制度甚至作为国家获取财政收入的重要方法之一。

延伸阅读："榷沽"

一般来说，"禁榷"的范围包括茶、盐和酒等。但单独对某一项商品的垄断其实是有专门词汇的。

《宋史·食货志下一》有载："有司议勾收白地，禁榷铁货，方田增税，榷酤增价。"其中的"榷酤"，亦作"榷沽"，就是指酒行业的政府专卖制度，这一制度从汉代而始，历代封建王朝多有延续。

所以历朝历代"抑商"政策除了打压商人地位，钳制民间资本之外，最主要的一个方面体现为"权力宰制"。

权力宰制商业是中国历代封建王朝之间"默契的共识"，概因商业对于人类社会的影响巨大，而大一统专制皇权通过手中的权力宰制商业，也就成为其对整个社会控制系统中的重要环节。

具体来说，统治者为了强化对于国家经济命脉的控制，维护君主政治的稳固，往往采用禁榷专营的官工商业模式，禁止或者限制民间力量从事任何与国计民生相关以及利润特别丰厚的行业。在胡三省注资治通鉴（又称《资

---

[1] 禁榷，音 jìnquè；"榷"同"权"。

治通鉴音注》）中对西汉榷酒之事时对其做了详尽的解释："应劭曰：县官自酤榷卖酒，小民不复得酤也。韦昭曰：以木渡水曰榷。谓禁民酤酿，独官开置，如道路设木为榷，独取利也。师古曰：榷者，步渡桥。尔雅谓之石杠，今之略彴是也。禁闭其事，总利入官，而下无由以得，有若渡水之榷，因立名焉。"（大意是榷指渡水的横木，也就是独木桥，所以榷酤制度只让官家卖酒，百姓禁止卖酒，就像是独木桥一样，堵住其他路径仅留唯一路径，行垄断之事。）著名经济史学家傅筑夫对它的定义是"禁榷制度，就是官营工商业。所谓禁榷，就是对某种工商业完全由政府垄断，禁止私人经营。"（语出自傅筑夫的《中国封建社会经济史》。）

所以禁榷制度往往与专营相结合，这是中国历代王朝工商业制度和财政体系中的核心部分，尽管专制王朝不断更替，但这一制度却长盛不衰。究其本质在于政府凭借其公权力与行政特权维护和加强官营工商业在整个宏观经济中的支配性地位，进而全控制市场和流通领域，以实现最大限度地钳制民间资本的同时达到通过经济垄断获取巨额利润的目的。

在我国历史上首先从国家战略的层面上重视工商业营利性的思想家是春秋时期齐国的管仲，他在继承了齐国"极技巧，通鱼盐"的重商传统的同时，格外强调政府对国家经济进行宏观管控，明确提出了将"官山海"作为富国争霸之策，具体的手段就是由国家直接控制和开发山林湖泽等自然资源，所谓"泽立三虞，山立三衡"（即设立专门的机构让相关官吏统一管理山林菏泽），其中尤以控制盐和铁的产销为重。

管仲深刻地洞察到了盐铁专营对于扩充国家财政收入的重要意义，由于盐铁是民众日常生活所必需之物，消费面极广，政府只需全面控制货源并在出售之时对每人所需的食盐和铁制品略微加价，合起来就是一笔极为可观的财政专项收入。以管仲榷盐为例，《管子》云："十口之家，十人食盐，百口之家，百口食盐盐百升而釜。令盐之重升加分强，釜五十也。升加一强，釜百也。升加二强，釜二百也……万乘之国，人数开口千万也，禺策之，商日二百万十日二千万，一月六千万。万乘之国，正九百万也。月人三十钱之籍为钱三千万。今吾非籍之诸君吾子，而有二国之籍者六千万。使君施令曰：吾将籍于诸君吾子，则必嚣号。今夫给之盐策，则百倍归于上，人无以避此者，数也。"（文出自《管子·海王》，大意为"十口之家就是十人吃盐，百口之家就是百人吃盐。盐一百升为一釜。使盐的价格每升增加半钱，一釜可收入五十钱。每升增加一钱，一釜可收入百钱。每升增加二钱，一釜可收入二百钱。一个万乘的大国，人口总数千万人。合而算之。约计每日可行二百万，十日二千万，一月可行六千万钱。一个万乘的大国，征人口税的当征为数为一百万人，每月每人征税三十钱，总数才不过三千万。现在我们没有向任何大人小孩直接征税，就有相当于两个大国的六千万钱的税收。假设君上发令说：我就要对大人、小孩直接征税了，那就一定会引起全国大喊大叫地反对。现在取给于盐的政策，即使百倍归于君主，人们也是无法规避的，这就是理财之法"）垄断之事利重可见一斑。

"善者不如与民，量其重，计其赢，民得其十，君得其三"（文出自《管子·轻重乙》，大意是与其全都自己做，不如和民营经济合营，民众拿10，齐王拿3）。所以百姓的钱三七分账的事是自古有之，只不过管子是寄望于把蛋糕做大，垄断以强国，强国以利民，民众拿大头，后市盘剥者多行割韭绝户之事，不得不让人感慨人心不古。所以有时候始作俑者不一定坏，第一个用"俑"干坏事儿的人往往才是最可恨的。

前面提到，齐国有一富国争霸之策叫作"官山海"，秦国的政策山寨气息就很浓，叫"一山泽"，看名字就知道，同样是把自然资源垄断到"政府企业"的手中。

但秦齐两国在垄断模式上细节还是差不少的，秦国并不是完全"山寨"了齐国的做法，而是根据自身的情况进行了一定的改良（这种擅长"山寨＋改良"的手段在一定程度上也造成了秦国的强大），这也与两国主持垄断的人有关。

齐国不必说了，自然是射了齐桓公一箭还能成为齐国"相父"的传奇政治家管夷吾，以其为代表的轻重学派，本质上是前文中提到的利用人民逐利这一特点来制定管理政策。而此时的秦国，"当红"的是韩非子以及李斯为代表的法家学派，所以秦国是通过严格的法律来实现垄断行为的。

不管选择什么样的垄断模式，两者的本质并无不同，都是政治对于商业的遏制。

相比来说，秦国的垄断模式可能更加简单粗暴一些，因为两国对商业的重视程度不同，齐国通过商业强大，所以其根本在商业，在遏制商业上更愿意选择更加怀柔一些的手段，而秦国虽然也通过商业强大，但是前面提到了陕西地区主要是靠农耕和扩仗立国，所以对商业下起黑手来更加不留余地。

这也是禁榷专营制度的起源，有趣的是，这一制度从起源之日就对后世历史发展造成了巨大的影响。

具体来说，我们可以从秦齐两国在禁榷制度中政商关系的不同分析得出后来两个国家不同命运的原因。

这是我国政商关系发展史的重要一步，也是我们要研究政商关系的重要原因。

为了简单理解禁榷专营制度，以下以食盐禁榷制度为例进行简单分析：

食盐作为人们生活中的一种重要调料，在我国历史上一直是稀缺商品。而为了通过食盐获取暴利，我国对食盐进行了长达一千多年的禁榷制度。春秋之前食盐可以私人制作和贩卖，但齐国的国相管仲发现了食盐贩卖中的暴利。为了帮助齐国获得更多税收，管仲推出政令要求百姓们将自己制作的盐上交给政府，之后再按照人丁的数量进行供应，每户都只能购买一定量的食盐，盐的价格则要比之前的价格更高，并让齐国成为春秋时期实力最为强大的国家，后面每个朝代也纷纷效仿，开始了食盐的禁榷制度。

汉武帝时期，设置了大量的盐政机构，完全垄断了食盐，使食盐价格波动性极强，价格高到百姓无法接受。对底层百姓来讲，食盐成为一种药材，他们只有在长期没有吃盐，身体十分糟糕的时候，才会去官府买一点点救急，其生活之悲惨令人同情。这样的制度直到唐肃宗时期才得到了第一次修正，大臣刘晏为了精简盐政机构的人数和稳定盐价，提出了将官方生产的食盐先卖给部分大商人，再让他们去到各地贩卖的制度。这一改革让稳定了食盐价格，让食盐成为市场上的产物。

而到了宋代，作为中国历史上经济最发达的朝代，不仅经济制度有所创新，食盐管理上也有创新。宋代让商人们通过付出成本竞争获取食盐的经营权，以为朝廷牟利。宋朝时期，北方面临强敌威胁，为了维持军队所需要的粮草和财物，朝廷规定只要商人们能够将粮草运送到边境地区，就能从那里的军队负责人手里拿到盐引，商人们凭借盐引，去盐场换取等量的食盐，然后他们就可以在特许的地区，贩卖这些食盐了。这一做法看似可取，但拿到盐引的商人们并没有如同宋朝政府所想的那样去换盐然后贩卖，而是将盐引待价而沽，部分巨富之人就会用极高的价格买下这些盐，因此，朝廷生产的食盐都集中到了少部分人的手里。当时从事这门"生意"的，多为达官显贵或者他们的亲属，虽然后来受货币经济的影响，商人们利用金钱就可以购买到食盐，由此又产生了垄断现象。宋代，虽然经济繁荣，但由于对食盐等商品采取的禁榷专营制度，使食盐等商品的价格居高不下，不仅影响了百姓生活，也成为宋代经济政策中的一大败笔。

而到了明清时期，晋商、微商的崛起，食盐的利润几乎被这两大地域性商帮掌控，小食盐商贩们的利润空间逐渐被压榨殆尽。而由于他们的利润并不归统治阶级所有，因此明朝还专门出台了"盐政纲法"限制发展。盐政纲法就是将所有的盐商分为十个纲，然后按纲将他们登记在册，只有这些人才能从事食盐贩卖工作，这可以将贩盐的规模控制在一定范围之内。在明清时期，虽然食盐制造技术早已能够满足全国所有人的需要了，但是食盐的价格始终没有降下来，甚至有愈来愈高的趋势，而底层百姓也始终生活在水深火热之中。食盐禁榷制度在我国历史上实施了一千多年，直到道光年间外商涌入、政策的不断改革才使这一禁榷制度落下帷幕。

2. 从禁榷制度看秦灭六国

前文中提到，秦国和齐国虽然都实行禁榷制度，但是因为主持政策的人不同，所以两国政治对于商业的遏制也不同，因此也决定了两国的国运不同。

为何同样是禁榷（垄断），秦国一扫六合，虎视天下，齐国却从七雄落幕，成为输家？

其实本质上是政商关系的不同，齐国这边，管子遏制商业的同时也重视商业，以商业作为重要的手段反过来控制人民和政权，就是前文中提到的"天下熙熙，皆为利来，天下攘攘，皆为利往"，通过人们逐利的天性，引导人民实现自己的政治目的。

在《管子·国蓄》中有载："五谷食米，民之司命也。黄金刀币，民之通施也。故善者执其通施以御其司命，故民力可得而尽也。"这话是管子对齐桓公说的，大意是民众要吃大米，要花钱，那么只要控制大米和货币，就可以掌握民力。

想法很好，既能强国还能富民，把商业做强，把蛋糕做大，和百姓一起享用，但是这种政策反映出一种软弱，因为管仲选择了诱导而非管控的手段来影响市场，那么齐国政治对于商业的遏制就会很难。

所以实际上齐国是实行的比较怀柔的扼商政策，一方面统治阶级承认市场没法完全被控制，另一方面愿意分享市场的利润给民营经济。

另一边，秦国是法家当道，政治对商业下起手来就狠多了，他们通过法律制定了非常详细的规定来管理市场。

比如《云梦睡虎地秦简·金布律》中记载了秦国有这样的规定，受（授）衣者，夏衣以四月尽六月禀之，冬衣以九月尽十一月禀之，过时者勿禀。后计冬衣来年。囚有寒者为褐衣。为纂布一，用枲三斤。为褐以禀衣；大褐一，用枲十八斤，直（值）六十钱；中褐一用枲十四斤，直（值）四十六钱；小褐一，用枲十一斤，直（值）三十六钱。

其中不仅仅规定了发衣服的时间，连衣服的材料都说得很清楚，更过分的是，还规定了衣服值多少钱，可谓是非常详细了。

这就是秦国与齐国的不同，齐国的经济活动更加自由，但是秦国在经济活动中，几乎规定了价格，齐国的政策更加有利于商业发展，但秦国的政策更加有利于政令的实行，因为物价如此稳定的情况下，统计所需物资就会很简单。

甚至外地的商人来秦国做生意，是必须持有凭证的。齐国政府利用自己的权力优势和对于市场经济的理解，通过垄断、赏罚和制定政策的方法遏制商业。而秦国的方法则是通过非常详细的市场管理条例，政府通过明确的规定和物价规定，遏制商人阶级。

可以判断，齐国的商业一定比秦国发达，但同时，秦国的战争潜力一定比齐国强。

为什么？

秦国的政治对商业的遏制力更强，民营基础更弱，而且比齐国更加重视基础的生产，相比于齐国，秦国的商人力量更弱，政府对整个国家的掌控力更强，人民对于战斗的热情也更大。

秦国的禁榷制度是由法家主导的，而法家的基本政治理念就是君主利用统治权，以"刑"和"赏"两种权柄来驱使民众勤于耕战，达到富国强兵的目的。

这样做有几大优势：

第一，秦国重视耕种，很多政令和法律也优先保证耕种，加上引导民众能于耕种，那么秦国的农业就会发达，国民生计也将得到保障；第二，秦人勇于作战，甚至乐于作战，在冷兵器时代这将保证军队的战斗力；第三，如果人民都专注于耕种和作战，那么工商业体系就可以完全由国家来主导和专营，一方面加强了中央集权，另一方面也让加强了国家经济实力。

　　以上这些因素都导致了秦国战争潜力的强大，同时法家的这种思想也导致了秦国政府对民间工商业是极端排斥的。

　　所以最终结果如我们所见，秦灭六国，一统天下，但也开启了政治对商业强烈遏制的先河，此后皇朝轮转，岁月更迭，直至清末，抑商的制度仍被封建王朝延续。

延伸阅读：秦国的法律"细"到什么程度？

　　前文中提到，秦国通过法律制定了非常详细的规定来管理市场，那么具体有多详细呢？举一个简单的例子，秦国规定了许多财物的使用期限，以及损坏之后的处理方案。

　　比如，《金布律》中有规定，县、都官以七月粪公器不可缮者，有久识者靡懱（彻）之。其金及铁器入以为铜。都官输大内，内受买（卖）之，尽七月毕。都官远大内者输县，县受买（卖）之。粪其有物不可以须时，求先买（卖），以书谒其状内史。凡粪其不可买（卖）而可以为薪及盖蘙者，用之；毋（无）用，乃燔之。

　　就是说官府的公人用的器具，如果超过了使用期限，如果是金属，必须上交然后重新卖掉，如果可以继续使用，必须继续使用。如果实在不能用，再烧掉。

　　无独有偶，同样是《云梦睡虎地秦简》中有载，驾用官牛马而牛马死于某县，应由该县将肉全部卖出，然后上缴其筋、皮、角，并将所卖的价钱全部上缴，所卖钱如少于规定数目，令该驾用牛马的人补赔而向主管官府报告。

　　就是说官府的马匹如果死在某处，那么当地的官员需要将马肉全部卖出去，并且把筋、皮、角都上缴，如果马肉卖不到规定的价格，那么就要求负责出售马肉的官员补齐并上报。

可以说，在秦国，尤其是官府的财物，用什么材质，用多久，值多少钱都是有数的，非常详细。

3. 禁榷制度的发展和延续

虽然败于秦国，但齐国作为最早实行禁榷制度的国家，凭借这一制度迅速强盛，成为当时霸主。中国经济史学家傅筑夫认为，中国历史上的禁榷制度正是始自管仲。盐铁专营理念是管仲"轻重论"经济思想的重要成分，相当于一种"寓税于价"的特殊税收政策，这种增加国家财政收入的思路对后世王朝影响深远。

虽然早在春秋战国时期，就有管仲和商鞅的官山海、一山泽之政，但当时各国道路不同，禁榷制并非普遍的赋税政策。禁榷制成为全国性政策是汉武帝时桑弘羊实行盐铁管榷。

如果说管仲的"官山海"模式只是封建政权对禁榷专营制度的一次理论探索和初步实践，国家尚未对盐铁资源实行彻底的垄断和控制，仍有一定的官民分利的成分在内，那么汉武帝对盐、铁以及酒的专营则意味着中国古代大一统中央集权制王朝禁榷制度的正式确立。

汉武帝任用桑弘羊等人主持全国的盐、铁、酒的专营事项，由官府集中控制其生产和流通，严禁人民私自涉足这些产业的经营，以此将盐、铁、酒榷之利尽数收归国家。仅以汉武帝时期食盐专卖制度来看，《汉书》中记载："愿募民自给费，因官器作煮盐，官与牢盆……敢私铸铁器煮盐者，釱左趾，没入其器物……使孔仅、东郭咸阳乘传举行天下盐铁，作官府，除故盐铁家富者为吏。"（本段内容在《史记·平淮书》与《汉书·食货志》中都有相似记载，大意是官府提供制作盐的工具，招募百姓给予报酬制作盐……有敢于私自铸造制作盐的器具的人，左脚戴上镣铐，没收作案工具……于是使孔仅、东郭咸阳乘着传舍的车子到各地去督促实行官办盐铁，建立官府，除授原来经营盐铁的富家为小吏。）

这种做法比之管仲募民制盐、政府专卖的做法增加了政府对食盐生产方式的全面监管。中央政府在全国各地广设专管盐政的机构，不但控制了食盐的流通和销售环节，更直接涉足了生产领域，使得制盐业具有了官营手工业的性质，从而建立起了一套趋于完整的民产官督、官运官销的专卖体系，最大限度地使食盐产业整体国有化。

自汉武帝之后，盐、铁、酒三大产业成为此后历代王朝禁榷专营商品的核心部分，历代延续几乎从未中断。后世王朝无论是对这三种特殊商品采取垄断产销、招商专卖，还是课以重税的方式，其共同目的都与汉武帝类似，即实现"利归于上，人无以避"。宋人韦骧[①]评论说："酒酤之饶，盐、铁、山泽之利，一归公家，而百姓不得操其奇赢也。晋、魏、隋、唐以来，皆沿而为法。盖后世财用浸阔，不可一日无榷也。"（语出自《钱塘韦先生集·议榷货》，大意为酒水、盐铁与山川湖泊的利润都归了公家，百姓不能从中获利，晋魏隋唐历朝以来都沿用着禁榷的制度，大概后世的钱财用度，不能离开通过禁榷的手段获得。）

唐代之后，茶叶也成为禁榷商品。及至两宋，禁榷专营的种类之多、范围之广、资本金额之大、条例之苛刻、责罚之严酷，均大大超越前代。

这背后的原因也很简单，宋朝缺钱。读到这里，有些读者就会疑惑了，宋朝不是古代历史上最富有的朝代吗？为什么会缺钱？

原因还是要落回到政商关系上，宋朝虽是工商盛世，但其政治对于商业的遏制也是比较强的，最典型的例子，宋朝流传下来的史料并不匮乏，但却很难找到著名的巨商大贾和著名商帮的痕迹。

宋朝立国之初，为了加强中央集权，兵权都收归朝廷，朝廷的正规军总数常年维持在 140 万人左右，其中拱卫首都汴京的禁军就达 80 万之众。《水

----

① 韦骧，1033 — 1105 年，宋代文学家。原名韦让，字子骏，钱塘人。

浒传》中"豹子头"林冲的官衔为"八十万禁军教头",这并非小说作者随意瞎编的数字。因此朝廷背上了沉重的财政包袱。

为了赚钱养兵,宋朝就极大地扩大了禁榷制度的范围,对大部分主要商品实行了官营。基本上凡是民生必需的商品,如盐、铁、茶、酒、醋、矾等都在专营和管制之列,此外宋人还将香药、象牙等利润丰厚的奢侈消费品进行垄断专营。

朝廷的与民争利,必然导致资源性商品、生活必需商品及暴利稀缺商品被权力所抢占。而那些分散,难以管理和薄利的商品则由工商市民去经营。这就是为什么在工商如此繁荣的宋代,却无法诞生其他朝代都能出现的巨商和有影响的商帮。

经济层面上的禁榷制度的盛行相比较历代封建王朝,宋代是有过之而无不及,宋代对违法进入禁止领域的民间资本采取了十分残酷的政策。

宋太祖一方面大幅度减轻赋税,同时发布法令,私自贩运矾超过一两、私自销售矾超过三斤者,处死;煮碱达到三斤者,处死;私自酿造酒曲达15斤者,处死;贩运私酒运进城达三斗者,处死;私自贩盐十斤者,处死。对于茶税,则规定每一贯钱都要上缴给朝廷,"茶利自一钱以上皆归京师"。从制度的严苛可见宋朝对禁榷的重视,从宋朝的富有可见禁榷制度之暴利。

禁榷制度是导致中国古代社会中商业资本无法有效转化成产业资本的重要原因,它剥夺了任何民间势力涉足国家一切最有利的生产部门的可能。由于民间商人失去了对国家重要产业的控制权,他们只能从事那些居于国民生产下游的行业,在零散的初级市场中追逐微薄的利润。

四、君主政治对商人的制度性压迫

自汉代之后,历代专制王朝通过禁榷专营制度控制了国家宏观经济中几乎所有的上游产业和要素市场,同时也丝毫不放松对民间商人的制度性打压以及对民间市场交易的控制，此即一般意义上的"轻商"与"抑商"，这其中主要包括如下三个方面的内容。

1. 国家对市场的严密管制

在中国传统社会中，统治者运用政权的力量对市场进行强化管制的行为最早可上溯至西周时期。在《周礼·地官·市》以及《礼记·王制》等古代文献中可以看出周代国家从参与交易的商品、商人到市场的具体组织和管理都加以监督和限制，概括起来有如下措施：一是限制参与市场流通的商品，规定市外不准交易；二是禁止贵族直接参与市场交易；三是由政府规定市的不同类型，划定商品的种类与价格以及各种人等交易的时限，禁止在市外进行交易活动；四是派驻专职官吏掌管并维持市场秩序。

周代对市场的管制使商品交易处于政府严格的规制之下，目的在于使"工商食官"牢固地依附于统治机体，与社会严密的礼制秩序相一致。如《周礼》中记载的那样："凡国野之道，十里有庐，庐有饮食，三十里有宿，宿有路室，路室有委。五十里有市，市有候馆，候馆有积。"（大意为在道路每十里、三十里以及五十里的距离上设有庐、路室和候馆三种不同的馆舍以便旅客休息。其中庐制最为疏略惟为长广之周屋以便昼息。）

秦汉之后乃至隋唐，尽管工商食官的旧体制早已被打破，然而取代它的坊市制度仍然带有浓厚的抑商色彩，其实质仍是朝廷设市、专官管理、固定市场的位置、限制交易时间、管制交易行为与物价等。

即使宋代之后突破了坊市分离、县下不设市的传统官市格局，新兴的市镇工商业仍然处于皇权的钳制和搜刮之下，官府派员监督及征税，重要的市镇还会升级为县制。可见历代王朝大都通过对市场的控制来干预正常的商品流通过程，目的就在于限制工商业者获利。

中国古代社会的市基本属于君主政治结构中的一部分，市的兴废与商业自身的发展状况并无多大关系，反而是统治者意志的集中体现与之相对应的是，古代中国的城市同样也不是单纯的工商业生产或交换中心，而是政治统治和国家税收的中心。"城池之设，所以严守备而防民患也。"（大意为建设城池是为了严密守备，防止人患。）足以说明统治职能之于城市的至上性。

历代王朝在严格管制市场的同时更是极力保持对商人的人身控制，取各种高压手段打压商人的政治及社会地位。在中国古代社会中，工商业者要在城市中取得合法的居住权利以及营业资格，必须到官府去登记备案，审查通过后方能取得许可，这通常叫作"占市籍"。市籍制度发轫自先秦时期，由于市以及其中的房舍店铺等经营场所基本是官府所设，长期固定地在市场内从事交易活动的人，都必须先向官府登记，列入市籍，并按相关规章制度缴纳租税。

秦汉之后的历代王朝大都沿袭了这一制度，并将之作为控制长期固定在城市中做生意的工商业者的重要手段，如果商人没有市籍或者是"逃籍"者，则随时有被驱逐、籍没资产甚至逮捕的可能。专制王朝制定市籍制度的目的有二，一是为了更好地约束商人，有效地打击奸商诈骗、强买强卖以及偷税漏税等非法经营活动；二是政府借此可以直接控制工商业者个人，将其一举一动都置于严密的监控之下。商人一入市籍，身份地位就低于普通的编户齐民，要遭受普通民众一般遭遇不到的种种歧视和苛遇，其命运多舛可想而知。

2. 国家对商人地位的打压

在对民间市场保持严密管制的同时，历代王朝对商人的社会地位更是无时不在进行残酷地打压，不仅普遍禁止商人入仕为官，甚至连穿衣乘车这一类生活细节都要加以限制。在先秦时代，商鞅率先将"抑商"确立为国家正式制度，用政治强力限制从事商业的人数并强迫商人服徭役："令商贾、技巧之人无繁。"（语出自商鞅所著《商君书》，大意是让商人和手艺人不要那么多。）"以商之口数使商，令之廝、舆、徒、重者必当名。"（同样出自《商君书》，大意是根据商人家的人口数量向他们摊派徭役，让他们家中砍柴的、驾车的、供人役使的、做僮仆的人都一定要到官府登记注册，并且按名册服徭役。）

商鞅认为，"国之所以兴者，农战也"（语出自《商君书》，大意是一个国家兴旺的两个重要因素是发达的农业和战斗力），所以他认为农为本商为末，国家想要强盛必须重农抑商，甚至规定"僇力本业，耕织致粟帛多者复其身。事末利及怠而贫者，举以为收孥"（文出自《史记·商君列传》，内容是商鞅变法时的规定，即更好从事农事者可免除赋税，而从事工商业而贫穷者，则把他们妻子罚为官奴）。对商人的打压可以说是不遗余力了。

此后，同为法家代表人物的韩非不仅主张限制商人数量，更强调限制其社会地位："明王治国之政，使其商工游食之民少，而名卑以寡。"（文出自《韩非子·五蠹》，大意为明君治理国家的政策，就是要使工商业者和游手好闲的人减少，且名位卑下。）

秦汉之后，历代王朝的抑商制度日臻完善。秦始皇横扫六合时干脆将商人充军并迁往偏远地区戍边，先是"徙天下豪富于咸阳十二万户"（文出自《史记·秦始皇本纪》，大意是迁徙天下富豪之家十二万户到咸阳，原文描述的是秦朝统一文字度量设立郡县制的过程），之后又"捕亡人、赘婿、贾人略取陆梁地……以遣谪戍"（同样出自《秦始皇本纪》，大意为征召逃跑的罪犯、赘婿和商人去陆梁打仗，并且征发有罪的人去戍边），也就是说，在秦朝，经商甚至有被发配边疆的风险，当时的政令把商人和罪犯视为一类人，可见当时商人地位之低下。

秦汉时期，政府将在市籍的商人及其父祖辈都编入"七科谪"[①]，随时发往边疆服劳役，可以说"七科谪"是当时社会地位最低下的几类人群，而商人一科独占其三，可谓一人经商，累及三代，地位等同于囚徒。

汉代曾规定商人及其子孙不得衣丝乘车，名田为吏，甚至公然将商人的

---

① 七科谪，亦作"七科适"，秦汉时征发到边疆去服兵役的七种人称为七科谪。指犯了罪的官吏、杀人犯、入赘的女婿、在籍商人、曾做过商人的人、父母做过商人的人、祖父母做过商人的人，其中商人本身，子女孙代都属其中，所以说"累及三代"。

田地籍没入官。唐代进一步发展了汉代抑商的相关政策,其中比较有代表性的抑商政策有:"工商之家不得舆与仕。"(文出自《唐六典·卷三·尚书户部》,大意是禁止商人和手工业者参加科举入仕。)"工商杂色之流,必不可超授官秩,与朝贤君子比肩而立,同坐而食"(语出自《旧唐书·曹确传》,曹确引用了唐太宗对房玄龄说的话,"工匠商贾等人,即使技艺超出常人,也只能多给财物,不可授予官职,让他们与贤者并肩而立、同坐而食")等内容。

明代则更加强调对商人的严密控制,"仇富"皇帝朱元璋先后下令商人"只许穿布,不得穿着绸纱绢"(这是明初的一条政令);"做买卖的发边远充军府军卫"(出自顾起元《客座赘语》卷十'国初榜文'大意是军人做买卖的要发配边远充军);"若有不务耕种专事末作者,是为游民,则逮捕之"(文出自《明太祖实录》,大意是如果有不种地专门从事末业行商的人,那就是游民,要抓起来)。明政府为控制商人还实行"路引"制度,须由外出经商者事先向基层州县官府提出申请,路引上必须注明申请者的各种详细信息,以备沿途关卡和旅店随时盘问查验,一旦发现无引或者引目不符的情况,轻则逮捕下狱,重则发配充军甚至以死罪论处。

此外,明代占市籍的商人在遭受官府经常性的横征暴敛之余,还必须承担各种繁重的差役,如"铺行""火甲"和"收钞铺户"等,被迫赔本为官府采购各类商品,提供各种物资与服务,可以视作一种变相的劳役,而商人稍有违抗便随时会遭到官府的严厉制裁,几乎没有人身自由可言。如明成祖曾下圣旨对京城商民进行警告:"那军家每年街市开张铺面,做买卖,官府要些物件,他怎么不肯买办?你部里行文书,着应天府知道:今后若有买办,但是开铺面之家,不分军民人家一体着他买办。敢有违了的,拿来不饶。"这些虐政无不让普通商民苦不堪言。

3. 重税征商与掠夺商人财富

历代王朝除了极力打压商人的社会地位之外,更为普遍的做法是对商人征收重税，其实质可以看作是国家对商人的财产进行制度性的盘剥。仍然是商鞅首开封建政权重税征商之先河，他从"农战"的角度主张："不农之征必多，市利之租必重"以及"重关市之赋"（语皆出自《商君书》，大意为要对商人课以重税），其目的在于使商人无从牟利，只能转而务农。史载商鞅执政时期的秦国"贵酒肉之价，重其租，令十倍其朴"（文出自《商君书·垦令》），商人贩卖酒肉按原价十倍征税，商税之重由此可见一斑。

汉武帝在位时对工商业者征以重税，除了普通的商税、车船等税之外，又有两大制度创新：一是向富商征收专门的财产税，即"算缗令"，全国各类工商业者都必须如实向政府呈报自己的财产数额，政府对其中的囤积商和高利贷者一律每二缗（一缗为一千钱）抽取一算（两百文），对一般的商业经营者则每四缗抽取一算。二是对于隐瞒财产不报或虚报者，政府又颁布"告缗令"，鼓励百姓举报藏匿财产的商人，如有敢于告发的人，政府则赏给他没收财产的一半。如果算缗令还能算作一种特殊税收政策的话，那么告缗令则可以视作是国家对商人财富的残酷掠夺。据《史记》中记载："杨可告缗遍天下，中家以上大抵皆遇告。"（汉武帝在元狩四年，即公元前119年颁布算缗令，元鼎三年，即公元前114年十一月颁布"告缗令"，时此事由杨可主管，所以当时向杨可举报商人藏匿钱财的人遍布天下，中等以上的商贾人家基本会被举报。）在横征暴敛之下，无数中等以上的商贾倾家荡产，民间财富几乎被政府搜刮一空。

安史之乱爆发后，唐朝时局一片混乱，在唐德宗主政后期，政府为缓解财政危机大开征商之途，先是以"借商"之名对京城商人的财产进行残酷搜刮，随后又征"间架税""除陌钱"（间架税类似于今天的房产税，根据百姓房产的占地面积、修筑年代以及房屋质量等所征收的一种赋税，除陌钱则类似于交易税，对交易所得和公私支付钱物进行征税，每千文征20～30文，后增至50文），大肆滥征关津之税，最终导致唐代初现繁荣的商品经济一落千丈。

两宋时期商税更是苛繁日甚，正规的商税下包含项目繁多的经总制钱、月桩钱、版账钱等税项，再加两税以外其他的种种附加税，甚至空身行旅也要纳税，多得连官府都难以数清。连宋神宗都不得不承认："古者十一而税足矣，今则取财百端，不可为少。"（本句在《资治通鉴》和《宋史》中都有记载，大意为以前收税都是十取一就足够了，现在税收众多，不能说是少了。）朱熹也认为北宋的灭亡有很大原因就在于对民众的肆意盘剥："古者刻剥之法，本朝具备。"（语出自《朱子语类》，朱熹认为靖康之乱的原因是自古以来苛捐杂税，盘剥百姓的手法，宋朝都具备。）

及至专制皇权至为酷烈的明清两朝，国家对商税的征收更是随意性极强并总是呈现出一种掠夺式的姿态。有明一代的历史几乎就是一部国家横征暴敛的虐商史，从明初洪熙年间额外加征"市肆门摊税"，实行于明仁宗洪熙元年（1425 年）正月。对两京以贩卖为主的蔬菜果园不论官种私种，一律征税，对塌房、库房、店舍等贮货者亦开始征税。骡驴车受雇装载者也征税)，到明末万历年间遍行全国的矿监税使，政府对商人极尽重征叠算，不遗锱铢，征税的范围包括商品税、经营税、车马税、过桥税、牙税等，税种呈现逐年增多的总体趋势。特别是那些矿监税使更是倚仗皇帝的威势，公然向商人勒索敲诈，如广东税监李凤在征税时"栓富民数十人悬仪门树上，拷讯之，入金乃免"。万历时首辅沈一贯上奏谴责滥征商税之害称："群虎百出，逢人咆哮，寸寸张罗，层层设阱，于是商旅必不行，而赋税无所得。"在明王朝如此的掠夺式重征和网络式控制之下，民间工商业遭受到了极为严重的摧残。

延伸阅读：明代的矿税苛索

这事儿还得从 1596 年的那一场大火说起。

万历二十四年三月九日夜，紫禁城坤宁宫走水，后来大火蔓延乾清宫，明神宗和孝端皇后傻眼了，俩人的住处都被烧个干净。很气，但没辙，重建吧。

可惜祸不单行，第二年，皇极殿、建极殿和中极殿也失火烧掉了。

万历皇帝一算账，发现国库空虚，重建不起了，当时是"营建乏资，计臣束手"。

没钱怎么办？明神宗不顾众多大臣的反对，往全国各地派出大量的宦官作为他的矿监和税使，将于矿或抽税的所得据为己有。仅用三年的时间，派出了几乎遍布全国的矿监税使。矿监税使往往狐假虎威，恣意妄为，任何敢有异议者都以刑事问罪，并且乘机大肆中饱私囊。以致苏州、临清、湖广、江西、辽东、云南、福建等地均生民变，后世统计，民变主力之一即是工商业者、手工工人、小商贩等商贾团体，矿税苛索对商人的迫害可见一斑。

自万历二十五年至三十三年，矿税荼毒，祸及各地，结合万历死后仅二十四年明朝即亡的事实，矿税苛索无疑成了明朝灭亡的一个重要原因。

这也算是政商关系变化撬动历史变迁的案例之一。

清代国内市场完全成型，地域型商人集团大量出现，朝廷随之适时地在全国各重要城镇和水陆要道遍设关卡并提高关税。咸丰之后，为了应付内忧外患的破败时局，清政府几乎在全国所有桥梁、路口、关津，无不设立征税关卡，"自有攒典之设"，则"各踞口隘，横行村落"，处处皆关，关关有税。以江都县为例，北有淮关，南有扬关，但"邵伯一镇必又加拦阻"，无非是对"已税之货，已税之船"皆"留难掯掯，重重剥征，是咫尺不百里之关而再税也"。除此之外，还有"快船遍历乡村，昼夜巡逻，遇物索诈，稍不遂意，捏指漏税报官"。

并在重重关卡的基础上实行"厘金"制度。这是一种针对广大中小商人，尤其是从事贩运事业的商人极尽敲诈勒索之能事的恶性商品税，其所征课的范围极广，几乎遍及一切人民日常生活所需之物。时人慨称："商贾举足罹网，移步触禁"（夸张描述，意为商人哪怕抬脚走路都会触犯条例遭遇责罚）；"顾左顾右之忧，风雨停而伤心，衣囊质钱以输税"（形容商人的困难境地，把衣服钱囊都买了换钱用来交税）。

延伸阅读："厘金"制度

"厘金"制度起源于咸丰三年（1853 年），是一种商业税，因其初定税率为 1 厘（1%），故名厘金。又称厘捐、厘金税。在全国通行后，不仅课税对象广，税率也极不一致，且不限于 1%。有的高达 20% 以上。

同时由于晚清时期地方势力的坐大，各地要员往往自行主持厘金的征派，借机大肆敛财并扩充实力，所以它虽是一种全国性的税收制度，却又兼具极为强烈的地方性特点。直至清王朝灭亡，厘金收入始终是中央政府以及地方各省税收的重要来源。厘金制度是对普通商民残酷的经济勒索，危害程度史无前例。

4. 官营商业挤占民间市场

历代王朝除了以政权之力控制国家上游产业、垄断顶层市场之外，丝毫不放松对民间市场进行干预和操纵，具体而言则是以衙门式经营的方式亲自下场经商，强行向民间购买以及出卖甚或是进行高利贷生意。由于这种政府与民间交易都是建立在政治强权之上的，虽然名义上是公平买卖，实际则是扭曲、践踏市场规则，这种强买强卖的行为无异于明火执仗地抢劫，可以看作一种变相的征商方式。

这种掠夺性的官民交易初见于隋唐时期，即盛行一时的"公廨① 本钱"制度，由政府将公款借给数位"捉钱令史"再由这些人将其从政府借来的本钱

---

① "廨"音同"谢"，是古代官署的总称。

投入商业或贷放市肆取利，以扩充财政收入，从而解决各级官吏的俸禄等问题。《唐会要》中记载："大率人捉五十贯已下，四十贯已上，任居市肆，恣其贩易，每月纳利四千，一年凡输五万。"该制度在实际操作过程中，一方面"捉钱令史"手持朝廷的指令，与百姓交易时往往借势欺人，强买强卖之风愈演愈烈，民众承受着日益严酷的宫营高利贷剥削。另一方面，公廨本钱实际上开辟了一条商人买官入仕的新途径，于是日益蜕变成为一种权钱交易的行为，加剧了政治腐败的程度。

延伸阅读：唐代"公廨钱"的运转模式

在很长一段时间里，国人都被称为"唐人"，这样一个朝代，万国来朝，被称为盛唐，而唐朝之盛，始于贞观，唐太宗李世民贤名传千古，贞观盛世的富丽堂皇也广播四方。

但是，贞观初年，唐朝政府可没那么阔绰。

太宗即位之初，连年征战，打出了威名，也打空了国库，当时国内确实也达到了夜不闭户的程度——因为百姓家里是实在没啥可偷的。因为穷，唐太宗甚至连封禅都取消了。

实在是穷得没办法，唐太宗只好效仿前朝，放高利贷，也就是"公廨钱"。

具体操作是，先找一批人来当"捉钱令史"，然后把朝廷的钱借给他们，之后到日子找"捉钱"们连本带利地要钱（为什么说是高利贷呢？这么说吧，当时的规定是借五万钱，还四万八，比九出十三归还狠），一般来说，"捉钱令史"从朝廷拿到了本金之后都会下海经商，因为有朝廷的支持，所以往往在和百姓的交易中占据优势地位，很容易形成官逼民商的情况。捉钱令史们又有还高利贷的压力，往往下手很黑，强买强卖的情况越来越严重，商品交换的情况越来越衰败。

而且当"捉钱令史"还有一个好处，能当官。为了刺激"捉钱令史"还款付息的积极性，唐太宗将他们的业务纳入了仕途的考核，表现优异者可以进入吏部候补，只要捉钱令史能够在任时期能够缴满 1 年的利息，就可以从令史职位调任到实缺官职，不少人宁可自己贴钱还利息也要当"捉钱令史"。

以至于后来褚遂良在给唐太宗的《请废在官诸司捉钱表》中指出，当时的京城有 70 多个官府衙门，但是就这么大的地方竟然设置了 600 多位的捉钱令史（原文为在京七十余司，相率司副九人，更一二载后，年别即有六百余人输钱授职）。可见当时"公廨钱"制度之兴盛。

唐代中期以后，皇家又开设了"宫市"，即内廷宦官去闹市之中，用一些不值钱的衣服绢帛等物品高估其价，再强行卖与百姓。《新唐书》中记载："是时，宫中取物于市，以中官为宫市使。两市置'白望'数十百人，以盐估敝衣、绢帛，尺寸分裂筹其直。又索进奉门户及脚价钱，有齐物入市而空归者。每中官出，沽浆卖饼之家皆撤肆闭门。"（当时，宫中的人去市场中取货物，用国内宦官作为宫市使，因为他们总是在市场上东张西望且白取民物，所以被称为"白望"，在市场中这样的"白望"有数百个，用盐、破衣服、绢布等来强行换取看中的货物，又巧立名目敲诈勒索，商人有带着大量货物进入市场最终空手而回的，每次这些宦官出来，各种摆摊做买卖的生意人都关门撤店。）大诗人白居易的《卖炭翁》一诗就对此进行了生动的描述："一车炭，千余斤，宫使驱将惜不得。半匹红绡一丈绫，系向牛头充炭直。"千余斤一车炭，"白望"只用了半匹红绡一丈绫就强行换走了。

两宋时期，政府继续通过"宫市"以及与之类似的"和买"等制度对商人敲诈盘剥："贵价令作贱价，上等令作下等"，甚至恶意拖欠货款，"累年不付、分文不给"。如此一来商人的命运可想而知，其多年辛苦经营所得被官府以种种手段强行征收，最终不免落个破产逃亡乃至家破人亡的悲惨结局。

此外，个别朝代还试图建立彻底的统制经济模式，由中央政府对全国市场进行整体性支配和调控，最大限度地挤压民间商人的盈利空间。汉武帝首创"平准"与"均输"二法，前者是政府买贱卖贵，集中全国物资并平抑物价；后者是专门由政府转运各地物资，收购民间商品并进行辗转贸易。在一定意义上说，均输属于行商的范畴，平准则相当于坐贾，国家一则掌控流通环节，一则统制零售市场，两者相互配合，平准靠均输提供货源，均输的物品需平准来集中出售，构成了官营商业的统一体系，在很大程度上排斥了私营商业的因素。

北宋著名的王安石变法更是将平准均输背后国家垄断市场、与民争利的精神发挥到了极致。在王安石的主政之下，整个朝廷几乎变成了一个权力空前膨胀的"政府型公司"，首先由政府专门设置发运使、市易司等衙门，统管市场调控；其次从国库中专门划拨资金作为均输的本钱，以图控制城市中的商品零售行业，甚至连蔬菜瓜果这类民间日用至为琐碎之物都划归政府的垄断之中；最后再由政府将所收购的商品统一定价并向人民销售。王安石的"市易法"可谓将"轻重论"的思想发挥到了极限，政府不单进行宏观调控，更是直接下场经营，掌握货币、平衡物价、调剂供求，守四方之高下，通轻重敛散之权，最终实现"国无游贾，贵贱相当（文出自《管子·揆度》大意为"国内没有投机商人，商品贵贱相当"）"

平准均输之类政策史家争议颇多，其中的确包含一定的国家通过宏观调控的方式平抑物价、解决贫民之困的意义，此即现代意义上"看得见的手"的古代版本。然而从商业发展本身来看以及从政商关系的角度考量，则又有巨大的制度弊端。由于平准、均输以及市易法等政策的根本目的在于通过行政手段增加中央政府以及皇室的财政收入，正如哈耶克的著名论断"计划经济是一场伟大的乌托邦"那样，这种中国古代版的"计划经济"在短时间内可能会在一定程度上增加国家财政收入，然而由于政治强权基本取代了市场机制所能够发挥的调节作用，无视价值规律在商品经济中的作用，几乎彻底扼杀了民间资本的活力，最终必然导致社会机能的严重退化。

五、统治阶级的特权经商活动

自古以来，庞大的官僚队伍是皇权得以有效运行的组织保障，各级官僚们掌握着国家政务的执行能力，他们在皇权的授予下通过征用民夫、征收赋税、颁布和执行律令等方面来管理人民的经济和社会活动，这就为其经营商业活动创造了极大的便利。同时历代皇家为了笃厚"亲亲之宜"，无不大封宗藩，这些皇亲国戚们子孙繁衍，形成了一个庞大的宗室贵族集团，他们同样利用皇权所赋予的特殊身份大肆经商，与民争利。这些权势者们在具体的经营过程中，更是倚仗其特权和威势，普遍目无法纪，为所欲为，在借势压迫普通商民百姓的同时公开地利用国家资源为其私人利益所服务。

历代王朝的统治阶级所从事的商业经营活动主要包含两个部分，其在于他们利用国家专营体系，公开或半公开地贩卖禁榷物品。如前所述，自汉武帝直至后世王朝，几乎所有的重要生产资源都需要由国家或政府分配，政府甚至只要是觉得某项行业有利可图，就势必直接将其置于自己的管制之下并不时横加勒索，甚至连"行会"的"行"这个名称都是因此产生的，每个行当的商户和子民都必须俯首于这种"官府科索"之下。

由于历代王朝基本是用政治强力维持这些关键产业的垄断地位，为此大都专门建立了一整套高度集中统一的官营工商业管理机构，这些衙门均从中央一直下设至地方政府，形成了一个封闭、垂直的国家统制经济管理体系。这些禁榷行业的管理部门往往独立于常规的国家财政税收体系之外，甚或专门为皇家内府服务，故而可以在相当大的程度上规避常规的国家监管，坐拥无上的垄断暴利。因此这些官营行业领域往往也就成为统治阶级经营牟利最为密集的地区。

自汉至清，权势者们垄断顶层市场与要素市场的现象史不绝书。史载汉武帝实行盐铁专营之后，"贵戚近臣子弟宾客多辜榷为奸利者"（文出自《汉书·翟方进传》，大意为皇亲贵胄和近臣宾客们大多是打击别人而独专非法之利的人）。

唐代白居易在《盐商妇》一诗中评论："每年盐利入官时，少入官家多入私。官家利薄私家厚，盐铁尚书远不知。"（大意为每年交纳盐利的时候，小部分交官家，大部分归自己。官利微薄，私利丰厚，那盐铁尚书远在京城，不知此事。）

北宋的权势之家借助当时门类齐全的专卖制度，"兴贩禁物茶、盐、香药之类，动以舟车，贸迁往来日取富足"（大意为用船和车来贩卖禁榷商品如茶盐香药等，逐渐收获很多利润变得富足）。

明代的官卖私盐现象尤为严重，有些掌握大权的内廷宦官甚至在运载私盐的船上张挂龙旗，公然假借皇帝的名义进行私盐贸易，万历皇帝甚至公开将行盐区域强行划分给皇子们，其中潞王在北京开有盐店，福王在洛阳也开有盐店。尤其是福王就藩之后，皇帝先是赐其"四川盐井、榷茶银以自益"，又"请淮盐千三百引，设店洛阳与民市，中州旧食河东盐，以改食淮盐，故禁非王肆所出不得鬻"（文出自《明史·列传八》，大意为福王朱常洵请求得到淮盐一千三百引，在洛阳设店与百姓进行交易。宦官到淮、扬供盐，他们从中侵吞，动辄就要求数倍之盐。而中州以前食用的是河东盐，因改食淮盐的缘故，凡非福王店铺所出食盐则禁止出售）。

到了清代，扬州盐商已经彻底官商不分，商人与官僚"联姻换帖"，"伙本行盐"，朋比为奸，在官盐行销之时大肆投机、舞弊。由于朝廷往往以运输中的折耗为名允许盐商在盐引的限额之外适当增加斤两，而盐商却利用这一制度漏洞，买通盐政官员，大量夹带私盐，甚至私盐数目大于盐引中官盐的数目，简直是百弊丛集，不择手段。时人总结官盐弊政云："出之于场灶，则偷漏有弊，夹带有弊；验之于监掣，则掌称有弊，捆包有弊；运之于途中，则换驳有弊，改包有弊；行之于口岸，则加卤耗有弊，加三带有弊；售之于水贩，则掺和有弊，轻称有弊，普天下皆官盐，实普天下皆私盐也。"（文出自《皇朝经世文统编》，署贺长龄辑，实为魏源所代编，文意主要是说的私盐泛滥之事，盐从盐场的煮盐灶被制作，就会有夹带偷漏，在盐官那里检验的时候，就会有捆包和称量的问题，在运输盐的途中，就会有被改包和更换的可能，在口岸运输的时候，加卤耗和三带都会有漏洞可钻，卖给水贩的时候，则会有掺假和称重不准的问题，说是普天之下都吃官盐，其实普天之下都吃私盐。）

　　这种情形正如汉儒桓宽所论："贵人之家，云行于途，攘公法，申私利，跨山泽，擅官市，执国家之柄，以行海内，威重于六卿，富累于陶、卫。"（文出自《盐铁论·刺权第九》，大意为有权有势的人却很容易取得私利；法令是要把不好的事情杜绝在萌芽状态，可是过分奢侈的行为却更明显了。自从设置兴利的官吏，盐铁、酒榷、均输三大事业兴起，有权有势的人家熙熙攘攘地在路上往来，许多车辆在道上拥挤碰撞，他们扰乱公法，谋取私利，跨越山泽，垄断国家市场，这就不仅仅是谋取大海的鱼盐之利了；他们还掌握国家大权，横行海内，其权势不是当年田成子和大夫所能比得了的；他们的威风高于过去晋国的六卿，财富多于陶朱公、子贡。）这些权势者以及专营机构的管理者们大肆化公为私，以国家之名获取资源，并借市场之便瓜分财富。

　　其二在于统治阶级在各种政治经济特权的保障之下从事一般性的商业经营活动。历代王朝统治阶级的经商行为大致包括：大宗商品贩运贸易、走私、挪用公款充作私人投资、擅自征用官府的车船之物、役使兵士公仆从事运输、利用官府发卖的政策营私加倍获利等，而且商业经营的规模越大，则其对于政治权力的仰仗也就愈发直接和密切。随着历代王朝的更迭，商品经济不断发展，统治阶级经商的范围也随之不断扩大，由于这些权势者们拥有完全凌驾于市场之上的特权，他们在经营过程中普遍欺行霸市、强买强卖、不纳税赋，大肆与普通商民"竞锥刀之利"这样的记载不绝于史，如西汉昭帝时期富平侯张安世"内治产业，累织纤微，是以能殖其货"（大意为对内治理产业，累积细微，因此能增加他的财产）。

中唐以后，各路节度使、观察使，甚至一些王公贵戚等权要之家，都竞相在扬州城中"以军储贸贩，别置邸肆，名托军用，实私其利"（文出自《唐会要·卷八十六》，大意为倒卖储备的军用物资，购买房产，以军用的名义来获取私利）。两宋时期政治氛围宽松，大小官员利用特权经商的现象更是蔚然成风，"仕宦之人，纡朱怀金，专为商旅之业者有之"（文为北宋蔡襄（宰相蔡京的族叔）在回忆录中的记载，大意为官宦人家，佩朱绶，怀金印，做了官，专门以商旅为业的也有），甚至到了"朝廷幸从之臣未有不兼农商之利"（大意为在朝廷内的大臣没有不从农商中获取收益的）的地步。

到了明清时代，借助商品经济的大潮，官僚仕宦们从事商业经营已经成了一种社会普遍现象，其经商规模之大令人瞠目。当朝首辅往往就是国家首富，如严嵩、和珅辈，他们的财产除了贪污之外，有相当大的部分是经商所得，而且大多以经营高利贷和钱庄、当铺等金融资本以及开设手工业工场进行产业经营作为增值财产的最好途径。经济学家吴晓波将此形象地总结为"双首现象"。中国历史上统治阶级经商的极致是明正德年间由皇帝亲自开设的"皇店"，皇帝派遣内廷宦官管理，其中有的皇店是由官店所改造而来，有的则专门设在交通要塞之地以方便经营，其业务与官店类似，包括经营仓库、停放货物、贷放银钱、榷敛商税等方面，所收钱财尽归皇家以及管事太监所得，可见皇权统治者在进入专营体系谋求顶层市场垄断利润的同时依然不放松对底层民间市场的强势控制和侵蚀，其后果自是显而易见的，无非是官僚暴富，国家财政受损，侵夺普通商民的利益，严重阻碍了商业资本的发展。

第二节 文化溯源——抑商政治文化体系

抑商制度作为中国古代封建政权整体性的政治制度安排，要保证其更长久、更成功地运行，除了依靠国家力量的强制，还需要意识形态层面的政治文化作为支撑。历代王朝普遍推行抑商、贱商的政治文化，建构了一系列话语体系去贬抑商人，将商人与其他社会阶层对立起来，甚至对商人的形象进行刻意的扭曲和妖魔化，激发百姓对财富阶层的仇恨和偏见。

中国古代社会很早就形成了社会分层和职业分工的思想，《周礼》中把当时人们从事的职业分为九种，商人也是其中之一："以九职任万民……六曰商贾，阜通货财。"春秋时期管仲治齐，为了方便对从事不同职业的民众进行管理，他将社会成员划分为"士农工商"四大阶层，按各自的专业聚居在固定的地区并世守其业。这一划分方式是对中国古代社会结构最合理也是最精到的概括，直至鸦片战争前夕，不论专制王朝如何更迭，四民分业的社会阶层一直得以延续。然而管子所指四民划分的本意仅代表一种职业化的区分方式目的在于方便国家进行对应的管理，并非有轻重贵贱之别。他指出，"士农工商四民者，国之石民也"；"齐国百姓，公之本也"。可见管仲将四民等同视作齐国百姓并认为他们都是治国之本，没有特别歧视商人的含义在内。事实上自从上古尧舜时期到战国中期之前，国家并不曾出现过成体系的轻视手工业或商业的思想，即使是在孔孟儒家学派的相关论著中也难以找到明确反对或贱视商业的痕迹。孔子曾以商品自喻："沽之哉，沽之哉，我待贾者也。"孟子认为商业的价值在于"通功易事"，即促进社会分工，使民间互通有无，他提出了薄赋敛的"什一而税"的思想，对商业与贸易则坚决主张"市，廛而不征，法而不廛……关，讥而不征"。而从战国中后期开始，封建政权对待工商业者的态度发生了转变，法家思想家如商鞅、韩非等人开启了抑商文化之滥觞，迎合了统治者的需求，并逐渐使之成为全社会的主导性价值观念，对后世王朝产生了极其深远的影响。

一、重农抑商思想理论

中国古代社会自始至终都是一个自然经济为主导的农业社会，基于简单再生产基础之上的小农经济可以把人口中的大多数都固定在土地上，是全社会变化最少的一个生产部门，所以农民一直是社会财富的主要创造者，也是维持社会稳定有序的基石。自古以来的统治者大都明白一个简单的道理，只有把农民牢固地束缚在土地上并严格控制，才能方便进行劳役和赋税的征集搜刮。此即《汉书》所说："理民之道，地著为本。"尽管农业同国家的富强和专制皇权的巩固有着最为直接的关系，然而无数史实却一再表明，作为王朝立国之基的农民却总是处于贫苦之中，他们必须负担沉重的田赋征役，忍受来自统治阶级的各种压迫。而商人的生活状态则恰恰与此相反，他们看上去终日游手好闲，似乎毫不费力就可以享受阔绰豪华的生活。这种道德标准与社会实践截然相反的情况很早就被一些思想家们所重视。前有司马迁："夫用贫求富，农不如工，工不如商。刺绣文不如倚市门。"后有顾炎武："农事之获，利倍而劳最，愚懦之民为之；工之获利二而劳多雕巧之民为之；商贾之获利三而劳轻，心计之民为之。"几乎历代思想家都普遍认为只有农业是国计民生的根本，工商业则妨碍农业生产，尤其是商业中的不平等交换、商人囤积居奇或高利贷等手段对农民的收益进行分割，加速了农民的贫困化。

在更深层次的意义上，在中国古代社会中，社会秩序的稳定就意味着君主政治对民众的有效控制，历代王朝对所有具有潜在反抗特征的社会集团都怀有很深的戒心。反观商人，他们不事生产，流动性强，不依附于土地，行为又诡诈乖张，极易脱离官府的集中控制，却偏偏拥有巨额财富，正属于令统治者最为棘手的社会群体。总而言之，在中国传统社会，重农与抑商是一体两面的，是君主政治借以稳定社会秩序的重要制度手段。

将"本末"二词分指农与商并将其对立起来，这是首见于战国时期的一种特殊的语言形式。近人罗根泽指出："抑弃工商，提倡耕农，盖在荀卿之时。制为本农末工商之口号，则当在战国之末。"魏相李悝认为，"雕文刻镂"与"锦绣纂组"这两种奇技淫巧会损害农业，"上不禁技巧，则国贫民侈"，必须使农民有"劝耕之心"由于先秦时期的商业形式有很大一部分是专供统治阶级享用的奢侈品贸易交换，李悝虽未明确表示反对商业，然而其实质却已经包含了一定的抑商因素在内。其后，商鞅将李悝所禁的"技巧之业"扩展为抑制一般工商业，并将"重农抑商"的思想发展成为一种系统化的理论和治国的大政方针，重农与抑商共同构成了其"农战"政治思想的主体，两者相互成为条件，缺一不可商鞅认为商业的发展会对农业造成巨大的冲击，破坏国家赋税、徭役、兵员的来源，动摇国本。他指出："末事不禁，则技巧之人利，而游食者众之谓也。故农之用力最苦，而赢利少，不如商贾、技巧之人"；"靡事商贾，为技艺，皆以避农战，民以此为教，则粟焉得无少，而兵焉得无弱也……农者寡而游食者重，故其国贫危。"因此统治者为了富国称霸，必须重征市利之租和关市之赋，从而最大限度地减少商人的收入，同时强制商人服劳役来节约农业人口，最终的目的就在于通过各种抑商政策，"使商有疑惰之心"，"令民归心于农，为上守战"。

商鞅是中国历史上将重农与抑商两大概念合而为一的第一人，在他看来，此二者不单是一个经济问题，更是带有根本性的政治问题，从此之后重农抑商成为中国历代封建政权立国的主导思想，并对后世王朝的本末观念造成了极为深刻的影响。

如果说商鞅更多地将重农抑商用作一种治国之策，那么法家的集大成者韩非则更加明确地将农与商这两大范畴相互对立，并首开历代王朝从道德上对商人和商业进行贬低之先河。韩非对非农业活动的攻击比商鞅所及范围更广，程度也更激烈，他深刻地认识到商人逐利致富与农民的贫困尖锐对立这一社会现象是亡国之兆，"正户贫而寄寓富，耕战之士困，末作之民利者，可亡也"。在《五蠹》一文中，韩非明确表示"商工之民佫农夫之利"，是国之大害，并指出了商人所谓的"累累罪行"。其中包括："官爵可买，则商工不卑"，即原本身份低贱的商人通过买官提升社会地位，从而破坏社会等级结构；"奸财货贾得用于市"，即商人进行投机倒把从而扰乱正常的市场秩序"聚敛倍农，而致尊过耕战之士"，即商人侵夺农民利益并妨碍耕战。基于以上考虑，韩非认为统治者应针对性地打压商人的政治、社会地位："使商工游食之民少而名卑，以趣本务而外末作。"此外，先秦时期提倡重农抑商、本末对立主张的不只包括法家诸子，儒家代表人物荀子也认识到了工商业的发展对农业的损害，以及新兴商人势力对王权的隐隐挑战，基于这种于皇权不利的情形，他提出了"工商众则国贫"，统治者为求富强应当"省工商之数"等主张。

秦汉之际是中国传统社会商业发展的所谓"黄金时期"，富商大贾积财万千、交通王侯，甚至"滞财役贫，转毂百数，废居居邑，封君皆低首仰给……不佐国家之急，黎民重困"，对大一统专制皇权造成了一定的威胁，所以当时有一些思想家基于先秦法家诸子的重本抑末理论，强调统治者应当实行重农抑商的政策来重振皇权，实现社会秩序的稳固，其代表人物是晁错和贾谊。晁错指出："贫生于不足，不足生于不农"，而正是商人大肆兼并才导致农民破产流亡："商贾大者积贮倍息，小者坐列贩卖，操其奇赢，日游都市，乘上之急，所卖必倍。男不耕耘，女不蚕织，亡农夫之苦，有阡陌之得今法律贱商人，商人已富贵矣；尊农夫，农夫已贫贱矣。"他认为这种本末倒置的社会乱象从根本上有害于国家，而富民强国之本则在于实行"务民于农桑，薄赋敛，广蓄积，以实仓廪，备水旱"这样的轻徭薄赋劝课农桑的政策。贾谊也对当时人民大量从商而忽视农业生产的社会现象进行了严厉批判："今背本而趋末，食者甚重，是天下之大残也；淫侈之俗，日日以长，是天下大贼也。"他进而指出统治者应当采取政治强力迫使商人转而进行农业生产，以此实现国家的富足和皇权的稳固："今驱民而归之农，皆著于本，使天下各食其力，末技游食之民转而缘南亩，则蓄积足而人乐其所矣。"此后历朝历代的思想家和统治者们都或多或少地对崇本抑末这一论题有所涉及，直至清代中期之后，农村人口实际已经大量过剩，每人分得的耕地下降到只有两三亩，面对如此情形统治者却依旧担忧商业发展会威胁农业生产。清人程鸿诏认为重税征商是一种合理的行为："夫民有四，农为本，商为末也……农之利少而有定，商之利博而无定也。利博而无定，则征之非过也。"足可见这种农商对立的思想对中国古代社会影响至深。

二、儒家政治文化规训下的抑商理念

尽管先秦时期孔孟等儒家先哲并不明言抑商，而且还在一定程度上持有"足民、富民"的态度，后世士大夫也基本秉承了儒家政治理念中一以贯之的轻徭薄赋、官不与民争利的思想，反对统治者侵夺民财。然而，商人因其职业属性的特殊，必然最大化追求功利与财富，这就无可避免地与儒家文化中重义轻利、大公无私、中庸诚信等道德原则相抵触。特别是宋代性理之学兴起后，儒家士人标榜的"存天理灭人欲"的价值观更是与商业经营逐私牟利的行为极端冲突，因之商的概念与儒家文化的道德内核实际存在着深刻的内在张力传统儒家文化体系中的抑商因素，主要通过"义利之辨"与"公私之辨"这两对思想范畴体现出来。

1. 义利之辩

义利之辩是儒家思想文化体系中的核心命题之一，也是中国古代思想史上一对非常重要的辨析对象，其中又引申出了君子与小人这对截然相对的政治人格。儒家文化中自孔子起始就将道德置于财富和商业之上，据《礼记》记载，孔子与子贡论玉，毫不提及玉本身的商品价值，而是将玉比之君子，逐一列出其内涵的十一种品德。《大学》进一步明确提出了"德者本也，财者末也"的规训，道德的修行与财富的占有就此成了对立的概念。此后，对于儒家士子而言，只要谈及财货就入了末流。孔子明确将义与利用于区别君子和小人，提出了君子"以义制利"的要求："不义而富且贵，于我如浮云"；"君子喻于义，小人喻于利"；"小人不耻不仁，不畏不义，不见利不劝"。孟子将义利之辨用于治国之策并与国家兴亡联系起来："王何必曰利，亦有仁义而已矣"；"上下交征利而国危矣。"荀子也表明了自己对于言利小人的厌恶，认为小人"唯利所在，无所不倾"。自此之后君子尚义、小人逐利的观念逐渐在正统的儒家士子心中扎根。

汉儒董仲舒反对汉武帝推行的国家干预民间工商业的行为，尤为讳言财利，将"义"的思想彻底改造成了伦理教条。他提出："天之生人也，使人生义与利，利以养其体，义以养其心。心不得义不能乐，体不得利不能安"，从天人合一的高度出发将义与利并列作为人生来就具备的两大要素。在义与利的取舍上，董仲舒断然指出："正其义不谋其利，明其道不计其功。"也就是表明道义和功利不能并存，高洁之士必然求义而舍利。

时至两宋，理学诸子更是将重义轻利的理念推向了一个全新的高度。如程颢提出义与利相互排斥甚至水火不容："大凡出义则入利，出利则入义。天下之事，唯义利而已。"朱熹则对义的概念做了全新的定义："义者，天理之所宜。"在朱子的思想体系中，天理与人欲是一对截然对立的概念，因此任何与"利"的因素自然就理应被抛弃。明清之际，即使有着一定的反传统意识的大儒王夫之也认为，"小人之争也，至于利而止矣"。

与儒家士子尤重道义截然相反，商人自古以来都被认为是逐利奸猾的群体，正如宋人胡宏所说的那样，"锱铢必争，无所不为"。他们公然对利益的追逐及其市井小人的猥琐形象与儒家文化中重义轻利的伦理判断明显相悖。可以认为唐代诗人白居易《琵琶行》中的一句"商人重利轻别离"是儒家士大夫们对传统社会商人形象最精辟的描述。在儒家思想文化体系中，商人无疑被归为了逐利小人的类型，被排斥于道德领域之外。

2. 公私之辨

传统儒家思想文化中堪与重义轻利相提并论的是"公"的概念，在其影响之下，诸如大公无私、崇公抑私、以公灭私等思想和行为一贯为世人所倡，与之相对的是，假公济私、损公肥私一类做法则被认为是违反道德的恶劣行径，理应受到全社会的谴责。

就政治文化而言，儒家政治文化中"公"的观念发端于先秦时期，既涵盖了政治概念又包含着道德概念，它包括如下几方面的内涵：首先是纯粹站在君主的立场上，从尊君的角度出发，用公的概念来指称君主或者泛指国家。春秋时期关于公与私的问题是围绕着公室与私门的斗争展开的，孔子曾提出"张公室，抑私室"的主张来彰显王权的贵重。对此葛荃指出："至迟在春秋时代，诸侯国的君主及君王一族通称为'公室''公门'，卿大夫等臣僚则称为'私家'，公室与私家相对，是对于君主与其臣僚的普通称谓。"其次，也有学者认为公的观念也指具有普遍社会公共性质的法制、货币、财物等公共事物，如公法、公货、公钱、公壤、公作、公器等。这种定义更多着眼于社会公众的公共性和权威性，与人们各自的私利相对。最后，公私之辨最深层次的内涵是从道德价值和伦理原则的高度出发来论证公道或者公义的至高无上性。在传统儒家文化中，公的理念是圣人之道的最高理想和基本精神孔子在《礼记·礼运》篇中开宗明义提出："大道之行也，天下为公。"明确指出公天下的观念属于"大道"，只有依据圣人所指的大道建立起来的社会才是千秋万载的理想道德社会，其后孔子详尽地描述了这样的理想国的特征，并将这样的理想社会定性为"大同"。

公天下的思想给中国传统政治文化带来了极其深远的影响，"天下为公"的政治理想和理念已经内化成为中华民族理想社会的一种最高价值准则，其影响力自先秦直至民国经久不衰。先秦儒家另一位代表人物荀子将"公"与"公道"的观念用于治国之道，他指出："夫主相者，胜人以势也。是为是，非为非，能为能，不能为不能，并己之私欲，必以道，夫公道通义之可以相兼容者，是胜人之道。"荀子认为理想社会应该达到一种秉公去私的境界，即"公道达而私门塞，公义明而私事息"。

值得一提的是，先秦时期除了儒家诸子以外，法、道、墨这几派的主要思想家都对公私观有着类似儒家的论断，比如韩非就认为："公私之相背也，乃仓颉固以知之矣"，"私行立而公利灭"，其中公私对立的思想显而易见。而墨子也提出了"举公义，辟私怨"这样的社会理想。

宋代理学宗师朱熹也曾论证公与正、公与仁的关系，他指出："惟公然后能正，公是个广大无私意，正是个无所偏主处"，"公不可谓之仁，但公而无私便是仁"。基于对"公"这一理念的推崇，朱熹提倡人们应该明确区分公与私，并且消除私心，充实公心。直到清末时期，康有为仍提出"惟人人皆公，人人皆平，故能与人大同"的主张此外，孙中山也对"天下为公"的政治理念有着高度评价，他终其一生都力图通过民族革命实现这一崇高的政治理想。综上所述，在儒家政治文化的规训之下，所谓"私"及其相关的行为就这样淹没在了历代君王和儒家士大夫们的口诛笔伐中，甚至被认为是一个罪恶的概念。

对于这一历史现象，刘泽华指出："'私'总是随时随地形成对天下之大公的威胁，是破坏和瓦解程式化、等级化的'公'的社会生活体系的潜在威胁和逻辑源头。中国古代'天下之大公'的内容具有无限的扩张性，而个人用以自作其主自谋其利的私则被当作私心私利、私欲而予以扼杀、取缔。"广大以道自任的儒家士子自然牢记先哲圣贤"思其仁义以充其位，不为权利以充其私"的教诲，在精神追求上克己修身，摒弃私欲；在参与政治时以无私为忠，不计个人私利，以道事君；在社会生活中推及至公大道，为天下生民尽自己的责任。明人冯从吾认为："利不只是私财，但有私己之心或有所为而为者，皆利也。"按照这一观点来看，商人恰恰是追逐私人利益的群体，在儒家崇公抑私观念的笼罩之下，自然显得与主流士大夫阶层格格不入。

在传统儒家思想文化体系中，政治与道德往往混而为一，体现为一种伦理型政治文化，从道德伦理规范中可以衍生出政治制度要求。儒家文化长久以来在中国古代社会中都占据着官学的主流地位，基于儒家价值判断的尚德还是逐利，崇公还是谋私完全成为古代社会区分君子和小人的一种基本价值依据，商人由此彻底被打上了小人的烙印。君子和小人的人格对立是中国古代社会最基本的政治人格类型划分，是从社会身份地位到政治人格的演进。葛荃在论及中国传统政治人格时指出："君子小人的人格理论是中国传统社会特有的政治文化现象。"这种道德分层认识形成了一系列旨在指导人们行为选择的价值系统。

在中国传统社会中，君子形象逐渐演化成一种道德化的政治人格，得到了普遍的尊崇；小人则作为反道德的政治人格，受到贬斥传统儒家文化中所内含的"义利之辨"和"公私之辨"所具有强烈的反个人功利主义的内涵，它从意识形态以及思想文化的层面与历代王朝所奉行的"抑商"政策相辅相成，从而使"士"与"商"的概念也形成了对立。如明末东林人士顾宪成所说"道超乎贫富之外，不以贫富为丰啬也"，儒家文明所指的循道是一种精神的或道德的境界，超然于现实生活的贫富贱贵之上。士人求道与商人逐利在本质上是相对的，所以毕生研习儒学经典，作为治世中坚的士大夫自命为道的坚守者与义的弘扬者，自然歧视贬低追求私利的商人。司马迁在为商人作传时感慨道："行贾，丈夫贱行也。"这足以说明整个士大夫阶层对商人的鄙薄已经达成了共识。

3. 均平主义政治理念

前已述及，在中国古代社会的经济结构中，占统治地位的始终是小农生产和家庭手工业相结合的自然经济，每一个生产者都是用自己的生产资料来生产所有的生活资料，也正是这种简单的生产关系才能造就稳态和固定的社会等级秩序，进而维持皇权的稳固。同时由于自然经济极度脆弱的特性，统治者在对社会财富进行分配的一大关键之处就是使社会底层的庶民百姓得到基本的生存保证，如此才能使小农经济的简单再生产得以延续。最理想的状况就是按照社会等级秩序，兼顾各个阶层的利益，从而实现经济—社会层面的平均。

在农耕文明时代，由于商业相较于农业的高营利性特征，任由商业自由发展则很可能会加剧社会的贫富分化趋势，最终超越社会发展所能承受的限度并导致社会矛盾的激化，破坏君主专制赖以存续的物质基础。所以在一定意义上来说，均平主义的思想也与抑商政治文化有着相当的内在关联性，通过抑商可以更好地实现个人财富的均平并使自然经济生活保持平衡，进而促使社会各阶层的均衡稳定。均平主义思想是中国传统政治文化价值系统调节机制下的产物，也是中国古代国家政治观念的基本精神之一。早在上古时期大禹治水就采取了均调有无的手段来解决人民食物短缺的问题，史载："命后稷予众庶难得之食。食少，调有余相给，以均诸侯。"荀子也称赞尧将仁德财利均施于民说："尧让贤，以为民，泛利兼爱德施均。"平均的理想到周代已经不再单纯属于"懋迁有无"这样的经济调节手段，进而成为统治者治理国家有意追求的一个政治目标。按照《周礼》中的记载，大宰的职责有很重要的一部分就在于"平邦国、正百官、均万民"。总之"均"在中国古代始终体现为一种社会财富分配方面的理想原则，其宗旨是保障民众最基本的生存条件，进而使全社会实现均衡稳定地发展。

事实上，先秦诸子几乎一致宣扬财富分配或经济上的平均，批判贫富悬殊的社会现象。老子从"无为"的理念出发，痛斥现实社会中普遍存在的按等级分配财富以及贫富不均的现象，提出了著名的"天之道，损有余而补不足，人之道则不然，损不足以奉有余"的论断。他进而认为正是这种"损不足以奉有余"的不合理"人道"造成了百姓极端贫困与统治者物欲极端膨胀的鲜明对比，抨击这是一种强盗行径："朝甚除，田甚芜，仓甚虚，服文采，带利剑，厌饮食而财货有余，是为盗夸，非道也哉。"管子认为"万物均而百姓平"，他将均贫富的思想用于治国和争霸之中，有为的君主应当做到："散积聚，钧羡不足,分并财利而调民事""夫富能夺,贫能予,乃可以为天下"。李悝甚至提出了夺富济贫的观点,他认为,"富者则贫者恶之,只有"富能分贫,则穷士弗恶也"。墨子和韩非也都认为财富的平均分配是明君治国理政的关键,如墨子指出:"故古者圣王……听狱不敢不中,分财不敢不均",以及"有力者疾以助人,有财者勉以分人,有道者劝以教人"韩非也认为统治者治理国家应当做到:"适其时事以致财物,论其赋税以均贫富……此帝王之政也。"

儒家诸子对均平的理念同样有着独到而精辟的阐述,孔子主张基于礼制等级规定之上的均平,认为国家在财富分配时应做到"不患寡而患不均,不患贫而患不安,盖均无贫,和无寡,安无倾"孟子提出了"制民以恒产"的仁政理想,他认为只要每户农民都能分得"五亩之宅""百亩之田",就可以实现人人安居乐业,"不饥不寒"的治世景象,这其中包含的土地平均分配的思想是显而易见的。而儒家平均土地和财富的理念最大限度地体现于所谓的"大同"社会理想中,这种"老有所终,壮有所用,幼有所长,矜寡孤独废疾者皆有所养"的社会,实际上就是一个无处不均匀、无人不饱暖的平均主义社会,这也代表着儒家思想家们在社会财富平均分配方面想象力的极限。

综上所述,经济均平是先秦各派诸子普遍的思想观念,其各自的后继者们也基本秉承了这样的分配平均、均调贫富的思想。与此同时,均平主义也是历代封建政权调整社会财产分配关系的基本指导政策,其中蕴含着一定的社会平衡和政治有序的治国理想,从而使其始终具有国家政治层面的意义。在一个均平的社会中,人民"各安其居而乐其业,甘其食而美其服,虽见奇丽纷华,非其所习欲寡而事节,财足而不争",虽然它与孔子所指的大同社会的目标相距甚远,但是这种低水平却足以维持人民生计的国家治理目标则是相对容易实现的,所以这也正是历代有为的统治者所力求达到的现实政治追求。

然而,经济均平主义的核心要素是实现社会财富的平均分配,至少也是按照儒家礼制等级进行的平均分配,而这就必然在相当大的程度上隐含着损富益贫，甚至劫富济贫的因素在内，尤其是道家和墨家的一些绝对平均分配财富和资源的思想更是堪称其理论基础。在中国历史上，底层人民，尤其是农民的生活一向艰辛，终日为生计奔波却难以实现真正的生活富足，土地兼并、贫富悬殊一类社会现象总是呈现出愈演愈烈的趋势，平均财富对于底层民众来说就成为一种最直接而且强烈的渴望。可以认为对财富阶层的仇恨，事实上符合中国底层人民的精神自觉。与此同时，由于农民深刻的小生产者性格以及文化水平的局限，他们的最高理想注定了就是"使人目见金山、银山、麦山、米山、油泉、酒井……无粮同饿，有肉同分，终身不贫"这样的境界。因此历代农民起义中最常见的口号就是"等贵贱、均贫富、杀不平、均田免粮"之类的朴素平均观念，在这样的"革命宣言"的号召之下，作为财富的拥有者商人的那些"不义之财"往往就会成为起义民众瓜分劫掠的首要目标。鉴于长久以来劫富济贫理念具有相当的正义性，商人不仅面临着来自皇权及其实际代行者官僚的压迫勒索，也同时面临着底层民众要求均贫富的压力，这也是商人阶层在中国古代社会难于累积扩大财富的重要原因之一。

第三节　理论总结——权力经济与依附型政商关系

美国政治经济学家道格拉斯·诺斯曾于 20 世纪 80 年代提出了著名的诺斯悖论",其描述了国家与社会经济相互联系又彼此矛盾的关系,即"国家的存在是经济增长的关键,然而国家又是人为经济衰退的根源"这一论断充分表明了国家在经济史研究中的核心地位。对于中国传统社会而言,商业的发展与大一统中央集权君主政治之间既有契合的一面,也有背离的一面,既相互博弈,又相互补充。政治权力与经济利益始终相互纠缠在一处,难以突破依附型政商关系的困局。

一、抑商制度与大一统中央集权君主政治的契合

1. 抑商制度的实质

中国历史上早自秦汉时期就已经成为一个广土众民的大一统帝国,疆域辽阔,内需市场极为庞大,商业活动不但起源极早,而且十分发达。尽管历代王朝大都号称抑商,但实际情况却是统治者受制于较低的生产力水平以及官僚政治运作的低效能,无力对国家宏观经济形态进行全面的统驭和计划,商人有着相当大的自主权。除了个别朝代之外,在中国历史上的大多数时期,君主政治很少对人民具体的经济活动加以限制,尤其是基层社会的商品流通、乡间村镇的经济往来实际是处于放任状态的,民众享有置产、择业、迁徙、雇佣买卖商品等诸多有关经济活动方面的自由,商人有着相当大的自主权。与此同时,历代统治者大都对商业在国民经济与社会发展中所能够发挥的一系列重要作用有着深刻的认识,虽然国家的大政方针一贯是重农抑商,但在现实政治的层面却毫不轻视商业对于国家的作用,始终保持着一整套完备的

禁榷专营与官工商业体系以及行之有效的专门针对商人的税役征纳系统。此外，尽管儒家教条一再规诫士大夫不言财货，然而几乎每一代王朝都会出现一位甚至数位名臣，他们或大刀阔斧进行顶层设计，从而奠定一个王朝的经济基础，或临危受命主导变法改革，使经济形势重新振作。从汉代的桑弘羊到唐代的刘晏，再到宋代的王安石，明代的张居正，直至晚清的洋务诸子，这些在历史上颇有争议的"言利之臣"在很大程度上充当的是财政专家的角色，他们在国家经济方面的建树甚至超过了其显赫的政治影响力。

布罗代尔将中国古代社会中的市场分为初级市场与高级市场两大类型："一类是初级市场，包括集市、店铺和小商贩；另一类是高级市场，包括交易会、交易所等。中国的经济总是只有底层而没有顶层，商人和银行家不能在受法律保护和受国家鼓励的公共事业中进行投资。每当资本主义利用机遇有所发展时，总会被极权主义拉回原地。"这是一种高度分裂的市场模式，一面是天高皇帝远，皇权不下县，如毛细血管般发达的民间坊市，其中社会底层民众的商品交易活动极度活跃，竞争空前激烈。另一面却是涉及市场与统治权力之间关系的所谓"顶层市场"，它始终处于君主政治的支配之下，专制王朝掌握了几乎所有与经济相关的重要资源，比如政策、关键信息、重要的生产资料、行业准入资质等，具有高度的垄断特征。中国古代社会的"商"向来都泾渭分明地分为两个阵营，一种是官商业，另一种是私商业。对于官商，专制王朝基本上不存在任何轻视或贱视的问题，甚至不惜成本地扶持和培植，而所谓抑商实际上完全是针对私商而言的，历代王朝极尽所能地对民营工商业进行严密控制，尤其是当民间商人的实力扩大到对以皇帝为首的特殊政治利益集团造成潜在威胁时，统治者势必动用政治强力对其进行残酷打压。

究其实质，中国古代社会中的"抑商"从来都是出于政治的要求，统治者在利用商品经济的发展给国家带来各种收益的同时，尤其警惕商人势力过度膨胀威胁自身的统治。商业的发展对于君主政治来说既不可或缺，又不能放任其做大，地位十分尴尬。此即晋人傅玄所说："其人甚可贱，其业不可废。"

因此，君主政治势必将抑制私商与扶持官商结合起来，在凭借政治强权与民间工商业者争夺国家资源的同时压制私人资本发展，极力压缩民间商人在体制之外获利的空间。这种特殊的抑商制度作为一种国家整体性的政治安排，与大一统专制皇权的政治逻辑高度一致。

2. 官商业对大一统皇权的保障

大一统原是一个领土的概念，中央集权则是权力的分配，是与地方分权相对而言的。所谓中央集权，是蔑视地方政府权力，一切唯中央政府马首是瞻。中国历史上的大一统与中央集权二者既相互联系又互为支撑：大一统为中央集权提供了物质上的基础，而中央集权又为大一统提供政治上的保证，所以中国历朝统治者例行中央集权，同时又把大一统作为神圣的追求；与中央集权大一统相呼应的是皇权与专制主义紧密结合，并得到极端的发展。这一特征基本可以概括从秦到清两千多年的中国王朝历史，它是以大一统、极度中央集权和绝对专制主义皇权三者为特征所形成的中国式的历史道路。这种高度集权的一元化国家形态铸就了以皇帝为首的专制统治集团的政治经济特权，并且这种统治利益在专制王朝中是高于一切的，社会资源首先必须满足统治集团的需要，庞大的皇室贵族以及官僚体系需要巨量财政支撑，广大不事生产的中下层士绅也需要额外开辟财源以养生送死。因此除了常规的农业税赋征纳之外，中央政府必须通过掌握复杂而又大规模的经济形势，抑或直接操纵市场来实现对关键性行业和重要资源的严格控制，以超常规掠夺国民财富作为经济保障，从而手操轻重大利，取得对广大民众的经济支配地位，最终实现君主政治的稳定运作。王毅认为历代王朝都具有一种权力经济的泵汲系统，它在皇权专制体系中具有极其重要的地位，以禁榷专营以及平准均输为代表的官工商业体系就是其极其庞大的分支中最重要的部分。

首先，"官山海"的国有专营理念与皇权的独占性高度契合。如前所述，中国古代社会政治价值结构的核心是皇权至上的原则，在社会政治关系方面，皇帝有着绝对的统属和占有权，一切国家利源、人民的财产，乃至每一个编户齐民自身的所有权最终属于皇帝。晚明大儒黄宗羲将之概括为："人君视天下为莫大之产业。"自秦汉一统以及后世，皇帝权力的无限性及其对全社会的占有在理念上具有绝对性，上至王公贵族，下至黎民百姓，由模糊到清晰，形成了普遍的政治认同。这种皇权绝对独占的制度从根本上否定了普通百姓在个人"私有"意义上对各类社会资源进行占有的合法性。早在春秋时期，管仲就提出了由君主尽占天下利源而实现对人民绝对控制的"利出一孔"思想："利出一孔者，其国无敌……故塞民之养，隘其利途。故予之在君，夺之在君，贫之在君，富之在君"然而任由民间商品经济自由发展，则必然创造出大量独立于政治体制之外的私人财富，所谓"上争王者之利，下锢齐民之业"，皇帝对资源的绝对占有以及社会分配方面绝对的支配权，这种情况是皇权统治者所绝不能容忍的。所以历代专制王朝始终都牢牢控制着对以盐铁为代表的国家一切利源的所有权，从不曾有丝毫放松，这也正是皇权专制的题中应有之义。

其次，官营工商业是加强中央集权，打击地方豪强势力的重要制度手段。以盐铁专营为代表的禁榷制度为例，在长期处于农耕时代的中国古代社会，普通的小农之家一般情况下可以自给自足地生产一些普通的生活必需品，然而对于盐和铁这两种特殊物品来说，却超出了小商品生产者独自生产和制作的能力。此即《汉书》所说："夫盐，食肴之将，铁，田农之本，非编户齐民之家所能家作。"与此同时，盐铁这类自然资源总是深藏于深山之中或滨海之地这样的偏僻之处，由于这种资源型产业的规模化效应，势必在这些皇权难以触及的地区聚集大量人力以及资金，形成一种类似割据的局面。对此桑弘羊透彻地指出："越之具区，楚之云梦，宋之巨野，齐之孟诸，有国之富而霸王之资也。人君统而守之则强，不禁则亡。"这些可以产生巨富的产业领域一旦落入地方诸侯或是民间豪强之手，极易"众邪群聚，私门成党"；"成奸伪之业，遂朋党之权"，逐渐形成一股与中央政权分庭抗礼的地方权贵势力，导致中央集权的旁落并对大一统王权造成实质性的巨大威胁。

事实上自汉武帝之后的历代大一统王朝无不尽其所能地控制顶层市场以及一切民生必需品与珍稀商品的生产流通，将民间资本尽可能地排斥在上游产业之外，甚至全面垄断市场和定价权，直接控制流通领域。后文将系统论述的明清时期的"开中制""纲盐制"一类国家授权专卖制度的改革也只是专制王朝对禁榷商品的流通、销售等环节进行政策调控，就这些资源型产业最关键的所有权和支配权来说，则仍然牢固地掌握在帝王之手，始终没有丝毫松动。在生产力落后的农耕时代，专制王朝只有将这些核心利源统统收归国有，才能扼住民间富商大贾的咽喉，使其无从合法地通过市场经营来扩大资本只能成为君主政治的附庸。也只有这样，大一统中央集权政府才可能在最大限度上断绝地方豪强的财源，从而有效地打击地方分裂和割据势力，避免出现"权移于臣，政坠于家"的局面，维持中央集权大一统君主政治体制的完备。

3. 抑制私营商业与维护社会等级秩序

究其实质，中国传统国家对私营工商业的抑制是由当时的社会结构所决定的。马克思指出："社会上占统治地位的那部分人的利益，总是要把现状作为法律加以神圣化，并且要把习惯和传统对现状造成的各种限制，用法律固定下来。"在中国传统社会结构的基础上，保证君主政治稳固的前提，就是把每一个人的阶级、地位、身份、职业、生产生活的空间范围等都纳入由专制皇权控制的统治秩序，并以国家基本法的形式固定下来。如荀子所说："王者之制……衣服有制，宫室有度，人徒有数，丧祭械用，皆有等宜。"而维持这种基于皇权至上的礼法、王制所规约的"小不得僭大，贱不得逾贵"的等级秩序不发生动摇，就必须把每一个人都固定在他原来的社会地位和生产关系之上，使其因袭不变地代代相传下去，同时保持社会各生产部门的劳动力恒定于一定的比例关系之中，即管仲所说："士之子恒为士，农之子恒为农，工之子恒为工，商之子恒为商。"然而在这样一个安定的、一切都成为僵化状态的社会经济结构中，商业是唯一能够打破静态均衡的因素，甚至可以认为商业在哪里出现，社会变化就从哪里开始。

历史一再证明，商人富逾王侯，进一步则必然权倾王侯，一专制王朝失去对商人的控制，富商大贾则可以凭借金钱轻易获得权势和地位，过去一向身份低贱，难登大雅之堂的商人，积财巨万之后居然可以列坐朝廷上宾，甚至与王者同乐。以《史记》中记载的秦汉之际堪称"素封"的数位大商人为例，他们"千则役，万则仆"，"大者倾郡，中者倾县下者倾乡里"，"邑有人君之尊，里有公侯之富"。对此司马迁不禁感慨地说："千金之子，不死于市"，"人富而仁义附焉"。法国汉学家谢和耐认为商人是中国传统社会中打破社会稳定的重要因素："商人拥有财富，可以真正统治穷人，而且可以收买农家土地，雇佣被其陷入贫困境地的农人，像对待奴隶一样将其置于矿山冶铁工厂或手工工场内。商业活动引导无谓消费，转移国家生存所必需的基本活动：维持军队与开展外交行动所需要的谷物生产与布料生产，以及防卫活动与公共工程。因而商人与手工业者同时带来社会性、政治性、经济性的危害。将国家的财富源泉都让与商人或由其独自控制，也就无异于听任帝国衰亡瓦解。唯有政府能控制主要财源并加以分配，和平与统一才有可能。"

刘泽华也指出自由工商业是君主集权时代的一种革命因素："自由商业作为一种横向的自控系统，它对于集权的垂直统治系统，有着天然的对抗、摆脱以致彻底瓦解其基础的趋势。"由于商业活动的非政治性特征，各种资源时刻处于高度的自由流动状态君主政治如果一味放任民间工商业以及市场经济的自由发展，使市场自发调配资源并成为整个社会经济联系的纽带，如此则必然会打破小农经济条件下隔绝的地域限制，将整个散沙状的社会有机地联络起来，使社会中原本相对独立又僵化的各生产部门互相渗透和依存，最终无可避免地会对皇权专制和农耕文明所赖以维系的等级秩序格局产生强大的异化和消解效应，形成大一统中央集权君主政治下的一股巨大的离心力量。除此之外，恰如马克思所说："商品是天生的平等派，商品生产者不承认任何权威，只承认竞争的权威，只承认他们互相利益的压力加在他们身上的强制"

以英、美等西方主要资本主义国家的现代化进程来看，近现代资本主义市场经济体制以及商品经济的充分发展至少包含三大要素：其一是确立保障公民人身和财产的法权制度，以及以权利、契约、权力约束、法治等为一体的宪政民主政治体制；其二是通过权力制衡严格限制政府权力，使公权力只能在有限的范围内活动，从而专门为市场运行提供法治、秩序以及制度保障；其三是以世俗理性为基础的，精于职业，将追求利润视为天职的资本主义精神由此可见自由工商业的发展本身就隐含了一定程度的民主、自由、公平等政治价值在内，这与专制皇权的内在统治逻辑更是互不相容。因此为了防止商品经济的不断发展而可能引起的社会变革，以及由这种变革进一步造成的社会动乱，封建政权势必要将之纳于国家权力的统制之下使商业资本只能最大限度地为维护封建生产关系而服务。

4. 商业对于君主政治的特殊意义

尽管工商经济在中国古代社会中始终处于自然经济的补充和附庸地位，然而商业仍是社会生产中不可或缺的内在环节，商业的发展进一步促进社会分工，改善了资源配置，扩大了社会利益，是国家经济增长不可低估的重要推动力量。除此之外，对于历代王朝的统治者而言，商业对于国家治理而言更是具有以下两点特殊意义：第一，禁榷专营制度所内含的"寓税于价"的特殊税收理念是中国历代王朝一贯传承的一种独特的治国理念和统治智慧。从"理性经济人"假设的角度来看，政府在其整个运作过程中都存在着管理的成本和效益问题，也具有一定程度的自利性特征，这就决定了政府自身对于捐税的索取不会轻易停止。然而赋税征收终究带有极大的强制性特征，尤其是皇权恶性膨胀所带来的各种横征暴敛更是为民众所憎。在中国政治思想史上，无论是儒家轻徭薄赋的观点，法家重农与抑商并重的理论，甚或是道家的无为理念几乎都包含了对如何进行合理征税这一问题的关注。然而，在中国古代社会中，只有农业才是全社会的决定性生产部门，也是整个国民经济的基础，要保证大一统皇权专制的稳固，首先必须保证小农经济的稳定。但这种高度散沙化，以男耕女织为主要形式的个体小农业与家庭手工业相结合的经济模式是一种基础薄弱和生产力水平低下的简单再生产。诚如孟子所说，"乐岁终身苦，凶年不免于死亡"。仅低生产力水平的自然经济所提供的有限税赋根本无力支撑专制皇权无限凭膨胀的物欲以及中央政府对广土众民的有效统治。

历代王朝的统治者大都深知强征赋役必然会引起人民的嚣然反对，而以国家垄断山海之利来代替加征农业税或人头税则可以最大限度地掩盖经济上对农民进行野蛮掠夺的本质，以收取麻痹民众的效果，此即桑弘羊所论："利用不竭而民不知，地尽西河而民不苦。"以前述管仲榷盐为例，管仲认为："民予则喜，夺则怒，民情皆然……故见予之形，不见夺之理"，而隐蔽征税，取之于无形最理想的方式就是"寓税于盐"。自汉武帝将盐铁专营定为国策之后，这种借不加赋于民的名义，实则聚敛社会财富的行为被历代统治者所沿用，普通百姓实际上除了土地与农业税赋之外，还需交纳各种隐蔽的专卖税，各项国家专卖行业的所得由此成了历代王朝重要的财政支柱。对此苏轼评说："自汉以来，学者耻言商鞅、桑弘羊，而世主独甘心焉，皆阳讳其名，而阴用其实，甚者则名实皆宗之，庶几其成功。"尤其是两宋之后，专制王朝通过各项专卖而取得的收入在国家捐税中所占的比重日益增加，清代甚至有"两淮盐课当天下租庸之半"这样略显夸张的说法，足可见历代王朝财政对专营收入的依赖程度。以今天的眼光来看，这种变相的税收政策无疑是一种国家对民众的欺诈行为，其实质可以看作是一种隐蔽的人头税，淡化了赋税的强制性色彩，政府不仅完全没有任何税务公开、透明的精神，反而极尽掩饰其与民争利的本质，名为不加赋于民，实为聚敛民间财富。第二，无论是官商业还是私商业，在很大程度上都是封建政权用以扩充额外的财源或临时解决国家财政危机而存在的，如养兵、供应内廷、赈济、救荒、对外征战等。在此意义上讲，专制王朝对官营商业的支持和对民间资本的打压实际是一体两面的，具体来说就是实现商业和商人的财政化。首先，商业与商人最直接的效用就是统治阶级的专有财源。历代王朝虽然名义上是皇帝"家国一体"，然而实际上却有国家财政与皇室财政的区别。在常规的财政运作中由于皇权的至上性和绝对独占性，皇家内帑侵蚀国库款项之事在历代都时常发生。因此专制王朝对商人的额外加征以及强制性的捐输、报效通常会绕开国家财政，直接充作皇室之私用，满足帝王无限膨胀的各种欲求。如清代康熙、乾隆两位皇帝的数次"南巡"，一路修建行宫别苑以及衣食用度花费的巨额资金基本来自于几大织造局与各大盐商集团的捐献。

其次，商人的财富往往会应国家之需，成为应急性的财政保障。中国历代王朝财政管理的基本原则均出自《礼记·王制》中的规定："量入为出，收支有常。"在生产力落后的农耕时代政府无力控制和抵御各种自然灾害，也不能准确预测农业生产的丰歉，这种无法抗拒违逆的自然经济法则从根本上决定了专制王朝必须遵守这样的财政原则。然而这种基于农业和土地相关税赋之上的财政制度存在着巨大的制度缺陷。由于国家财政常年处于常态、常量的固态模式，其中收入的项目和数量与支出的项目和数量几乎是固定不变的，缺乏必要的弹性补救措施，因而一旦遇到突发大规模战争或是社会灾难等一系列非常态变性支出因素时，国家立刻就会陷入危机状态。在国家财政出现危机的情况下政府的当务之急通常是加强各项专卖事业以及苛征商人，并将其收入作为"军资杂用"的重要财源。

先从官商业的角度来看，专制王朝通过对一些产业的专营甚或实行全面的统制经济可以形成卓有成效的规模化生产，无视市场和其他正常的商业程序，使工商业中的私人利润转换为国家垄断利润，从而在短时期迅速增加中央财政收入，使国家从容地"奉兵师之用、赈乏、备水旱之灾"。比如汉武帝一向把盐铁专营和均输平准之利用以匈奴的战争："费皆仰大农，大农以均输调盐铁助赋，故能澹之。"唐代宗任命刘晏盐之后，"天下之赋，盐利居半，宫围服御，军饷，百官禄俸皆仰给"。再从私商业的角度来看，由于历代王朝始终缺乏明确的商业立法以及制度化的商业税收政策，政府的征商行为实际上大都具有很强的临时性、权宜性、随机性的特点。每逢朝廷赈灾，地方官府修路搭桥抑或是国家有其他特殊经济需求的时候，都自然少不了向商人摊派。尤其是每逢王朝末年，君主政治的统治危机全面爆发之时，朝廷急于开辟农业税赋之外的财源，商人的财富则必然成为统治者苟延残喘的救命稻草，专门掳掠民间工商业者财富的"派捐、输纳、投献"之类虐政也就随之层出不穷。然而历史一再证明，这种做法并不能挽救统治危局，到了商无可征，民穷财尽之日自然也就是一代王朝覆灭之时。

二、商人的"原罪"与依附型政商关系的形成

中国古代社会中的商人所处的制度环境堪称恶劣，一方面，专制王朝通过禁榷专营彻底垄断了国民经济中的上游部分，在国家宏观经济格局中压迫民营工商业的生存空间，极大地阻断了商人与生产之间的联系使其只能通过竞争性强且高度分散的民间商品市场获得一些微薄的利润。另一方面，即使是民间市场中那些微不足道的涓滴小利，都会成为专制皇权及其爪牙们的觊觎之物，统治集团往往设置各种虐商苛政，对商人进行各种形式的敲诈勒索，甚至亲自下场经营，凭借政治特权将底层市场中利润较为丰厚的部分据为己有，使商人原本就十分微薄的利润空间被进一步压缩。此外，历代王朝的现实政治运作中往往是官多、役多、吏多，他们包揽一地的税役，肆意假公济私，巧取豪夺，而朝廷对此大多缺乏有效的监管。在潜规则横行的中国古代社会，官员的贪赃枉法、吏治的腐败、奸商与胥吏的百般勾结，使国法律令中那些空洞的恤商、护商、官不与民争利一类政策在现实中对商人的保护往往形成一纸空文。地方上官吏豪绅勒索商民、肆意加派完全是常态现象，处于民不究，官不管的状态，即使商人不甚勒索而报官，也大多没有实际意义。所谓苛猛于虎，朝廷的重税、官府的重压以及权势者们的巧取豪夺对于商人而言，无疑全部都是根本无法逃避的巨大制度成本。这些制度成本带给商人的负担远

大于正常市场竞争中的风险，严重破坏了他们资本积累的过程，使其几乎无法通过正常、合法的商业经营获取利润。

按照历史制度主义的观点来看，只有制度才是影响政治行为的最重要和关键性的变量。诺斯指出："制度是一个社会的游戏规则，更规范地说，它们是决定人们的相互关系而人为设定的一些制约，而制度环境则是一系列用来建立生产、交换与分配基础的政治、社会和法律的基础规则。"另一位美国学者彼得·豪尔也认为"制度因素是历史景观中推动着历史沿着某一路径发展的相对稳定和最为核心的因素之一"。现存的制度规范着各类政治、经济、社会主体的行为，决定着经济绩效，进而决定国家的兴衰。进一步讲，制度又有正式制度与非正式制度之分。正式制度源自于国家，包括宏观上的规则和程序，是国家结构和权力架构的反映；非正式制度寄存于社会，主要指微观上的惯例和惯习，是人们在长期的社会交往中逐步形成并得到社会认可、约定俗成的行为规范。正式制度的变迁是非正式制度变迁的重要来源，而非正式制度作为一种自我维系的内生性秩序，它渗透到社会生活的各个领域，对社会的调节范围往往超过正式制度，对于自利的和有限理性的个人起到软约束的作用，实际左右着人们的选择。因此在专制王朝全面抑商制度的制约之下，政商关系作为其中的一项非正式制度，则自然呈现出一种彻底的权力依附态势，商人阶层难以摆脱政治权力的纠葛，他们对国家政策的渴求，对官僚体系的依附，以及与官吏的私相勾结由此成为一种传统。

然而，世间万物都具有两面性，商人钻营政治几乎等于将自己的灵魂出卖给魔鬼，越是官商勾结、营私舞弊，商人就必然会有越来越多的把柄被政府掌握，从而更加无力摆脱权力的束缚和干扰，极易遭受权力的反噬。可以说中国古代社会的商人自从创业之日起，就背负上了一种深刻的"原罪"，他们先天就无法脱离政治权力而生存，君主政治从根本上侵害他们的利益，但是他们又别无选择，最终只能深陷其中无法自拔。中国历史上从《史记》中记载的数位富商大贾，到本书所要详述的晋商乃至民国时期的江浙财团与数家金融寡头，几乎所有青史留名的大商人抑或是大资本家，背后都或多或少有着政治权力的支撑，即使也有一些商人是凭借个人的经营本领发家致富，但是他们最终往往又会回归政治权力的怀抱。诚如吴晓波所言，"一部中国的商业史，根本上就是一部政商关系的博弈史"，这堪称是中国传统商人阶层的历史宿命，也是中国古代社会的政商关系始终无法突破的怪圈。

三、抑商政治文化对商人精神的扭曲

正如哈耶克所言："对商业现象的鄙视，对市场秩序的厌恶，对生意人的仇视，尤其是史官的仇视，就像有记录的历史一样古老。"从《大学》中的"不仁者亡身以殖货"，到王夫之的"贾人之富也，贫人以自富者也，牟利易则用财也轻，志小而不知裁，智昏而不恤其安，欺贫懦以矜夺"，历代王朝无一不在思想上和舆论上轻贱商业和商人，充分发挥儒、法等各学派中对商人不利的理论，从伦理、德行、文化等各个角度出发论证商业是微末之术，从商是一种可鄙的行为。在历朝历代经年累月地对"商"这一概念的口诛笔伐之下，商人阶层的形象被彻底地扭曲甚至妖魔化了，甚至成为一个罪恶的概念，如班固所说，"犯成富，伤化败俗"，基本上可以认为奸与商在中国历史上具有同等的意义。

在全面抑商贱商的社会氛围中，商人阶层几乎站在了其他几大社会阶层的对立面，他们既被认为是不事生产、侵夺农民的寄生虫，又被看作是逐私牟利、反道德特质明显的小人，从而被社会彻底边缘化。这种根深蒂固的文化基因甚至扭曲了商人对其自身的评价与判断，使他们长期无法获得主体认同感。商人务实好利的天性使其必然千方百计甚至不择手段地谋求盈利，他们长期所受的臣民教化又让其发自内心忠于君王国家，同时他们极度贫乏的文化和低下的社会地位也令其产生了自我怀疑甚至否定的心态，这是一种深入骨髓、渗入肌理的戒慎恐惧心态，久而久之则形成了一种所谓的"罪错意识"这种内涵原惧特性的文化心态弥散开来，播撒在政治意识、政治观念等多个层面，对商人精神的型塑造成了极为消极的影响。驯顺与迂腐，开始成为中

国古代商人的丑陋习性，这种隐忍苟活的奴才性格是由专制者的屠刀训练出来的，它是中国古代王权主义政治文化的产物，也是皇权专制之下的历史必然。

这种全面的鄙薄商业、敌视商人的政治文化，曾对中国传统社会的命运产生深远影响。首先，其最直接的影响就是主导了普罗大众在择业时的选择和偏好。轻商理论的长期延续，形成了一种畸形的社会共识，即从事商业活动为自己谋求财产是一种不道德、无耻的行为，尤其是儒家士子更是耻于言利，甚至谈财色变，唯恐避之不及，甚至位居庙堂，为国家理财的大臣都会被称作"言利之臣而为清流士人所不齿"。诚如荀子所说，"天子不言多少，诸侯不言利害，大夫不言得丧，士不言通货财"。在这种扭曲的价值认同之下，商人的财富占有与实际的社会政治地位不仅没有任何关联，反而在一定意义上来讲，经商所获的财富越多，商人的身份和地位反而就越低贱。钱穆对此评论说：中国社会机构，自汉武以降，不断以理想控制事实，而走上了一条路向，即以士人为中心，以农民为底层（手工业和士兵为农民之分化），而商人只成旁支。因此社会理想除了读书做官，便是没世变为老农，市井货殖不是一条正道。

其次，商人由于长期受到全社会的歧视，他们自身的行为逻辑也遭到了很大程度的扭曲，恰如诺斯所指："人们持有的信念等文化传统因素又决定了他们下一步的选择，而这些选择反过来导致了人类处境的变化。"为了获得社会的尊重和认可，洗刷掉身在商籍的耻辱，商人通常采取的方式就是所谓的"以末致财，以本守之"，他们或在家乡广置田地，修建高墙大院成为地主，或捐买官衔封典，培养子弟读书仕，或采取政治联姻的手段转入士人的层次。所以像马克斯·韦伯提出的诸如企业家精神、追求利润的理想、商人谋求财富的天职等近代西方资本主义内在的伦理和价值观是中国传统商人阶层完全无法想象的，他们只可能匍匐在皇权脚下做忠臣顺民，始终无法摆脱对君主政治的精神依赖。纵观中国历史，中国传统商人阶层的终极理想甚至是他以及他的后辈不再是商人，而这实际上也正是他们最合理的出路。

第二章

封建社会形成和初步发展阶段：秦、汉

第一节 历史背景介绍

商在我国的出现可以说十分古老。社会第一次大分工，使经常性地交换成为可能，而随着第二次社会大分工，就出现了以交换为目的的生产交换不仅在氏族部落之间进行，而且在个体生产者之间也日趋频繁。这就为一种新的社会行业以及从事这种行业的新社会角色——商的产生提供了可能。因此，商是社会生产力发展到一定阶段上的产物，也是社会生产关系发展到一定阶段上的产物，商业和商人的出现开辟了人类经济生活的新前景。

公元前221年（秦王嬴政二十六年）秦王嬴政建立了中国历史上第一个统一的中央集权的封建帝国——秦国，自称始皇帝，立国凡16年统一的秦王朝统治时间虽然短暂，但它开创了中国历史上统一的中央集权的封建帝国的先河，并使这一制度延续了两千多年之久，因而在中国历史上占有重要地位。

公元前206年，在秦末农民大起义中，刘邦最终战胜了楚王项羽，建立了汉朝。汉朝立国凡426年，其中，从公元前206年至公元8年王莽篡汉，史称西汉时期；从公元8年王莽篡汉至公元24年，王莽被刘秀所灭，是为新朝时期；公元25年刘秀恢复汉室至公元220年曹丕废汉献帝建立魏朝，史称东汉时期。在这一历史时期，中国社会在政治、经济、军事和财政方面，都发生了很大的变化，特别是财政制度的发展，为后世奠定的良好的基础。

一、秦朝的政治、经济概况

秦汉时期是中国自战国发展起来的封建制度确立的时期，也是中国封建社会经济政治初步发展时期。

秦在并吞六国，统一全国之后，为巩固统一的中央集权的封建政权，确立和保护封建地主经济，采取了一系列政治、经济措施。

在政治方面，第一，废除了诸侯分封制，实行郡县制。秦朝统一后，没有实行以宗法制度为纽带的诸侯分封制，而是在地方实行郡县，郡守县令由中央任命，直接为中央负责，从而使郡县制度成为后来历代王朝中央政权控制地方行政的基本形式。第二，统一官制。秦王朝在皇权制度之下，还建立比较完备的中央政权组织，其官制实行"三公九卿制"，分别负责行政、军事、监察及各项具体政务。它不仅强化了官僚的行政职能，削弱了宗法贵族对朝政的政治影响力，而且基本确立了中国历代王朝官制的基本格局。第三，统一文字和交通。秦王朝实行了"书同文""车同轨"等改革，这不仅便于中央政权的统治，同时也便利了统一国家内文化和经济等各方面的交流。

在经济方面，第一，实行"黔首自实田"政策。秦始皇三十一年（前216年），令地主和自耕农向官府陈报自己实际占有的土地数量。这一命令等承认了土地私有的合法性，同时也使国家掌握了全国耕地的数量。第二，补充和修改《秦律》运用法律的形式保护私有财产，严禁对私有土地的侵犯。第三，统一度量衡和货币制度。秦王朝建立后，将原来各国不一致的度量衡和货币制度进行了统一，从外部条件上保证地主经济的确立和发展。第四，打击各国奴隶主贵族。具体表现为"徙天下豪富于咸阳十二万户"[1]。这里所说的豪富，实质就是旧奴隶主贵族。将他们迁徙到京师咸阳，一来可以充实京师人口，繁荣和发展京师经济，二来，就是通过迁徙，使这些奴隶主贵族远离其原有的统治基础，进而削弱这些奴隶主贵族的政治影响力和经济势力。此外，收缴天下兵器，铸成12个大铜人，"上农除末"，"奖尊兼并"等政策措施，都有利于保护和确立地主经济，打击奴隶主贵族地主经济的确立激发了土地所有者的生产积极性，加之水利事业的兴办、生产工具的改革、牛耕的推广、交通事业的发展，促进农业经济的发展。当时，农业生产主要是在黄河流域

---

[1] 出自《史记卷六·秦始皇本纪》。

的关中地区和都江堰附近的巴蜀平原。由于道的修筑、交通的发展，特别是开辟了陆路和海路两条丝绸之路，从而促进了国内商业的发展，也促进了对外贸易的发展。

然而，秦朝统治者的暴政使其失去了发展封建地主经济和政治的大好时机。秦统一中国以后，实施了苛刻的刑法，这些苛政，不仅打击了旧奴隶主贵族，也使平民百姓受到极大的伤害，加之苛刻地征发徭役和赋税，致使民不聊生。最终，秦王朝在农民起义和各层反秦势力的打击下，仅历二世而覆亡。

二、汉初的政治经济概况

1. 汉初的休养生息

汉初的统治者，吸取秦朝败亡的教训，在政治上，实行黄老之术，"约法省禁"、无为而治；在经济上奉行休养生息之策，"思安百姓"；在外交上实行"和亲"与睦邻政策，以稳定边疆；在财政上，采取轻徭薄赋政策，"躬修俭节"，以休养民力。具体采取以下一些措施：

（1）调整阶级关系，缓和阶级矛盾，巩固地主阶级统治

汉朝建立之后，沿袭了秦朝的政治制度并有调整，包括封建集权的郡县制度和皇权至高无上的官吏制度、军事制度、财政制度等，并在《秦律》的基础上制定了汉《九章律》，所以史称"汉承秦制"。此外，在汉高祖刘邦还多次颁布诏令，"兵皆罢归家"，并规定回乡者免除若干年徭役；凡以前百姓流亡山泽者，允许回乡，并将其原有的土地、房屋、爵位还给本人，官吏不许责罚。百姓因饥饿而卖身为奴者，均免为庶人。

（2）"约法省禁""与民休息"，促进经济的恢复和发展

高祖刘邦建汉时，即实行黄老之术，经济上实行放任政策，政治上实行无为而治；文帝、景帝时，废除秦代的严刑苛法，务求轻简，发展经济，节

约支出，轻徭薄赋。在汉初的 70 年中，田赋先是实行什一之税，随之降为十五税一，之后又降低为三十税一，而且经常减免田租和徭役，这些措施有力地促进了经济的恢复和发展。

（3）发展农田水利事业，促进经济的全面发展

为了增加农产品的产量，汉初在秦朝农田水利发展的基础上进一步举办水利灌溉工程，扩大灌溉面积，并且推广先进的农业耕作技术，单位面积产量迅速提高。同时，经济放任政策也促进了手工业和商业的发展。汉初的冶铁业有了长足发展，其他手工业也有较大发展，如煮盐、纺织、制陶、造船、制漆等，这些手工业产品，不仅供给国内的消费需要，而且大量销往国外。而国家的统一、农业和手工业的发展又为商业的发展创造了基础和条件，到汉武帝时，中国大的商业都会已达 20 多个。

这些政策和措施，促进了汉初经济的发展和人民生活的改善，国家财政也不断充实。史载："至武帝之初七十年间，国家亡事，非遇水旱，则民人给家足，都鄙廪庾尽满，而庶库余财。京师之钱累百巨万，贯朽而不可校。太仓之粟陈陈相因，充溢露积于外，腐败不可食。"

2. 汉武帝的开疆扩土与昭帝宣帝的中兴

汉武帝即位以后，凭借汉初积累起来的财富，一改汉初的黄老之术，在政治、经济、军事、财政等各方面实行更为积极主动的政策，从而展现了他的雄才大略，实现了他的文治武功。

（1）强化封建的中央集权制，削弱和打击地方势力

汉初的无为而治虽然有利于恢复和发展封建经济，有利于巩固封建政权，但同时也使同姓王的野心日益膨胀，并形成尾大不掉之势，终于引发了以吴王刘濞为首的吴楚七国之乱。这次叛乱虽然被平息了，但隐患未除。汉武帝即位后，进一步采取了削弱诸王与侯的措施，使中央集权制也得到进一步巩固。

（2）厉行重农抑商政策，重点打击富商巨贾

汉初，虽然强调重农抑商，但"今法律贱商人，商人已富贵矣；尊农夫，农夫已贫贱矣"。而当汉武帝开疆扩土之时，财政资金捉襟见肘，急需挹注，然而这些富商巨贾却置若罔闻，于是，汉武帝实行盐铁官营、平准、均输之策，并对商人的衣、食、住、行进行严格的限制，特别是实行了"算缗令"和"告缗令"。这些政策打击了商人，增加了国家的财富，但也阻滞了中国商品经济的发展和进步。

（3）大肆开疆扩土

在汉武帝在位的 48 年间，北伐匈奴，南征百越，招抚东瓯，开通西南夷，略地秽貊、朝鲜，使中国的疆域不断扩张，国家的版图大大开拓，初步形成了统一的多民族的封建帝国。

（4）对外友好交往的格局初步形成

在北伐匈奴的过程中，汉武帝派遣张骞通使西域，赶走匈奴以后，通往西域的道路畅通无阻，使中国与中亚的关系日益密切；开通了西南，与西南各民族的关系也不断加强；招抚了东南，使汉族与东南各少数民族进一步融合。对外友好格局的形成，不仅有利于民族融合，也有利于促进各族经济的交流与发展。

（5）重视农业技术，发展农田水利

汉武帝的多欲政治创造了汉代政治强势的奇迹，但却使汉代经济元气大伤。这时，汉武帝已经到了晚年，他"悔征伐之事"，并以赵过为搜粟都尉，推行"代田法"，以发展农耕技术，提高单位面积产量，推广铁制农具，鼓励以马耕地等。另外，汉武帝重视农田水利建设，广开水渠，既便于漕运，又可以水灌田，汉武帝时，是汉代修治水渠最多的时期，如漕渠、龙首渠、六辅渠等，还大力推广引水灌田技术，如引汶水灌田、黄河水灌田、淮河水灌田，还下大力气修治黄河。

汉武帝虽然在晚年采取了一系列发展农业生产的措施，也取得了显著的

成效，但仍不能熨平百姓心灵中的伤痛。直到昭帝时，才"流民稍还，田野益辟"，颇有蓄积昭帝和宣帝期间，恢复汉初无为而治的政策和措施，采取了更为有效的恢复经济的措施，从而促进了经济的恢复和发展，汉朝才得以中兴。例如，恢复轻徭薄赋政策，减轻田租和徭役，平理刑狱，缓和阶级矛盾，使"百姓安土，岁数丰穰，谷至石五钱"。

3. 王莽执政时期的错位改革

昭帝、宣帝以来的中兴持续了三十几年，天下灾荒并致财政支出渐绌。之后成帝、哀帝、平帝三帝相继即位，这时土地兼并日趋激烈，统治阶级日渐腐败，汉朝的军政大权逐渐落王莽手中。

王莽执政以后，财政收入制度越发混乱，统治集团的腐败越来越严重，百姓生活越来越困苦。王莽进行了一系列的改革，但这些改革都是不成功的，反而加剧了社会的动荡新朝的国民经济就在这种无序改革中崩溃了。

4. 建武永平的经济恢复与永元以后经济的衰落

王莽的倒行逆施引发了大规模的农民起义。刘秀借助绿林起义军的力量消灭了其他义军，统一了中国，建立了东汉政权，国号为建武，是为光武帝。此后明帝、章帝相继即位。这个时期，统治者恢复了西汉初年的若干政策措施，如实行轻徭薄赋，轻田租恢复三十而税一，奖励人口增殖；发展农业生产，推广农业生产技术，改进生产工具，重视牛耕，鼓励精耕细作；发展农田水利，大力开凿新的灌溉渠道，修治旧有渠道，积极治理黄河；发展手工业和商业，铁制工具已经普遍应用于百姓日常生活之中，丝织业和毛纺业的生产，进一步规模化，技术水平也有较大提高，造纸业有了长足发展，漆器、陶瓷等手工业生产都达到相当水平。在农业和手工业得到恢复和发展的同时，备受摧残的商业也缓慢复苏。这一时期的国民经济已经逐步得到发展。此外，统治者还实行精简机构和裁兵归农的政策，并省400多个县，裁减十分之九的官吏，废除地方兵役制，将大量的兵遣散还乡，参加农业生产，这些措施节约了大量财政支出，减轻了人民的负担，推动了经济的发展。

但好景不长，到和帝时就遭遇了连年的天灾，加之与西北边疆的少数民族不断发生战争摩擦，政治局势已经出现不稳定因素，东汉政权开始衰落。桓帝、灵帝以后，统治集团日趋腐败，穷奢极侈，贿赂公行，贪污成性，买官卖官，政治黑暗已达极点，外戚专权，宦官执政，阶级矛盾日趋激化，东汉政权已经岌岌可危至献帝，小股的农民起义终于汇成大规模的黄巾大起义。黄巾起义被地主武装镇压下去了，但东汉政权也随之瓦解了，代之而起的是无休止的诸侯割据争霸。

第二节　政商关系分析

一、工商食官终结与法家抑商逻辑

走出生产剩余物个别、偶然交换的原始经济后，商业活动在人们的日常生活中变得须臾不可离。交换初兴时期，从事货物交换的人由于承担着特殊且重要的氏族使命，故往往由氏族和部落首领亲自担任。《易经·系辞下》记载："神农氏……日中为市，致天下之民，聚天下之货，交易而退，各得其所，盖取诸《噬嗑》"。随着人类社会的发展和第三次社会分工的出现，商业在日常生活中的地位越来越重要，商人也逐渐同族群首领和贵族本人脱钩，走向职业化、集团化、部门化。成熟国家建立后，以中国典型的西周贵族政体为例，不仅最高统治者如周厉王需要工商业者的帮助才能实现"专山泽之利"目的，而且从中央到地方的各级分封贵族皆需任命专门人员从事手工生产和产品交换活动，以此满足统治阶层和百姓的日常所需。《史记·货殖列传》记载："《周书》曰：农不出则乏共食，工不出则乏具事，商不出则三宝绝，虞不出则财匮少。财匮少而山泽不辟矣。此四者，民所衣食之源也。"只不过，这些"服牛乘马，引重致远，以利天下"且"为长所驱"的商者，不得不"世代为商"，并在"处商必就市井"的原则下从事职业活动，不以盈利为主要目的，更加突出互通有无的基本职能，因受到礼制严格约束，仰食于官府，史称为"工商食官"制度。不可忽视的是，随着各地工农产品总量的不断丰富和增加，"工商食官"制度的缝隙内也出现了"不为官工""不为官贾"的微弱的自由工商业力量，私营工商业者和民间自由商人不断涌现，真正意义上的古代政商关系从此生发。

春秋早期，王官失守，经济权力下移，诸侯为增强本国实力，大力发展国家间"以物易物"的商业往来。这时，大国诸侯（春秋五霸）不约而同地重视各类商业活动和商人力量。这也是"礼崩乐坏"时代诸侯国在列国竞争中立于不败之地的必然选择。齐国宰相管仲经过商，受桓公重用后，招徕商贾，"通齐国鱼、盐之利于东莱"，活跃了本地商业，实现了齐国城市经济的繁荣和国家富足。孔子对齐桓公的"重商主义"大加赞誉。晋国在春秋时期之所以成为强国，也与晋文公一向重视商贸活动密不可分。此后，晋悼公又实行"国无滞积""公无禁利"之策，开山泽之利，放手人民经营，使得晋国得以再次复兴。楚国同样重视商业活动，许多达官贵人都有经营商业的传统。处于中原交通枢纽地带的郑国则更是视商业为国家发展的生命线。值得注意的是，一些士人出身、实力雄厚的大自由商人（私商），如计然、范蠡等不仅在此时成就了一代伟业，被后人立为商神，受到世代景仰，而且其中最为著名的孔门弟子子贡竟能"不受命而货殖""所至国君无不分庭与之抗礼"。总体看，春秋早中期是中国古代商业发展史上的黄金期、奠基期，通商宽农、官私并行是各国迅速提高国力的不二之选，地方保护主义得到了最大程度的克制，国内自由商业逐渐发展起来，政商相互倚重，是古代社会政治经济生活中第一个且难得的政商亲密期。

进入战国，发展起来的小农家庭私有制经济彻底抽掉了作为"井田制"翻版的"工商食官"制度的根基，客观上滋养了自由商业的繁荣。照此逻辑，新一轮的农商合作运动一定会比春秋时期的农商并举政策对提高国家竞争力来说更为有效，也更值得推广。然而，实情恰恰相反，战国时代，为了达到国富兵强的目的，各主要诸侯国（战国七雄）却不同程度地采取了抑商的态度和政策。当然，此时的统治者所抑之"商"无疑是"布衣匹夫"的自由商人。事实上，农商关系在战国时期各主要诸侯国统治者的变法逻辑里，一开始还可兼容，后期却走向了对抗。战国后期，除个别自由大商人享有较高的政治地位外，这一阶层总体上屈居四民之末。笔者认为，造成这种局面的主要原因包括：首先，独立经营的手工商业虽在春秋时期获得了前所未有的发展，但工商业与农业在一国之内争夺劳动力的问题却愈演愈烈；其次，自由商人的流动性极强，难以管理，这也是统治者所无法忍受的；最后，在求富趋利的经商之风影响下，社会各阶层为追逐财富或弃官经商、弃农经商、弃学经商，这就给社会秩序带来了巨大的冲击。可见，当农商之间出现零和博弈关系时，这种不融洽的关系会最终传导到政商关系内，成为政府不得不出台一系列轻视和抑制自由商人和私营商业的政策的重要原因。"列国体制"发展到极致时，各主要诸侯国在千方百计地为国家间战争寻找可靠且充足的粮源、兵源的过程中，会一致认为只有大力发展小家庭农业才可国富兵强。于是，一改春秋时期政商和谐的局面，各主要诸侯国先后拉开了抑商运动的大幕。

"重农抑商"思想和政策的主推者首属法家。战国早期，法家奠基者李悝在其经济政策中表现出鲜明的抑商倾向，提出了运用政府财力收购或抛售粮食以控制粮价的"平籴政策"。这种做法极大地限制了商人的粮食买卖活动，堵严了其致富的机会和渠道。战国中期，商鞅先后两次进行秦国变法，其主要内容就是推行"能事本而禁末者富（引者注：国富）"的强国理念，强调"内务耕嫁""利出一孔"的经济体制建设，"农少商多，贵人贫，商贫，农贫，三官贫，必削"。《商君书·内外》又说道："苟能令商贾技巧之人无繁，则欲国之无富，不可得也。"具体而言，商鞅的抑商做法一方面采取的是行政手段，即"事末利乃怠而贫者举以为收孥"；另一方面则为经济手段，通过加重商人的赋税负担，使"市利尽归于农"。商鞅之后，韩非用极为羞辱的道德语言将"商工之民"羞辱为社会的寄生虫。他强调必须从政治和经济上双重打击"商工之民"，指出"夫明王治国之政，使其商工游食之民少而名卑"。在韩非子看来，私营工商业之所以要受到限制，就在于他们对以兵强马壮为唯一衡量标准的国家富强目标来讲，作用微乎其微，甚至会牵绊"驱民耕战"的国家战略的实施，带来涣散民心的负面作用。于是，在经法家变法而大获成功的秦国统治者眼里，抑工商与抑末、重农与重本简直是同义语。他们刻意"困商逸农", 制造政商对立, 让自由商人背负沉重的社会道德负面评价。不过, 这里需要反复提醒的是, 法家围绕"农战"本位而实施的"困末作"的抑商政策所抑的只是民间自由工商业者, 绝不会废弃官家工商, 这或许是出于对西周"工商食官"制度历史美好记忆的留恋, 而这点同样是崇尚家族主义经济伦理原则的儒家之心结所在。

二、汉初政商实情与武帝抑商原委

上已分析, 春秋时期, 商业的经济价值与商人的社会地位并不低。"农商并进"常见于各主要诸侯国的政令中。战国时代, "工商食官"体制逐渐瓦解, 自由商人成为可与国家权威竞争的有力对手, "野与市争民""商与君争民", 政商关系趋紧。究其原因, 除自由商人改变了社会财富初次分配的基本方式, 威胁到统治安全等政治经济学原因外, 导致这一时期政商关系紧张的主要道德因素是, 民间商业强烈地刺激了社会各阶层的逐利之心, 侵蚀了整个传统伦理秩序和道德风尚。故, 在统治手段和治理技术相对缺乏的情况下, 钳制自由商业和商人往往是统治者不得不为之的事情。然而, 即便上述理由成立, 这一阶段的抑商行为和政策归根结底仍然折射出权力逻辑对商业逻辑的绝对支配地位, 及当时的统治者对复原周代"工商食官"制度的原始权力冲动。试想, 民间商业若再次从属于政府, 一方面可以带来丰厚的财税收入, 另一方面政府又可以重新控制社会财富的分配。这时, 政府很有可能重新考虑实行农商并行的政策。事实上, 汉初宽松和相对和谐的政商关系恰好印证了这种假设。

汉初重农政策中虽也存在抑商动机, 但绝不可与秦法家的抑商行为等量齐观。汉初名臣晁错在上书景帝时指出:"今法律贱商人, 商人已富贵矣; 尊农夫, 农夫已贫贱矣。"这说明, 西汉初期, 政府继续沿用加高赋税和贬低商人社会伦理地位等传统抑商方式, 极力控制自由商人的致富活动, 但这些做法显然无济于事。在商业和农业比较利润的驱使下，百姓经商的积极性始终高于务农的积极性。晁错之前的贾谊也为此担忧，认为如果任由这种趋势蔓延下去，小农必定破产，这对帝国统治极为不利。

不过，谈及汉初农商关系时，我们也要看到，贾谊、晁错对"生之者甚少而靡之者甚多"的焦虑和对"民俞勤农……则民大富乐矣"的强调，可以说，与先秦儒家经济伦理立场一脉相承而迥异于法家"贵诈力而贱仁义"的穷兵黩武的功利主义伦理。所以，农商关系在晁错的思想里绝不是一个完全对立的逻辑，政商关系也不必高度紧张。退一步讲，他之所以吁请最高统治者一定要"贵粟"重农，主要理由还是不忍看富者独逸乐、贫者独劳苦、商人兼并农人等社会不公现象。客观上讲，晁错基于"重农抑商"主题的上书，确实起到了朝廷在缓解社会不公问题上的防微杜渐作用，只可惜其主张的政策转化率并没有想象的那么高。而且，即便汉高祖推行过"令贾人不得衣丝乘车，并重租税以困辱之"，孝惠、高后时期也有过"市井子孙不得仕宦为吏"等抑商政策，但这对自由商人的杀伤力其实并不大。总之，我们很难得出"文帝、景帝的诏令将以往的重农抑商思想典型化了"的论断。

稍微深入历史细节，还会进一步发现，汉文帝甚至把当时利润最为丰厚的三项商业活动（铸钱、冶铁、煮盐），都拱手让与自由商人。适时，贩运商人、盐铁商人、囤积商人、农林畜牧商人等各式各样的大商人在秦末汉初的宽松社会环境中，都实现了经济实力和政治地位的双赢。总之，出于对财政汲取能力和收入结构的考虑，当时的政府在百业待兴阶段不能不倚靠于商人和商业的力量，尤其是经营各类商业的中小商人，依靠他们才能获得更多的货币性财政收入。汉初抑商可谓虚晃一枪，这一时期的政商伦理关系基本上以和谐为主调，并为武帝早期执政奠定了良好统治基础。

紧随其后的问题是，文景时期相对和谐的政商交往在汉武帝时期究竟发生了怎样的变化？汉武帝对待自由商人和私营商业的基本态度较之文帝景帝又有哪些不同？这一时期的"抑商"政策如果不是出于重农的理由又将出于何种真实动机？武帝时期采取的盐铁官营以及算缗、告缗等措施，算不算作是对法家商鞅"抑商"政策的延续？当代学者的研究回答了这一系列问题，而汉武帝商业政策的调整与其财政状况息息相关则是所有答案中占据主流地位且最为切题的观点。史书记载，汉武帝执政初年并未对自由商人和私营商业加以严厉抑制或沉重打击。对于从事冶铸和煮盐致富后的大商人而言，朝廷根据一定标准还可拜官授爵，将之吸纳到政府的经济管理中来，民商的社会地位并不低；另有一些自由商人还可抓住汉初多次货币改革的机会，"以币之变，多积货逐利"，致富之后"入物补官，出货除罪"。

以上做法都表明汉武帝执政早期的政商关系是和谐的，富裕商人的社会地位看升不降，国家财政则富足安全。然则，物盛则衰，当国家发动对外战争、大兴土木之时也是财政吃紧之日，更是考验政商关系的关键时刻。所以，表面上看武帝后期的抑商要报复的是那些不愿替朝廷解忧的大商人，深层次看则受到了统制经济的思维惯性影响。换言之，汉武帝后期之所以终止汉初的自由经济局面，调整商业政策，从自由放任转向盐铁官营，从优待商民到打击私商，恐怕很少是出于"重农"的动机，更多的还是出于财政方面的考虑，为的是达到国家"用益饶矣"的功利目的。可见，重农与抑商在汉武帝的思维中仅是策略性工具，其"抑商"行为可大致包括：（1）继续污名化自由商人；（2）以重税制度加重商人的赋税负担，如算缗令、算商车税等；（3）执行"告缗令"，直接没收商人的财产，以便使统治者最有效地将商人财产据为己有；（4）通过不断改变币制，造成中小商人的货币财富贬值，阻断其向大商人发展；（5）实行"均输平准"之类由官府控制商品定价和销售过程关键环节的官营商业政策；同时推行禁止民间生产经销盐铁酒等某些重要生产生活资料的专卖禁榷制度。难怪司马迁说"兴利之臣自此始也"，结果是农商交困，贫富尽倾，政商关系高度紧张。

昭帝时期，农商之辩、本末之争又一次在盐铁会议中被提及、放大。民生优先抑或国家财政优先？富民为先还是富国为重？是贤良文学派与御史大夫桑弘羊的一个重要分歧。后者极力维护凭借权力而带来的丰厚利益，力主继续推行盐铁官营政策。其堂皇的理由是"将以建本抑末，离朋党，禁淫侈，绝并兼之路"，但其思维底色仍不出扩大财政收益等现实考虑。相对而言，"贤良文学"之士从儒家不与民争利的道义立场出发，坚持民进官退和藏富于民的治理原则，认为与其官营、禁榷不如让利民营。不过，这仅仅属于治标之策，无法从根本上叫停任何出于财政扩张要求而采取的"抑商"行为，甚至当时的统治者还在某些领域继续沿用"管桑之术"和运转着"官商经济"。盐铁会议后，儒表法里，政治权力对商业、市场、财富的绝对支配逻辑变得越来越精细。这时，专制力量完全可以将这两种看似矛盾的思想立场和伦理观念协调起来为自己服务，不断演绎传统社会的政治经济关系及内置其中的政商逻辑。也可以说，汉之后中国历代的大一统王朝所遵循的抑商教条和文化传统的始作俑者与集大成者非刘彻莫属。汉武帝"抑商"是中国古代抑商传统的定型之举，之后历世王朝的统治者只是在具体内容上做了加减乘除，重农抑商与官商经济的携手共进、并行不悖，服从、服务于政治权力，并被西汉以后的儒家赋予了强烈的意识形态色彩。

三、抑商传统中的政商伦理反思

从唯物史观来看，中国古代抑商思想与抑商政策的产生实源于当时社会经济结构乃是以农业为最主要的生产部门这一事实。然而，我们也要知道，伦理中心主义始终贯穿于中国古代经济思想和经济政策之中，从严格意义上讲，中国古代经济的发展无一不受到伦理等级观念和"贵义贱利"道德原则的约束，而不是从经济发展本身的规律和要求来运行的。事实上，西汉以来，儒法合流的趋势也为后世专制统治者的抑商活动找到了更加巧妙和精细化的伦理辩护。挖掘儒法"抑商"思想中的统一性，揭示古代抑商政策形成的深层次传统政商伦理动因和运行机制，不仅可以看清古代政商生态的实质和危害所在，也能为当代政商伦理关系的亲清化改革提供有益借鉴。

首先，儒家和法家的一致性表现在从维护等差秩序的伦理原则着眼，降低自由商民的社会地位。儒家主张"伦理"治国，只要理顺人伦关系，其他如经济关系、政商关系，甚至国家间的外交、军事关系等社会关系都可以自然和谐。一般而言，儒家的"伦理"带有浓厚的宗法伦理等差气息，其经济思想也以家族主义为显著特征，强调主要经济实体（家族公社和个体家庭）必须确立双重价值目标，即不仅要组织管理和进行物质资料的生产，而且还要求对其成员的衣食住行、生老婚嫁病死全面负责，以此留住宗法血缘的脉脉含情，而以"谋利"为目的的商业与以"谋生"为指归的儒家宗法人伦形成鲜明对立。具体而言，儒家崇尚周制，自然免不了对"工商食官"制度保有热情。从《国语·晋语四》"公食贡，大夫食邑，士食田，庶人食力，工商食官，皂隶食职，官宰食加"的这段史料中，我们可以得知，士以上属于西周封建贵族，他们无论食贡、食邑都会落到食田上；工商、皂隶和官宰则为封建贵族的臣僚、私属、仆役或奴隶，依附于贵族而生存，只有"庶人食力"，庶人负担全社会基础性生产任务。士食田、庶人食力是封建经济的基本面和重要基石，这样的经济基础决定了工商业者的社会伦理地位自然低于士农阶层。所以，孔子"罕言利"，鲜有兴商言论，传世文献中仅记载过其整治市场价格欺骗的例子。就孟子而言，亚圣虽主张取消市场工商税和关税，反对"垄断市利"的恶商行为，但这两位儒家圣人始终没有从社会伦理序位上给予自由商民以恰当地位。儒家对食于官的工商业者尚且不高看一眼，遑论自由商民。纵使先秦及后世儒家都提出过贵义贱利、民为国本、安富恤贫，等等，一整套经济伦理主张，自由商民虽也时而成为政府经济政策的抚恤对象，但其活动仍然受到政治和伦理力量的总体管制。到了法家那里，自由商民的处境则更为悲惨，其被完全可视作社会的寄生虫（五蠹之一）；在公私严明的法家经济伦理规范中，自由商民是"私"的典型且可恶的代表，属于"私劳"范畴的民间商业活动则始终有悖于"公利"的实现，自然在法律禁止之列。所以，无论是商鞅的"任法去私"，《管子》中的"废私立公"，还是韩非所强调的"背私为公"、杜绝君民异心异利，都不会给商人和商业活动以较高的伦理地位。总之，出于维护农业生产重要性和小农经济主体地位而安排社会主要阶层的伦理序位时，儒家法家都希望在社会经济结构和人与人之间的经济关系中加上一条伦理纽带，将宗法伦理或政治伦理上的尊卑观念与各主要产业、职业反复嵌套，在抱有对自由商人大同小异的职业成见的前提下，塑造了古代政商之间悬殊的社会伦理地位。

其次，儒家和法家的一致性还表现在从财富创造的"礼制"路径立论，管制民间商业经营活动。前已备述，中国古代抑商传统中的"商"仅仅指民间商业活动。这里不可把抑商政策宽泛化、绝对化。具体而言，战国时期的法家抑商多是为了减少自由商工之民的数量，而非使之归零。法家代表人物商鞅认为，只要把他们控制在一定数量之内，保持与农业从业人口的合理比数，就会带来充足可靠的财政收入而不会危及国君统治。法家在经济管理上以于"耕战"为衡量原则，来均衡配置劳动力在农商领域的安全数目，一面规定一定名额的官工、官商，以保证官营事业得到充分的人力供应和持久的财富产出；一面又对私工、私商加以种种遏制，否定其创造财富的合法性。

较之先秦法家，汉武帝的抑商政策似乎显得更为巧妙，他一边抑商却又一边大力启用桑弘羊、孔仅、咸阳等大盐铁商人为官立则，用"以商制商"的方式，管制民间商业活动。为此，钱穆先生认为，受晁错、贾谊及董仲舒为代表的正统儒家思想的影响，武帝时期的商业政策思维贯穿着一种统制式的计划经济思维，亦可称之为荀子所提倡的"轨物主义"，即主张商业活动应在一个特定限度之内，自由商业不能高过某一水平，不然会造成富而骄的社会道德解体；也不可低于某一标准，所有一切皆以"礼制"为标准。只是这时的刘彻早已把"礼制"放在了"王制"的框架内。

　　正如一些学者研究表明，秦汉以来的"王制"要义，是将政治权力绝对凌驾于财产所有权之上，贯彻权力逻辑对经济活动的全面支配。进一步讲，"抑商"反映的是适应"王制"规定的财富创造途径，即该途径必须既可使统治者免于安全和行政效率低下的忧虑，又可在最大程度上殷实国家财政、满足权力消费。为此，秦法家与尤为擅长整合儒法手段的汉武帝，不谋而合地选择了"官商经济"的造富模式。所以，表面上看抑商政策沉重地打击了自由商业和商人，但也从另一方面刺激了"官商合一"的营商冲动。

　　鉴于这种模式的创富活动与抑制自由商人的政策共同满足了专制统治集团的财政需要，并最终维护了地主所有制经济的统治地位，"官商经济"的新范畴在传统时代的经济形态中有计划地生长出来，而此时植根于"官商经济"体系的政商关系早已经变得有失公正，成为营私和特权行为的培养皿。继权力控制私人经营、管制民间商业活动后，传统社会中的"权力租"问题层出不穷，任何一个朝代都有某个或一批具有经营特权的"官商""皇商"，其主营产品及取得的傲人绩效就十分相似。

　　最后，儒家和法家的一致性体现为从分配财富的伦理均衡原则出发，阻碍商业资本的积累转型。重农抑商言论之所以在传统社会反复出现，除了权力对财富创造途径的管制外，还牵涉财富的分配管理问题，即通过控制商人的财富积累，来防止社会财富积累的不均衡。封建专制制度于民间基本生存资源的配置上，处处贯彻着均平主义的道义经济原则。从宏观看，这是封建专制政府为维持社会秩序所做的一种社会调节，而其关键之处却在于从政治和伦理的意义上侵夺商人的权利，并从经济上对商业利益做出符合权力意志要求的强行分割，平衡自然经济与商品经济的矛盾。

　　具体而言，中国传统时代的政府往往把商业贸易视为"平衡不同地区物质需要，实现自给自足"的手段，同时对商业活动的管理也是为了更好地实现财政上的"大国效益"。学者程念祺研究表明，传统社会中儒家主张的财富"量入为出"且"均衡"分配似乎易名为法家式的"量出分负"的"剥削"有理反而更为恰当。可见，传统时代是以最大限度地剥削纳税人口来追求财政的"大国效益"的。具体就针对商民财富"分配"途径而言，国家可以任意假"征商"之手，对那些拥有众多消费人口的商品如盐、铁、酒、茶、醋之类实行专利，在短期内获得巨大收益。例如，西汉桑弘羊的理财之道是靠国家商业垄断行为来聚积财富，与民间接争利，而离其"平万物而便百姓"的初心越来越远。

由此可见，中国传统社会的民间商业资本之所以出现无法持续积累的难题，一方面与大宗商品由国家垄断，私营商业难以成长有关；另一方面则与传统政商关系的畸形发展密不可分。当这种关系一旦"变现"为权力与市场的关系时，屡禁不止的现象便是各级官吏惯于利用行政和司法权力干预市场，包括对商人施行半掠夺式的不平等交易、私售盐铁等垄断商品和专业商品的经营权、在征收赋税过程中上下其手、凭借权力走私、贩私等方式，阻断了自由商人的资本积累。在此情形下，势必会出现官营商业、商人从政、官员经商等各种五花八门的"政商生态"，使得资本主义的萌芽始终引而不发。

官商之间的密切互动，反映在中国传统的各个时代。但是，他们是如何进行互动的？有哪些特点值得关注？这是现有文献所忽视的问题。研究者通常关注某个一定的时间段，但缺乏纵向视觉前后的比较。本文根据在已有的研究结论基础上进一步深化研究，秦汉时期，官商互动可以概括为以下几种模式。

1. 官商勾结

官商勾结的代表时期，从秦汉开始，历朝历代都有。"官商勾结"是指进行财物贿赂或者联姻等行为。这种勾结相对简单，主要体现在官商之间的私人交往上。追溯"官商勾结"的根源，早在 20 世纪 40 年代，中国史学家王亚南、傅衣凌就得出结论："秦汉以后的历代中国商人都把钻营附庸政治权力作为自己生存和发财的门径"。如《汉书》记载的罗衷就是所谓的"成功"商人与官吏勾结饿黑档案,实在是罄竹难书^①。

2. 官商合作

官商合作从汉武帝时期开始,是指拥有公共权力的官员将权力出租给商人,以谋求个人或团体的利益,商人依靠官员,通过权钱交易来控制特许经营权,在这个过程中,商人和官员的角色是相对独立的。一般认为,汉武帝时期的盐铁专卖制度是"官商合作"模式的开端。盐铁专卖的具体方式是招揽商人当盐官或铁官,并赋予他们官商地位。当时,参与决策的桑弘阳、孔仅、东郭咸阳等,都有商人的背景。一旦成为官商,将获得更大的利润空间和分配权。这种招揽商人为国家经营盐铁的做法是为了赢得盐铁商人的合作,利用他们现有的经营盐铁的经验和销售网络,最大限度地降低盐铁官商的成本。通过"盐铁官营"的措施,初步形成了官商合作的局面,"盐铁官商"有利于提高税收利润,从而充实国库;官商削弱商人的独立性,使商人依靠政府;商人通过官商垄断获得贸易的比较利益。

3. 官商合流

官商合流出现于东汉时期,在明清时期越发突出。它的特点是贵族和官员直接参与商业活动,他们既是官员,也是商人,他们一个人担任两个职位,越来越多的商人成为官员,越来越多的官员也成为商人。商人通过各种途径获得官职,官商之间的界限很模糊。东汉时期,上流社会在一定程度上出现了商业化的趋势,贵族和官员由于利润的增加,都投入商业经营中,出现了"官商合流"的初步趋势。魏晋南北朝时期,诸侯经商成为一种普遍现象。唐宋时期,文人与商人相互渗透,官商不分的局面日益明显,一是朝廷官员直接参与商业事务;二是王室成员和贵族直接经商;三是地方总督以军队的名

---

① https：//zxb.ccppcc.cn/content/2017-03-21/002751.html

义参与经商；四是官商合办内阁事务。

可以肯定的是，随着商品经济的发展，近代中国商人提出了打破等级制度实现法权平等、变等级制下的人的纵向流动为横向自由流动、保护自由从事工商业经营或劳动者合法权益等一系列进步要求，进而提出了全面革新传统政商伦理关系的系统主张。

第三节　正反案例阐述

一、商鞅在秦变法中的重农抑商政策

在战国七雄中，远处西的秦国是为东部诸侯所瞧不起的。可是后来翦灭六国、统一中华的却是这个秦国。其中的关键在于秦孝公时商鞅在秦国变法，把秦国由旧的领主制加速建成一个新兴的封建地主制的后来居上的强国。商鞅变法是战国时代的一个重大的历史事件，在这次变法中明确地提出了"务本抑末"的口号，是中国历史上封建王朝的重农抑商政策的先声。

1. 诸侯卑秦，求贤图强

战国初期，秦国经济落后，旧的领主贵族还占统治地位。秦简公七年（公元前 408 年），才实行"初租禾"，废除劳役地租，改用实物地租以后 30 年中，随着农牧生产的发展，商业逐渐繁盛，同陇蜀之间货物交流日趋频繁秦献公七年（公元前 378 年），"初行为市"，开始在城市里建立正规的市制，设官管理市场，商人势力成长起来。这时秦国的都城自雍（陕西凤翔）迁至栎邑（临潼），交通四达，西接戎狄，东连三晋在"国际贸易"中出现了一些大商人。

秦孝公即位，感到"诸侯卑秦，耻莫大焉"，于是在当政的第一年（公元前 361 年）即下令求贤，改革政治。卫国人公孙鞅，即后来所称的商鞅，带着李悝的《法经》，应命来到秦国。

2. 商鞅变法，抑商重农

商鞅（约公元前 390—前 338 年），从小好刑名之学，年轻时在魏国学习、求仕总结了李悝、吴起等人的变法经验，成为战国时法家的杰出代表。入秦后取得孝公的信任，于孝公三年（公元前 359 年）、十二年（公元前 350 年）分两步变法。在秦国厉行法治。变法矛头指向领主贵族，废除了他们的世袭特权，按军功重新确定爵位和占有田宅、臣妾的等次。奖励农耕，明令"致粟帛多者"可免除徭役和赋税，不努力耕作怠惰而贫穷的人，则连同妻子罚为官奴隶。废除领主的土地所有制，开裂阡陌封疆，将所有权归属国家的土地授予农民，土地占有权可买卖转移，确立以小家庭为单位的土地私人占有制。普遍推行郡县制，合乡邑聚为县，由国家直接派去官吏治理，不再让领主插手。在打击旧贵族、扶植因军功而起的新兴地主的同时，也以商人为打击对象，下令限制从事工商业的人数，立法禁止弃农经商，不经许可舍本逐末者也没入官府为奴。为什么商鞅要这样严厉地抑制商人呢？原来其抑商的目的是重农，商鞅认定重农，实行"农战"的方针，是秦国由弱图强的唯一出路。

当时七雄并峙，争城掠地，最需要的是兵和粮，兵和粮又以农民的力役和力耕为来源。农业同国家的富强、封建制度的巩固关系至密，然而商人却在贪婪地侵蚀着农业。他们通过不等价交换、高利贷和囤积居奇等种种手段来"牟农夫之利"《商君书》说："民之内事，莫苦于事农"，"农之用力最苦而赢利少，不如商贾技巧（技巧指从事奢侈品生产）之人"，"商贾之士佚且利"。正因为如此，农民纷纷流入城市去逐什二之利，或自己跑买卖，或变成商人的雇工，社会上出现了庶与君争民、市与野争民的矛盾。封建政府徭役、兵役的负担者，可供剥削的直接从事农业生产的劳动者减少了，"工商游食之人"增加了。东方六国情况如此，秦国也不例外。尤其秦国地居关中沃野，是天然的农业区，而当时地旷人稀，劳动力很缺乏，弃农就商的风气使劳动力不足的问题越发严重。商鞅很清楚地看到这一点，他觉得"农苦寡而游食者众"，国家就要陷于贫弱和危险的境地，如果"境内之民皆事商贾，为技艺"，逃避农业生产，离亡国就不远了。商鞅认为要足食足兵，必须增加农业人口，让农民安于生产，不从事末业而要使农民不弃本逐末，又必须抑制商人的活动，防止商人过分的剥削农民、诱使农民脱离生产或迫使农民失去生产的条件。随着时代的演进，商鞅对待商人的抑制态度比他的前辈李悝更为明确、更为坚决了。

3. 抑商政策的主要内容

从商鞅后学整理的《商君书》可以看出，商鞅抑商的办法是很多的。除了颁布禁止农民弃本逐末"令商贾技巧之人无繁"的法令以外，还从各方面给商人以限制。在劳役上，他特别加重商贾的劳役负担，以造成商劳农逸的形势，而且对商人家庭实行按口服役，限制他们多用家奴。对于关市之征，他和儒家"关市讥而不征"的观点完全相反，主张"重关市之赋"，"不农之征必多，市利之租必重"。一方面加重关市之税，以限制商人的活动，并防止农民跑买卖，一方面提高某些商品如酒肉的税收，十倍于本，使商人的利润大部分转入国家之手。对于山泽之利，商鞅主张由国家控制生产（"一山泽"），使劳动力不务农无以为生；并控制流通，使商人不能从中获取厚利。一般产品征收重税；盐铁更从流通到生产全由国家掌握，设官管理。但是对官府自己的工商业，商鞅也竭力限制从业人数，以节约费用和劳力开支。在粮食贸易上，商鞅同样不遗余力地排挤私商，他主张由国家提高价格来收购农民的余粮，使"商无得籴，农无得粜"，"食贵，籴食不利"，"而又加重征"，商贾就无利可图，只好放弃经营，农民也就不会去弃农经商。粮食价格提高还可以增加农民的收入，刺激农业生产的发展，也是重农之一法。

能做到令出必行的商鞅，其重农抑商政策和其他一系列的改革，在秦国收到了显著效果：直接从事农业的人口增加了，农业生产发展了，政府财政收入充裕了，国家实力增强了，从而奠定了以后统一中国的基础。

商鞅变法是在剧烈的斗争中进行的。旧贵族千方百计地反抗，嗾使太子违法，故意给商鞅制造困难，商鞅对太子的师傅施以刑法，新法才得以坚持推行。商鞅在秦主持变法共 19 年，因功高，官拜相国兼将军。秦孝公以於、商之地 15 邑作为他的封地，号为"商君"。公元前 338 年，孝公死，太子继位，是为惠文王，旧贵族即乘机起来报复，商鞅竟遭车裂而惨死。商鞅虽死，已在秦国生根的新法终不能废。中间虽有吕不韦（商人出身）当政时贬抑商鞅，高抬富商，一度出现改变政策方面的小插曲，但在崇尚商鞅思想的秦王嬴政（统一六国后称"始皇帝"）亲政后，即放逐了吕不韦，更加大力度推行重农抑商政策，并对抑商又增加新的内容（如逼迁外地，谪发戍边），给原有六国的富商大贾以一次最沉重的打击。

4. 抑商政策的意义和影响

在领主制向地主制过渡的阶段，自由商人为打破各领邑贵族重征关税、封闭道路的桎梏，曾和新兴地主相互联合，一起反对旧领主。地主制的形成为自由商人的发展开辟了道路。到封建地主制确立以后，富商大贾挤入统治阶级之列，其中经分化而转化为保守的一翼，肆意掠夺农民，影响农业生产，同当权的地主阶级的利益发生了抵触，这样商人就不可避免地要受到新兴地主阶级专政的国家的抑制。自由商人从兴起到被抑制，这是历史发展的一个辩证过程。《管子》中的"欲杀商贾之民"已有抑商的思想，但未能付诸实施；李悝的平籴法是抑商的一种措施，但未成体系，在其身后即被取消。真正将重农与抑商结合形成一套完整的制度来实行的则始自商鞅抑商政策出发点诚然是为了保证封建国家的财源和兵源，但确实也在一定程度上调整了农业和商业的关系，有利于促进当时农业生产的发展。就当时的条件来看，这种政策是符合历史发展规律、符合人民群众愿望的。从政策思想上说抑商政策是一种经济干涉主义思想的产物——国家干预经济，工商业重新以官营为主，而六国则实行经济自由放任，工商业主要都让给了私人。六国的工商业发展程度即使超过秦国，但政治上多头，经济上分散，私肥于公，反而敌不过政治上统一、经济上集中的国富兵强的秦国，这里面的奥秘是很值得玩味的。

尽管商鞅抑商抑到相当激烈的程度，但他并非要取消商业，对商业的客观作用也并不是一笔抹杀的。他承认"农辟地，商致物"，"农商官三者，国之常食官也"，"农10贫、商贫、官贫，必削"，抑商是抑制富商大贾不合法度地任意兼并农民，要把商业资本的活动限制在一定的范围之中，即不触动封建统治者根本利益的范围之内。抑商是抑制小商贩人数的过多增加，要把社会上从事商业的人数限制在一定的范围之内，即不影响农业生产这个封建经济基础的范围之内。在抑制私商的同时，官府的商业仍有很大的发展，被允许经营的、进入市列的、编入市籍的必要的私营商业在当时还是有所发展的。如商鞅的统一度量衡就是为了便于商品的正常交换而设。至于那些为统治阶级服务、罗致四方珍异的外来商人的贩运贸易更是受到优惠，官府对之不收关税，这就与对国内商人的重关市之税不同，秦统一六国后，情况还是如此。

商鞅的抑商政策在中国历史上影响深远。在许多朝代为抑制富商大贾势力的过分膨胀，有作为的理财家采取的发展官营商业、限制私营商业的做法和商品专卖专利的政策，在思想上都和商鞅有渊源。只是越到后来抑制大商人的劲头时时萎缩，商品的专卖制度也由官府专利变为官、商分利，事实上这部分内容的抑商政策在封建社会后期实施的机会已很少，终至弃而不用。只有抑制中小商人，为阻遏农民弃农经商之风，而规定的贬低中小商贩社会地位和限制其生活享受的做法，在整个封建社会倒是一以贯之，并未衰歇。尤其是饱经战乱的新王朝初建之时，为了恢复粮食生产，增加农村劳力，防止弃农经商，而实行抑制中小商人的政策，在历史上更是屡见不鲜。笼统说抑商政策始终在封建社会实行，而妨碍了商品经济的发展和社会的前进，并不合乎历史事实。

二、文景的经济放任，汉武的经济干预

汉代兴起（公元前 206 年至公元 25 年是为西汉），国家重新统一，政府实行休养生息，放宽政策。在战乱以后，农业、手工业生产和商业贸易又较

快地恢复并发展起来。汉初虽然为抑制弃农经商、发展粮食生产，对中小商人曾发布了"贱商令"，但对大商人却很宽容。为了收揽人心争取六国时普占山泽之利的那部分反秦反项势力的支持，刘邦以开放铸钱和取消盐铁专卖作为"约法者禁"，废除秦法的重要举措。这样，商业资本就在山泽无禁、关讯不征的良好环境中有了迅速生长的机会。

1. "无为"政治下富商大贾势力的膨胀

高祖死后，吕后当政，接着文帝、景帝继位，这时在统治集团里黄老思想占了上风。吕后时"复弛商贾之律"，不再限制商人衣丝乘马。景帝时更有意放松有市籍商人子弟不得"仕宦为吏"的禁令。对大商人基本上仍下放盐、铁、铸钱三大利。当时统治者的口头禅是"无为"，就是听其自然，自由放任，国家不加干预。让人们自己去为"利"奔忙，"各劝其业，乐其事，若水之趋下，日夜无休时，不召自来，不求而民出之"。在信奉黄老哲学的经济放任主义者看来，由官府直接铸钱、经营工商业，这叫作"与民争利"，是最要不得的。所以即使钱币放铸、盐铁私营其弊日显，在几十年中基本上也是因循未革。"以虚无为本，因循为用"，崇尚黄老的统治者，已由无为而流于保守了。

在政治上贾人不得为吏的规定已成一纸空文。对家无市籍的富商大贾的子弟成为吏以至做官更是没有了障碍；即使大商人家有市籍，也能"因其富厚，交通王侯"，因缘际会为其子弟在官场图个出身。惠帝时开始卖爵，文帝时更实行"入粟拜爵"。有钱有粮的商人可以买到爵位，按爵级高低获得免除终身徭役以至免罪免死的特权和选以为吏的资格。正如晁错所说的"今法律贱商人，商人已富贵矣"。

无为放任，一方面虽然刺激了生产的增加，财富的丰殖，另一方面则扩大了贫富之间的悬殊，在"高下相倾"，以富役贫的过程中商人们正扮演着重要的角色。许多"为富不仁"的商人恃财骄溢造成越来越严重的社会问题。这些人"侈靡相竞"，不受制度礼法的约束。他们"乘坚策肥，履丝曳缟"，"衣必文采，食必粱肉”，"操其奇赢，日游都市"，"千里游遨，冠盖相望"，临邛大铁商卓氏"田池射猎之乐拟于人君"，由于淫侈之俗不断发展，社会财富受到很大损耗，这是问题之一。问题之二是富商大贾。通过严重的不等价交换和高利贷盘剥农民。趁农民危难之际（灾荒、疾病、死丧等）等着用钱之时，半价收买他们急于脱售的产品，对没有产品出售的，放给高利贷，收加倍的利息，到期还不清债，农民只好"卖田宅，器（音 y）子孙"了。就这样自耕小农的小块土地一批批地被商人兼并而去。而商人却称兼并土地为"以末致财，用本守之"，自以为得计。文帝中期以后，兼并之风日炽。到武帝即位时，由于"网疏而民（豪民）富"，"并兼豪党之徒，以武断于乡曲"，那样的商人地主已"不可胜数"了。

面对富商大贾的淫侈、兼并，有识之士如贾谊、昆错不断向皇帝进言，但未能采取相应的有效对策。到汉武帝元狩年间，随着矛盾的发展，汉廷终于改"无为"为"有为"，果断地实行以抑制富商大贾这股豪强兼并势力为主要内容的一系列的富有经济干预色彩的新财政经济政策。

2. 汉武帝任用桑弘羊推行新的财经政策

汉武帝改变政策的近因是为了筹措军费，支持抗击匈奴的战争。自从元光六年（公元前 129 年）结束对匈奴软弱求和、被动挨打的局面，决定进行自卫反击以来，"兵连而不解"，费用支出浩繁，财政出现危机。而"富商大贾转毂百数，废居居（囤积居奇），封君皆低首仰给，治铸煮盐，财或累万金"，却袖手旁观，"而不佐国之急"，坐视"黎民重困"。要在不增加农民负担的前提下，解决财政困难，只有在富商大贾身上想办法。为此，汉武帝君臣协力推出了许多新的政策措施。除了由张汤主持，实行算缗、告缗法（征收财产税，检举匿税者）以外，主要就是由桑弘羊倡议并积极推行的一整套发展官营工商业的政策，由此收回了私营商业对重要商品的经营权，这是汉武帝新财经政策中的治本之法。

桑弘羊（公元前153—前80年），出身于素有经商传统的洛阳的一个富商家庭里，从小爱读"商（商鞅）管（管子）之书"，信奉法家学说，又对其先辈自主的经商之道颇有了解。13岁通过"赞选"制度入宫，由郎（皇帝侍从）而加"侍中"荣衔。他很有数学天才，不用算筹，就能心算，在近侍们中深得武帝信任，为帮助解决财政问题替皇帝出谋划策。元鼎二年（公元前115年），桑弘羊39岁时正式出任政府的财政副长官（大农中丞），以后一直以代理或正式的财政长官（大司农）的身份，实际领导全国的财经工作，取得了出色的成绩。汉武帝一代的文治武功就是以桑弘羊理财后充裕的财政经济收入为基础的。

3. 盐铁专卖是新财经政策的核心

盐铁专卖是由桑弘羊建议于元狩三年（公元前120年）开始实施的，盐的专卖采取民制官收的做法：招募平民自备生活和生产费用去煮盐，官府供给煮盐的铁锅（盆）煮成的盐由官府按盆给以工价（"牢"），全部收归官有由官府出售。铁矿的开采、冶炼，铁器的铸造，则是由官吏指挥"徒"（有一定年限罚为苦工的罪人）、"卒"（一年轮流服役一个月的民伕）来从事生产和运输，还有一部分工匠作技术指导，以及一部分"工巧奴"干技术活。铁器也全归官府所有，由官府统一运镖。任何人都不得私自煮盐铸铁，违者要受到"钛（音tai）左趾"（左脚带六斤重的铁锁）的刑罚，作为刑役，剥夺政治权利（有时要戍边），工具和生产物都没收入官。为管理盐铁专卖，政府在产地设置盐官和铁官，不产铁的地方设小铁官，属所在县管，回收废铁重铸。原诸侯王封国产盐铁的主要地区，同样设盐、铁官管理，盐铁之利收归中央。原先山泽之利归皇帝私用，实行专卖后统归政府财政部门（大农）管，以支持军国之用。

4. 创行均输、平准和酒类专卖

桑弘羊推行的新财经政策中的又一重大措施，是倡议实施均输法和与之相结合的平准法。

　　均输法就是官府利用各地的贡赋收入作底本，进行某些大宗商品的地区间远程贩运贸易，以调剂物资余缺的一种经营方式。元鼎二年（公元前115年）试办，5年以后在全国普遍推广。规定把郡国应缴贡物连同运费所抵充的财政上缴额，按照当地正常的市价，折合成一定数量的、当地出产的土特产品（原先的贡物，或另折他物）。这些产品是过去商人贩运出境的物品；郡国只要就地缴给均输官即可。均输官将所收土特产品运往需要这些物资的其他地区去出售。除了些体小、价高、质优、轻便易输的，或虽不便于运输而为军国所需的物资，尚有部分要上贡京师长安外，其余都不必远程运京。这样做，省却郡国为运输所支付的劳费解决了过去实物贡输时因距离远近有别而使输送劳逸不均的问题，故名之曰"均输"。

　　同时，把贡物商品化了，当地丰饶的土产品价格一定较廉，折收数量一定很多，运往缺乏地方去卖，价格一定很高。这样官府在调剂地区间物资余缺的同时，便可从土特产品的辗转贸易中获得巨额利润。实行均输后，由均输官出钱雇工，组织运输，省了过去向农民征用车船、征发徭役参加长途运输，使农民的负担有所减轻。全面推广均输法后，均输官分布普遍，其所在地区产品单一者即以主要产品名称来命名，如橘官、木官、湖官、牧师官等。西汉政府通过十几个大农部丞（专使）分片领导均输官和盐铁官，在全国建立了一个官营商业的网络。

　　平准法就是由官府来吞吐物资，平抑物价。元封元年（公元前110年），在全面推广均输法时，由桑弘羊奏请，"置平准于京师，都受天下委输"。各地运来京的贡物，均输官自办本钱收购的物资运往京师的部分，大农诸官所掌握的物资，以及官手工业制造的器物、织物的商品部分，都储存在这个叫"平准"的机构里。当长安市场上某种商品价格上涨，平准即以较低价格出售；反之，某种商品价格过贱，就由平准收买，使物价保持在一个稳定的水平上。物价稳定对政府、人民、商人正常的经营都是有好处的。桑弘羊继其改革币制，推行轻重适中、保质保量的五铢钱法，以保持币值稳定之后，接着又推出力求保持物价稳定的平准法，扭转各官营商业机构竞相抢购物资和私商投机倒把引起物价上涨的局面，这是十分适时的。平准购销差价较小，以平抑物价为目的，主要不在赢利。均输的地区差价较大，这才是于盐铁专卖以外获得巨额利润的又一重要来源。

盐铁官营，均输、平准都排挤了私营工商业（盐铁商、批发贩运商、零售市场的投机商），在一定程度上起到抑制兼并、摧锄豪强的作用。而官府从盐铁均输中大大增加了财政收入。依仗雄厚的财力、物力，关中等地水利工程纷纷完工，齐赵等地自然灾荒安然度过，北方防御加强，沿边保持了安宁。对桑弘羊理财的成效，武帝大加褒奖，"赐爵左庶长，黄金再百斤焉"。连主张无为放任的马迁也不得不承认桑弘羊是做到了"民不益赋而天下用饶"。

在武帝后期，桑弘羊理财又添了一项新措施，即实行酒类专卖，从天汉三年（公元前98年）起实行。当时正值对大宛用兵，国力转虚。为保证北拒匈奴、西联西域方针的继续贯彻，在别人建议向农民征收30钱"助边费"时，桑弘羊独持异议，"请建酒榷以赡边，给战士。"酒榷即榷酤，后世所称的酒类专卖，是由官府控制酒的生产和流通，实行官酿官卖，不准私人酿酤。具体事务委托地方的榷酤官办，利润作为中央的收入。这等于向有钱人多征收一笔消费税，而不过分影响一般人的乭活，比对盐铁那样的必需品实行专卖更有理由。

5. 桑弘羊思想的继承、创新和影响

桑弘羊实行盐铁专卖是学了商鞅、管仲，但盐仍由民制，不同于商鞅，铁由官制，则不同于管仲平准法是受李悝平籴法的影响，但由粮食扩大到多种商品。均输和榷酤则是桑弘羊独出心裁，并无前人可资依傍的重大创新。

在经济思想上，桑弘羊十分重视商业的作用，他提出"农商交易，以利本末"的口号，主张要"开本末之途，通有无之用"，使"农商工师各得所欲"。他的属官也说他筹划计算之所致是"民不困乏，本末并利"，他已由商鞅的重本抑末发展到"本末并利"、农商皆重了。他的抑商是抑私商，抑富商大贾，

抑弃农经商但又重商，重视官营商业的发展，重视商业的客观职能，使抑商和重商达到了矛盾的统一，认识比较全面。当时由于受轻视劳动观念，鄙视中小商人低贱地位的等级观念和儒家贵义贱利伦理观念的影响日益加深，社会上的轻商思想已很严重桑弘羊的重商思想，正确评估商业客观职能的论述，不仅是对轻商思想的有力反驳也是对商鞅重农抑商政策思想的修正和补充。

桑弘羊的经济政策和思想对后世影响很大：食盐专卖、均输平准、榷酤，在许多朝代都不同程度地被采用过。他的货币制度也为后世所遵循（桑弘羊以后的700多年，是中国历史上的"五铢钱系统"的时期），其保持币值稳定、物价稳定的稳健的财政货币政策思想是中国古代经济思想中的精华部分。在汉以后，不少理财家和政治家，都对桑弘羊这位前辈十分仰慕。唐刘晏自称要学"弘羊兴利"；宋王安石说"摧抑兼并，均济贫乏，变通天下之财，后世唯桑弘羊，刘晏粗合此意"。还有一些人则阳讳其名而明用其实。在中国历史上，是桑弘羊把国家对经济的调节作用、管理功能发挥到一个前所未有的高度，无可争议，他是西汉以至整个封建时代的一位杰出的大理财家。

三、霍光集团：两汉官僚、地主、商人三位一体的始作俑者

盐铁、均输、平准、酒榷等政策收夺了富商大贾以及与经商有联系（如酒）的地主官僚贵族的经济利益，引起他们的反对是自然之事。汉武帝在位时斗争已很剧烈，武帝身后反对者的活动更进入高潮。

1. 盐铁会议后霍氏豪族集团的暴起

后元二年（公元前87年）二月，汉武帝临终托孤，任命桑弘羊为御史大夫（副丞相），同大司马、大将军、领尚书事霍光，丞相田千秋，太仆上官杰，驸马都尉金日一起为顾命大臣，辅助8岁幼子刘弗陵即位，是为昭帝。霍光十分专横，政事都要一决于己，田千秋是挂名的丞相，金日磾翌年即死。霍

光一心想实行外戚专政（昭帝后是霍光的外孙女），不能容忍与之分权的上官
杰与桑弘羊，尤其是据财政权要地位的桑弘羊。他对桑弘羊管得太严、统得
太多的经济政策不完全赞同，因为这对霍家网罗商利、增殖财富是一个障碍。
为了扩大自己的权势，排挤桑弘羊，霍光在昭帝始元六年（公元前81年）召
集各地的地主、商人的舆论代表60多人——"贤良文学"，到长安开会，检
讨武帝时代的财经政策和内政外交方面的政策。这就是历史上有名的盐铁会
议。贤良文学都是儒家者流，他们的思想自成体系主张放任经济而反对国家
干预经济的政策，他们是受"困桡公利，而欲擅山泽"的豪民的委托来充当
炮筒子的。在会上，全盘否定了盐铁、均输、平准、酒榷等政策，要政府"退
财利"，无争不禁，让民（豪民）自富、自便。桑弘羊则严词答辩，从抑制兼并、
防止割据、抵制匈奴侵扰、巩固国家统一、加强中央集权制的经济基础等多
方的意义上来说明实行这些政策的理由。盐铁会议交织着错综复杂的矛盾：
在经济上是朝廷与豪民的明争，在政治上是霍光幕后操纵，向桑弘羊发起的
进攻。由于霍光的压力，再加桑弘羊自己也想减轻一下地主豪家对他的仇视，
所以作了让步，在会议结束前奏请撤销关内的铁官，允许京师一带的官僚贵
戚私人鼓铸铁器，并取消郡国的酒榷官，允许各地的地主商人私人酿酒卖酒，
实行征税制。武帝时的政策局部作了调整。

但霍光并不以此为满足。在盐铁会议的下一年又以与上官杰通同谋反的罪
名杀了为西汉政府理财40多年的桑弘羊。桑死后，盐铁均输政策因关系到政
府的财政收入霍光不能不将其保留下来，但这个由暴发户向新的豪族转化的霍
光，在行"宽和"之政，"顺天心，悦民意"的口号下，大大淡化了武帝时政
策的摧抑豪强、排摈大商的色彩，以换取那部分势力的支持，使"天下归心，
遂以无事"。到昭帝末年，武帝时遭到沉重打击的富商大贾元气已很快恢复。

当然对霍光更重要的事是利用政策放松的机会，插足补空，化公为私，
从中大大发展自己家族的利益。在昭帝早死，册立宣帝，以其外孙女为皇太
后（霍光妻毒死原来的许后）的一步步地策划下，外戚霍家已成为"一门侯

者五人，关内侯八人"的天下第一豪门。他"广治第室"，"骄侈纵横"，显贵已极。在其故乡平阳，霍家"奴客持刀兵入市斗变，吏不能禁"。霍家的经济势力与政治势力同步膨胀。霍光本人不把公田直接"假"与贫民，而是多多地霸占在自己手里，用高租额转赁出去。霍光的儿子博陆侯霍禹，私人经营屠宰业，并且卖酒。酒这个商品在盐铁会议以前犹如设下了独木桥（榷），是只许官独过，不许私人并行的。霍光的心腹张安世，"尊为公侯，食邑万户"，"内治产业，累积纤细"，并役使"皆有手技作事"的家童700人，从事手工业，"是以能殖其货"。大官僚、大地主、大商人的三位一体，正是先在霍氏集团中开始出现，而在武帝时"禁兼并之途"，不准"食禄之家兼取小民之利"，不准官商分利（张安世之父张汤即因有和私商勾结之嫌，而被迫自杀），这种情况自霍光专政后即完全改变。

2. 西汉后期的亦官亦商，官商合流

宣帝即位，一直如芒刺在背，在霍光死后的第三年即诛灭霍氏家族，并改霍光时的做法，武帝的功业重新得到表彰。与桑弘羊属同类人物的财政副大臣耿寿昌得到信任，倡议在边郡实行"常平仓法"，与李悝的平籴、桑弘羊的平准精神一致。可是这种局面不长，元帝继位，改变了武帝、宣帝"内法外儒"的汉家制度，纯奉权力下放、不与民（豪民）争利的儒家学说，废除了常平仓法，还一度取消了盐铁专卖（因用度不足，3年后又恢复）。元帝时官僚经商、官商勾结又日益盛行。贡禹奏请近臣自诸曹侍中以上家不得私贩卖，可见官僚们已在大营商贾之利。成帝时更出现了丞相张禹这个"内殖货财"，"多买田至四百顷"的大官僚兼大地主、大商人。成帝时筑昌陵，贵戚近臣子弟竞相辜榷为奸（采买官府所需之物时包揽生意，独占其利），获得暴利数千万。哀帝时，外戚曲阳侯王根在京师造大宅第，宅内立两市，公开地自营商业。亦官亦商的豪强势力比之霍光时又有变本加厉的发展。

由西汉中期的官府抑商变为西汉后期的官商合流，表明了向保守腐朽方

向日益转化的皇权已与豪强势力握手言欢。实际上皇权渐衰，大权已旁落于一茬茬新产生的大地主、大商人豪强势力的政治代表—— 外戚之手。这个皇权与豪权的联合政权向农民进行杀鸡取卵式的剥削，终于激化了社会矛盾，燃起了反抗的烈火。豪族势力—— 王莽为代表，虽足以踢开刘氏而君临天下，亦被农民起义所推翻，历史遂由西汉转入东汉（25—220 年）。

3. 东汉时地主、官僚、商人的三结合

东汉政权自始至终是豪强势力占上风，本质上是西汉后期官僚、地主、豪商重新结合的延续。光武帝刘秀原是南阳兼营商业的大地主，王莽末年趁饥荒以高价出售粮食赚了大钱。劝刘秀起事的李通也是南阳"世以货殖著姓名"的商人地主。旦后郭氏田宅财产数百万，其家号称"金穴"。母舅南阳人樊宏"世善农稼，好货殖"，每年放债达几百万钱，有田三百多顷，六畜竹木，梨果桑麻，自制器物，闭门成市。东汉政权自建立的第一天起，就表现出地主、商人强烈的豪强兼并性。盐铁等征税，不专卖，均输作罢，常平变质（"外有利民之名，内实侵刻百姓豪右因缘为奸，小民不得其平"），经济放任政策占主导地位，商人地主势力迅速发展。

东汉时的商人、地主、官僚三位一体者有两种类型：一种是由大官僚、大地主兼搞商业，西汉后期至东汉前期这种情况有所发展。起初，外戚、功臣为其头面人物；继而官僚士大夫独立成为一种势力，三位一体者中间即以"士族"为新的政治代表。另一种类型是由大商人兼并土地，再打破身份低贱、不得仕宦的限制，钻营官职，而跃为大商人、大地主兼大官僚，其政治靠山是朝中掌权的宦官。"贿赂太监取得显位"（有时皇帝如安帝、桓帝、灵帝也都出价卖官）。宦官反对他们的官僚士大夫大搞"党锢"，夺得的官职很多就让富商大贾去填补，商人地主做官的逐渐多了起来。

官僚、地主、商人或商人、地主、官僚是东汉社会最大的兼并者。他们贪得无厌地兼并土地。大批失去田宅以至人身自由的农民，沦为他们的"依附"

或奴婢。农民们"父子低首，奴事富人，躬率妻孥，为之服役，历代为虏"，结果"犹不赡于衣食"中国历史上自由农民的再度农奴化或奴隶化，这是社会的一大倒退。其中"豪人货殖"的商人地主，"连栋数百，膏田满野"，"船车贾贩，周于四方，废居积贮，满于都城琦赂宝货巨室不能容，马牛羊山谷不能受"，由经商和占有土地而来的财富简直多得发胀。即使没有功名，没有官位，也"荣乐过于封君，势力侔于守令"如混上一官半爵，那更是如虎添翼了。

4. 东汉时的自给性田庄经济的发展

役使大量没有户口，附籍于主家的依附农民的地主，建立起一个个多种经营、自给自足的田庄，东汉初樊宏一家的田庄即是典型。东汉后期，随着土地、劳动力更多地集中于豪族私门，田庄经济已呈日益发展之势。如东汉末汝南士族大地主袁术的田庄至少有徒附三万余，庄内工匠齐全，号称"百工"。非士族的商人地主也往往是"奴婢千群，徒附万计"。建立在依附农民基础上的地主田庄，同西汉初大量扶植的五口之家、一家百亩的个体小农经济，完全是两种不同的生产模式。

广大的依附农民，不但在地主的田庄上进行繁重的生产劳动，服各种劳役，而且还要给田庄主当私兵。当时的田庄里，每当二三月或八九月，大地主们就纠集一部分精壮农民，按军事编制，"缮五兵，习战射"，"警设守备"，再加招纳剑客、死士，组成一支支的私人武装。田庄周围筑起坞壁营堑，当不成春秋时的领邑主，也要当个在小的独立王国内武断一切的堡坞主。豪强集团隐瞒田亩荫庇户口，避赋税，抗拒政府检查，他们控制的农民和土地越多，地方的分权倾向就越加重，中央集权的统治力量就越削弱。由役使徒附到组织家兵，从田庄主到堡坞主，兼并势力就上升为割据势力。这些拥有武装的坞主壁帅，实际上已是大大小小的地方割据者。田庄经济、堡坞经济，正是造成东汉末分裂割据的经济基础。三国初的军阀大混战，就是大地主、大商人、大官僚的具有强烈兼并性、割据性和破坏力的豪强集团之间的相互厮杀。280

年前桑弘羊在盐铁会议上曾担心："放民于权利，罢盐铁以资暴强，遂其贪心，众邪群聚，私门成党，则强御日以不制，而并兼之徒奸形成矣！"取消盐铁专卖以后，豪强集团会"成奸伪之业，遂朋党之权"，由兼并升级而进为割据，到这时都为无情的事实所证实了。

第四节　若干评论启示

自从有了商人和商业的出现就有了政商关系。秦朝统一中国之前，尤其在春秋时期，政商关系相对比较和谐。当时诸侯林立，多元的政治格局迫使东周王室和各诸侯国的统治者为了发展国力，达到富国强兵的目的，纷纷实行重商政策，像郑国的弦高、孔子的弟子子贡、中国古代商人鼻祖范蠡，以及后来成为秦相的吕不韦等，都是富甲一方的大商人。

"重农抑商"主张由商鞅变法正式确立。秦始皇统一中国后，把重农抑商作为基本国策，在全国范围内推行"勤劳本事，上农除末"政策，汉高祖刘邦下令不允许商人穿丝绸、坐车，并对其收取重税，极尽压制。从秦汉一直到封建社会末期抑商政策虽然各朝各代有反复，但总体上商人的地位是很低的。

古代社会，政府掌握着绝对的权力和大量资源，位于"士农工商"之末社会底层的商人群体，常常缺乏安全感，往往通过寻求政治权力的庇护以维持生存和发展。商人们要想获得成功，必须通过各种办法求助政府权力，依附官员，官商结合，逐渐形成了"以权逐利""以利逐权"的政商关系。

"勾结"一直以来都不是好词。《现代汉语词典》注释"勾结"是：为了进行不正当的活动暗中互相串通、结合。而史书记载的"官商勾结"，似乎都是商人主动去"勾"手中掌握着重要的国家资源和生杀大权的官员。理由很简单，即在"家天下"的封建专制社会，这些商人如果不去巴结官员，别说赚钱，小命恐怕都保不住。他们与官员结成"利益共同体"后，有权力"罩"着，便在商场"游刃有余"，进而干制假贩假、垄断经营甚至伤天害理的勾当。而那些接受了商人贿赂的官员，便公器私用，对送好处的商人"报之以李"，怂恿他们欺行霸市、造假贩假。从造成后果看，接受贿赂的官员更是罪不容诛。

由此可见，封建社会所形成传统政商文化的一个重要特点是政商之间没有各守原则、同向而行。一方面，权力至上观念在政商交往中一直根深蒂固。另一方面，历史上长期形成的"红顶商人"营商文化、官商情结等观念至今流传。

战国秦汉时期的商业比较发达，在我国古代商业史上堪称一个兴盛时期："伴随着商业的发展，作为商业经营的主体——商人，人数不断增加，经济实力日益增强。"这种经济地位的提升与改善，使商人迫切要求与之相符的政治地位。而封建国家出于统治的需要，也逐步向商人开放政治权力。于是，商人得以源源不断地涌入官场，商人参政成为当时社会政治生活中的一大景观，由此对社会生活的诸多方面产生了重大作用与影响。本节拟就商人参政的原因及其对社会生活的作用与影响加以探讨。

一、商人参政的原因

尽管早在春秋时期，商人已成为"士农工商"四民分业中的一个重要成员，但其地位十分低下。及至战国秦汉时期，随着商人财富的不断增加，商人的地位已有所改善，但他们仍受到社会各方面的歧视。从社会地位上看，统治者多从辨贵贱尊卑的服饰、车舆等方面压抑商人。例如战国时期的齐国规定："百工商贾，不得服长鬈貂"。又如西汉时期规定："贾人不得衣丝乘车"。从经济地位上讲，封建国家为压抑商人，获取经济利益，常对商人加重征收赋税。例如秦时之赋，《汉书·食货志》载董仲舒曰："（秦）田租口赋，盐铁之利，二十倍于古。"加之秦推行重农抑商的政策，对商人口赋的征收相当苛重。汉代也沿袭了这一政策。汉高祖刚统一全国，就对商贾"重租税以困辱之"。如何重租税以困辱之，史无确载，但由《汉书·惠帝纪》注引《汉律》，可知商人要比平民百姓多出一倍的算赋，即所谓的"唯贾人与奴婢倍算"。更有甚者，封建国家有时还大规模强行迁徙商人，剥夺其财产。如秦始皇、汉高祖、汉武帝等，都采取过此类行动。迁徙豪富主要出于政治上的考虑，使豪富巨族远离故土，消除他们在各地的势力，减少对中央政权的威胁，但有时也不排除通过此种方式来获取钱、财、物的目的。在被迁徙的豪富中，有许多人是富商大贾。他们在政治上和官僚贵族往来密切，经济上资财雄厚，在地方上有很强的号召力。如汉武帝时期，被迁徙的豪富中不乏富商大贾，他们的不动产如房屋被收归国有，土地被没入公田，其动产除极少一部分可随身携带外，大部分肯定也被国家没收，否则，政府就不会以高于中家户钱十万、田百亩的标准，"赐徙茂陵者户钱二十万，田二顷"，来"优待"安置他们了。从政治地位上说，在通常情况下，战国秦汉时期的商人是不能为官参政的，如《通典·选举典》所载："秦自孝公纳商鞅策，富国强兵为务，仕进之途，唯辟田与胜敌而已。以至始皇，遂平天下。"秦国官吏的来源限制在"辟田"和"胜敌"两个方面，显然从事商业等末业经营的人是不可能获准担任官吏的。而由滥入睡虎地秦墓竹简《为吏之道》中的《魏户律》中的不允许商贾入仕的规定，可知当时的东方六国如魏国，也是严禁商人参政的汉承秦制，从汉初的法律规定中还可窥见突出农战的任官原则。例如孝惠、高后时，虽然"复弛商贾之律"，但仍保留了"市井之子孙亦不得仕宦为吏"的规定。又如《汉书·贡禹传》载："孝文皇帝时，贵廉洁，贱贪污，贾人、赘婿及吏坐赃者皆禁锢不得为吏。"但纵观战国秦汉的历史，却可以发现诸多与此相抵触的历史记载，这主要是由以下原因造成的。

其一，王朝的更替。每当此时，社会各阶层就会出现一个较大的变动，有些工商业者便趁机成为官吏。西汉初年的布衣将相中，便有不少出身工商业者的，如舞阳侯樊哙原本以屠狗为事，颍阴侯灌婴曾是一个丝织品贩子。东汉的开国功臣中，也不乏商人出身的，如李通"世以货殖著姓"，而吴汉"以贩马自业"。

其二，国家政策的变通。出于招揽人才和某种政治需要，战国秦汉时期关于任官身份的限制在特殊情况下是可以变通的。其实，这种情况早在春秋时期就已出现。例如《史记·管晏列传》记载，齐国的管仲、鲍叔曾为商贾而后从政；而《史记·仲尼弟子列传》则载，子贡为大商人，以才干而入相鲁、卫。至战国时期，这种情况日趋增多。如段干木原为"晋人大驵"即做马经纪的商人，后因能杂糅儒法而被魏文侯尊奉为师；阳翟大贾吕不韦因其以雄厚的经济实力帮助秦子楚立为太子，子楚即位为庄襄王后，以吕不韦为丞相，封为文信侯。

其三，国家经营与管理工商的需要。商人在长期的商业活动中，积累了相当丰富的经营经验。有时，国家为了控制社会经济，增加财政收入，便需要吸纳一部分商人从事工商业的经营与管理。例如，汉武帝实行财政改革，推行盐铁官营，在中央就任命了家有千金的齐地大盐商东郭咸阳和南阳大铁商孔仅为大农丞，"领盐铁事"。当时，另一个重要的财政大臣桑弘羊也是出身商人家庭。在地方上，孔仅、东郭咸阳借推行盐铁官营之机，"作官府，除故盐铁家富者为吏，吏益多贾人矣。"

其四，卖官增收的需要。只要政治权力向金钱开放，富有者便可堂而皇之地进入仕途，而商人则往往总是最主要的受惠者。战国时期，已出现卖官的情况。《韩非子·五》中的"官爵可买"、《管子·权修》中的"商贾在朝"，都反映了当时这种社会现实。但由于卖官这种使商人出钱参政的赤裸裸的"钱权"交易容易招致众人的非议和反对，且商人政治地位的改善与提高也是一个循序渐进的历史过程，所以，封建国家大规模地向商人开放政权的卖官鬻爵现象发生较晚，一般认为始于汉武帝时。史载汉武帝时，因为北方战争和通西南夷的需要，费用骤增，府库空虚，于是在"募民能入奴婢得以终身复，为郎增秩"的同时，准允"入羊为郎"。其后，"桑弘羊为大司农中丞，管诸会计事，稍稍置均输以通货物。始令吏得入。谷补官，郎至六百石"。东汉后期，外戚与宦官交替执政，社会政治空前败坏与黑暗，昏庸的灵帝在西园公开卖官，卖官所得直接装进了皇帝的私囊。《后汉书·灵帝纪》载：光和元年（178），"初开西邸卖官，自关内侯、虎贲、羽林，入钱各有差。私令左右卖公卿，公千万，卿五百万。"其注文开出了当时卖官的详细价目："时卖官，二千石二千万,四百石四百万,其以德次应选者半之,或三分之一,于西园立库以贮之。"

二、商人参政对社会生活的作用与影响

战国秦汉时期商人参政具有一定的积极作用,这主要表现在以下两个方面:

首先,战国秦汉时期,工商业者跻身官场,获得政治地位,标志着工商职业在社会分工中地位的改善,在客观上也改变了社会上对工商阶层的传统看法,这对商品经济的发展是比较有利的。市籍制度的有名无实乃至消亡,重商观念的形成与发展等,都与此紧密相连。

市籍制度是我国古代社会市场管理制度之一,主要是通过借用户籍制度的概念与结构,来限制商贾的人身自由,以达到控制商贾经营活动的目的。西周时期,为维护社会的等级制度和等级观念,官府对社会进行户口调查,小司徒将商贾的户口进行登记,开后世市籍制度之先河。春秋时期,管仲实行"士农工商"的四民分业制度,要求人们按职业而居。由此,商贾的户籍又进一步具体化、制度化。商鞅变法时,建立了比较完善的户籍制度,"四境之内,丈夫女子皆有名于上,生者著,死者削"。此后,在此基础上,又增加了抑商、限商的内容,从而形成了通常意义的市籍制度。如果说市籍制度在建立之初,尚有一些控制、管理工商人口,征收各种税目等积极作用的话,那么在具体的实施过程中,它却往往成为抑制工商业经济发展的桎梏。汉武帝"发天下七科谪"戍边,其主要的依据便是市籍制度,这就使工商业者遭受空前劫难,私营工商业几乎陷入停顿的困境,而社会商品经济乃至整个国家的经济由此都受到了极大破坏。出于自身利益的考虑,参政的商人必会对市籍制度形成一种猛烈的冲击。到西汉后期,随着商人纷纷涌入官场,市籍制度已有名无实,至东汉,已见不到关于市籍的记载,而谪发商贾、禁商仕宦也统统成为历史的陈迹。

战国秦汉时期，轻商思潮弥漫于整个社会。这种现象的产生，主要是由当时自然经济占统治地位，统治者多推行"重本抑末"政策所致，另外也与人们反对工商业者的兼并行为、反对奢靡的社会风气，以及由儒家"重义轻利"观念所引发的鄙视工商业等因素有关。由于这种思想观念没有充分认识到商品经济与价值规律的重要作用，以及农业与工商业只有协调发展，才会促进社会经济的全面繁荣，因此，片面地以限制和牺牲工商业特别是私营工商业的发展为代价，来维持农业经济的跛足发展，就成为轻商思想的主要旨归。这种思想观念势必对经济的发展与社会的进步产生不利影响。与此相反，商人参政必会在相当程度上促使人们在重视农业的同时，也认识到商业的积极作用，提出、实施一些有利于商业发展的主张、措施，形成重商思想。而出身商人的一些官吏，则更易成为重商主义者，桑弘羊即是显例。他在商业与农业的对比中，突出了商业的作用，认为单靠农业不足以富国，"富国何必用本农，足民何必井田也？"经商可以富民，即如《盐铁论·通有》篇所云："故物丰者民衍，宅近市者家富。富在术数，不在劳身；利在势居，不在力耕也。"应当承认，在战国秦汉时期的重商与轻商的对立中，除个别时期，如西汉中期，重商思想稍占优势外，其他时期则一直处于劣势。不过也应该看到，随着历史的发展，商人参政已或多或少地纠正了一些人的轻商观念。到东汉时期，随着商贾地位的提高，商贾为吏已成为合法之事，已绝少再有像商鞅、韩非那种极端压抑工商的思想。就连《白虎通义》这部集儒家教条之大成的经典，其《商贾》篇所云："商之为言商也，商其远近，度其有亡，通四方之物，故谓之商也；贾之为言固也，固其有用之物，以待民来，以求其利者也。"也比较客观地承认了商贾通四方之物的作用，而并没有多少轻视、贬斥之意。

其次，商人参政在相当程度上扩大了封建政权的构成基础，增强了政权本身的稳定性，也大大减弱了商人阶层的反叛倾向，缓和了封建政权与工商业者的矛盾。

商人参政，是对封建等级制度的一种有力冲击，扩大了封建官僚队伍的来源，从而增强了封建政权的统治能力，强化了中央集权；商人出身的官吏中的一些杰出代表，则因出色的才干、突出的政绩，名垂史册。像桑弘羊，他在 30 岁以后开始参与国家财政经济的决策与管理，汉武帝时期出台的许多工商管理政策，诸如盐铁官营、酒类专卖平准均输、算缗告缗、统一货币等，都与他有直接或间接的关系。由于他有谋略，善决断，为雄才大略的汉武帝把西汉王朝推向鼎盛，提供了强有力的物资支撑与保障，所以就连对他颇有微词的司马迁，也称赞他的理财成绩是"民不益赋而天下用饶"。

如前所述，战国秦汉时期商人参政会受到多种限制，这往往会引发商人与政府之间的矛盾，影响到封建国家的安定与统一，甚至会成为促成封建政权更替的一个重要因素。例如西汉初期的经济放任政策促进了商业的发展，而汉律规定商贾子弟不得仕宦。在政治上没有出路，拥有大量商业资本的商贾便纷纷投到诸侯王门下。商人因其钱财交通王侯，愈益增加了诸侯王的经济实力，从而在一定程度上间接引发了"七国之乱"。又如王严苛的工商管理政策严重地损害了商人的自身利益，使许多小商贩纷纷加入起义军中，据《汉书·王传》记载，倒行逆施的王莽最终竟落得个被商人杜吴杀死的下场。不过，随着商人参政渐趋普遍，这种矛盾和斗争大有衰减、弱化之势。

战国秦汉时期商人参政是一把双刃剑，在产生积极作用的同时，也导致了逆向反应，即官商结合问题，若吏治不严，必将造成严重的社会后果。特别是为了增加国家财政收入而卖官，弊端更为明显。如果说封建国家通过"正常"途径任命的官吏尚可能会考虑国家的长远利益，勤于政事，涵养财源，那么富商大贾花费钱财买官就往往仅是一种投资，其主要目的是加倍收回本息。这种官吏一旦上任，如果监控不力，必会肆无忌惮地搜刮民脂民膏，从而进一步加重民众的负担，使财源趋于枯竭。因此，用卖官来解救财政危机，无异于饮鸩止渴，最终必将导致封建国家走向衰落乃至灭亡。

第三章

封建国家分裂和民族融合阶段：
三国、两晋、南北朝

第一节　历史背景介绍

魏晋南北朝，起自三国，迄于隋统一中国，前后长达 370 年之久。这一时期，中国是一个基本不统一的时代，首先是魏蜀吴三国鼎峙，持续了四五十年；其次是名义上存在半个世纪，其实只有 20 年短暂统一的西晋；此后进入南北朝，当时，南方有东晋、宋、齐、梁、陈的递嬗；北方有北魏（后分裂为东魏、西魏）、北齐、北周的兴替。这一时期，是中国历史上政权多变、内乱迭兴的时代，也是各民族大融合、封建政治制度和经济制度日趋成熟的时期，它上承秦汉，下启隋唐，在中国历史上占有重要地位。

一、魏晋南北朝时期的政治概况

魏晋南北朝的 400 年之间，始终贯穿着国家的分裂、战乱的纷扰与民族的融合，这是这个时期的突出的政治特点之一。黄巾起义失败之后，中国一直处于封建割据之中，国家分裂，战乱不止。据不完全统计，400 年间，至少有 36 个政权，或同时并立，如三国鼎立；或递相嬗替，如北方十六国、南朝的宋齐梁陈等。平均每个朝代不过 15 年，其中立国时间最长者为北魏，长达158 年；最短者，不过 3 年（十六国时的冉魏）北方大规模、长时期的战乱长达 212 年。在中原的统治者日益腐败战乱又使中原元气大伤之时，北方的少数民族乘机南下。他们的南下为此后中国形成多民族的统一国家准备了必要的条件。

魏晋南北朝时期的政治制度，在国体上仍然是地主阶级专政的封建国家，政体上仍然是君主制，行政上，在中央实行三省制，地方实行州郡县三级制，各级官员为皇帝负责不过，这一时期居于权力核心的是门阀士族地主。由于各级官员的选拔是以出身的门第为标准，这就形成了门阀士族制度，并成为这一时期政治的一个基本特征。在这一制度下，士族地主成为官僚机构中人数最多的一个阶层。对于门阀士族，封建国家政权给予了很多的政治和经济特权，他们不仅左右着皇帝，把持着朝政，还倚恃雄厚的经济实力和特权大量侵吞官田、荒地以及兼并农民土地，这一方面使失地农民沦为其佃客，从而激化了阶级矛盾；另一方面又不承担赋税徭役，致使国家财源减少，财政收入急剧下降。面对这种情况，封建国家政权为维护其根本的统治利益，在加重对人民的赋役剥削的同时，也不得不对士族地主的过分兼并行为进行一定的抑制，并采取措施与他们争夺劳动人口和土地。因而政府与地主争夺土地和劳动力的斗争，是本时期又一突出的政治特征。

二、魏晋南北朝时期的经济特点

受这个时期的政治状况的影响，这个时期的经济呈现出如下特点。

1. 江南经济得到迅速开发，中原经济的发展相对缓慢

由于北方连年战乱，农民被迫大量南迁。中原百姓的四处迁徙，特别是向南迁徙，开发了长江三角洲和珠江三角洲，也开发了西南、东北西北、东南等边远地区，促进了经济的繁荣和政治的发展，并进而促进了南北经济趋向平衡，为我国经济重心南移打下基础。在江南经济得以开发的同时，北方经济虽屡遭破坏，但总体上还是有所恢复和发展，只是发展得缓慢一些。

2. 士族庄园经济和寺院经济占有重要地位

自东晋建立以来，士族地主利用其政治特权，在一些富庶之乡，疯狂侵夺土地，动辄吞占良田沃土数十顷至数百顷；大量募集劳动人口，成为依附

于他们的农奴,从而减少了国家的户口;他们还"封锢山泽",不准百姓进入士族地主庄园已成为社会发展的大蠹。东晋南朝时期,佛教得到很大发展。统治阶级大造佛寺,广招僧尼。各个郡县也有很多佛寺,每个佛寺都拥有众多的田产和僧众,于是就形成了堪与士族经济相媲美的寺院经济。寺院经济与士族庄园经济一样,都是阻碍社会经济正常发展的桎梏。

3. 商品经济水平较低

魏晋南北朝手工业门类与秦汉基本一致,但品种更丰富,产量增加,技术有所进步突出的手工业部门有纺织业、冶矿业、制瓷业、造船业和造纸业;发明了灌钢法,开始利用石油和天然气。魏晋南北朝时期商业畸形发展,这是由于士族庄园经济和寺院经济都属于自给自足的自然经济,这种经济的发展严重阻碍了商品经济的发展;而长期的国家分裂和战乱,致使钱币衰落,商品交换多实行物物交换。但北魏以后,北方商品经济有所恢复,南方商品经济相对比较活跃。这一时期对外贸易却比较活跃。东晋南朝时期的海外贸易相当发展,番禺是最主要的口岸,当时有载重两万斛的大船远航南洋各国,西经印度洋,远达天竺(今印度)、狮子国(今斯里兰卡)、波斯(今伊朗)等国,这些国家的海船也经常成批地到来。

三、魏晋南北朝时期财政的特点

基于魏晋南北朝时期的经济、政治状况,这个时期的财政也表现了如下突出的特点:

1. 进行土地制度改革,控制财源

面对东汉末年以来长期战乱所造成的流民和荒地问题,为增加生产,三国统治者推行屯田制,西晋实行了占田制、北魏实行均田制。这些土地制度

在中国历史上，有的是第一次出现，如占田制、均田制；有的虽然以前曾经实行过，但没有像该时期这样受到如此的重视。而均田制则一直沿用到唐朝中期，屯田制则一直延续到清末。这些土地制度的改革不同程度地推动了当时社会经济的发展，也为国家财政充裕奠定了基础。

2. 财政制度不断变革

当时由于兵连祸结，战乱不休，致使人口流失，土地荒芜，民不聊生，国家财政也十分困窘。各个政权为了巩固自己的统治地位，都在积极进行变革。三国时期，曹操首先将汉代以人头税为主的租赋制改为按田征租按户征调的租调制，从而弱化了人头税，以减轻百姓的赋役负担；西晋则实行了占田制下的课田户调制；拓跋氏建立的北魏政权则实行了均田制下的租调制等。这些改革都在不同程度上促进了经济的发展，有利于安定社会秩序，也有利于充实国家财政，从而为实现国家的统一奠定了物质基础。

3. 货币之征受到弱化

这个时期是货币经济大倒退的时期。当时各个政权或国家也纷纷铸造货币，但是由于连年战争、政权所辖地域狭小、南北长期对峙，所以货币难以流通，商品交易多以布帛为节。而国家所急需的不是货币，而是实物，如粮食、布帛等。在这种情况下，国家财政的征收很少征钱，大都征收实物。自西汉发展起来的货币之征，至此又退回到了实物之征。

四、三国时期的国家财政

东汉末年，政治腐败，导致黄巾军等农民起义。在镇压起义军的过程中，曹操、刘备、孙权等豪强势力逐步发展成为割据一方的政治势力，终形成了三国鼎立的局面。为实现统一，各国都曾采取一系列财政政策措施。

1. 三国时期的赋役

黄巾起义失败之后，中原出现了诸侯割据的混乱局面。在这种局面下，为逃避战乱，百姓纷纷四处流亡，致使土地抛荒，中原人口急剧减少，粮食产量大幅度下降。三国时期的统治者面对这种形势，要巩固本国的统治、发展本国的势力，就不能不首先考虑粮食问题和人口问题。所以三国时期制定财政政策的着眼点就是要大力开垦土地、努力增加人口。

2. 三国时期的屯田

三国形成之前，由于战乱，百姓流离失所，农业生产受到破坏，粮食短缺，经济萧条，各豪强武装也是军需不足。在这种情况下，时为丞主簿的司马朗，建议曹操趁天下大乱、土地荒芜之时，恢复井田制，对此曹操不以为然。这时正好羽林监颍川人枣祗"建置屯田"[1]，曹操采纳了这项建议，当年就招募百姓在许下屯田，并取得军粮 100 万斛。由于屯田效果很好，于是便在其他州郡设置屯田官吏，扩大屯田范围。

曹操实行的屯田与前代的屯田不尽一致。其一，改强制移民屯田为自愿移民屯田。汉代的屯田多是强制性的移民屯田，而且对屯田之人的管理也是十分严格的，屯田百姓实际相当于官奴。曹操则让百姓自愿屯田，对屯田管理也较宽松，结果受到百姓的欢迎。其二，曹操的屯田地域广阔，且以民屯为主。曹魏屯田初期主要是民屯，后来军民屯并举，屯田地域则遍及统治区域各地。其三，对屯田吏民的屯田情况进行考核，即所谓"明功课之法"[2]。其四，对屯田所得，实行官民分成制，从而调动了百姓的生产积极性。曹魏时无论军屯或民屯皆实行分成制，或四六开，或对半分成，其征收率分别为60% 和 50%。这是曹操屯田的最突出的特点。

---

[1] 《三国志》卷十六，《魏书》之《任苏杜郑仓传》，"任峻"条。

[2] 《三国志》卷十一，《魏书》之《袁张凉国田王管传》。

为了鼓励百姓积极参加屯田，曹操对参加屯田的百姓实行了减免税收的办法，即一年全免、两年半税、三年全纳的政策。

此外，为了加强屯田的管理，曹操设置了较为完整的管理机构。屯田的管理机构包括中央管理机构和地方管理机构，中央由大司农主管田事宜，地方则设置相当于郡守的典农中郎将或典农校尉和相当于县令的典农都尉两级机构具体负责屯田工作。

屯田制度为曹魏统一北方，进而为晋统一中国奠定了雄厚的物质基础。三国期间，不仅曹魏实行了屯田，蜀汉的刘备与吴国的孙权，都曾实行过屯田。

3. 三国时期的田赋

黄巾起义以及此后的东汉丧乱，致使中原百姓逃散，土地荒芜，无人耕田，粮价急剧上涨，至每石五十万钱，豆麦二十万钱。这时，国家的财政制度荡然无存，征税系统尽遭破坏。曹操首先广开屯田，以解决军队的粮食供应问题，但屯田之入不能代替赋役收入，在曹操执政之下的东汉政权还必须建立正常的赋役制度，以安定百姓，以养百官。

建安九年（204年）九月颁布了《收田租令》："有国有家者，不患寡而患不均，不患贫而患不安。……其收田租亩四升，户出绢二匹、绵二斤而已，他不得擅兴发。郡国守相明检察之，无令强民有所隐藏，而弱民兼赋也。"[1]这项法令是中国赋税制度的一次重大改革，即由汉代实行的租赋制，改变为租调制，即按田征租。按户征调其实早在东汉质帝本初元年（146年）就曾出现按田征租、按户征调的情况，至桓帝、灵帝时，关于"调"的记载更是时有所见。但当时的所谓"调"，还不是一种正常的赋税，而属于临时征发。曹操在屯田的基础之上，废除了口赋、算赋，而将临时性的征发制度化，实行了按田征租、按户征调的制度。

---

① 《国渊·国志》卷一，《魏书》之《武帝纪》。

这项改革之所以能够实行，是以屯田为基础的，如果没有广泛的大规模的屯田，如此轻简的赋税制度是断不会实行的。曹操改革后的田赋的税率远低于三十税一，只相当于1.33%。这样低的税率，曹操如不依靠屯田制，显然是无法维持国家统治的。

曹操的这项改革具有重要意义：（1）这项改革有利于减轻和均平赋税负担。曹操实行按田征租、按户征调，不再征收口、算赋，也不再征收其他杂税，这无疑会大大减轻百姓的赋税负担。同时，又要求郡国严加检查，从而有利于实现赋税的均平。（2）有利于促进农业生产的发展。这项改革将原来的比例税改为定额税，将田租、户调固定了下来，每亩土地的产量虽有增加，也不多增田租，每户生产的绢、绵增加也不多征绢、绵，即增产不增税。这样百姓就会为提高亩产，为增加绢、绵而努力生产。从而激发了广大百姓的生产积极性，也促进了社会财富总量的增加。（3）这项改革弱化了对人的束缚，加强了对户的管理。还将原来的对田、人税，改为对田和对户税。曹操除保留了田租的征课之外，将两汉时所征收的口赋、算赋、更赋、户赋等人头税概行免除，代之而行的则是户调制，从而弱化了对人的束缚，强化了对户的管理。（4）这项改革具有适应性并奠定了收益课税向财产课税转变的基础。这项改革将原来的人头税的铜钱缴纳，改为户调的实物缴纳，适应当时社会经济的状况并为此后由对收益的课税向对财产的课税的转化奠定了基础。（5）这项改革还体现了很强的法制约束。其中规定：在法令规定之外，"不得擅兴发"，还要求"郡国守相明检察之"，即加强监督，"无令强民有所隐藏，而弱民兼赋也。"这说明这项法令的制度约束性很强。

曹操关于赋税制度的改革，对后世影响较大。此后北魏实行的新租调制及唐朝所实行的租庸调制都是在这项税制改革的基础上展开的。曹操进行这项改革的时候，东汉政权还没有被推翻，尽管只是名义上的，但还能号令全国，三国鼎立的局面还没有形成，所以当时无论是蜀汉，还是吴国，应当也实行了这项制度。

4. 三国时期的徭役

三国时期由于战事频繁，所以百姓的兵役负担十分沉重，此外，在三国后期，由于统治者日益腐朽，工程建筑也十分浩大，因而百姓又要承担繁重的力役。关于兵役，虽史无羽载，但可以想见，力役之繁，则屡见于史。特别是魏明帝即位后，其铺张挥霍，可以说是三国之极。吴国的挥霍也是很严重的，致使百姓的力役负担十分沉重。但三国时期的兵役和力役具体采取怎样的征发制度，史未明载。

五、魏晋南北朝商业的特征

1. 从总体上说，商业虽呈发展上升之势，但南北发展的道路不同，南方稳定上升，北方则呈现出发展的断续性和地区间的不平衡性

从黄巾起义到三国鼎立局面形成的三四十年间，北部中国以农业经济为主体的封建经济的严重破坏，使得作为其补充的商品经济，处于"皮之不存，毛将焉附"的境地。因此在曹魏政权建立过程中和建国之初，有关北部中国商业的材料，在文献中几不可闻！

然而，随着屯田制的推行和北部中国的重新统一，曹魏境内的农业和手工业得以迅速恢复和发展。在此基础上，商业便日渐复苏。无论是在城市，还是在乡村和边远地区；无论是地区和国际贸易，还是最能体现商业发展水平的货币制度，都有充分的表现。城市商业如洛阳，在曹魏后期已是"商贾胡貊，天下四（方）会"[①]，一时成为商贾云集的国际性商业都会。在秦为小县、汉为魏郡治所的邺，在曹魏时，据左思在《魏都赋》中所描述的情况，商业更是出现了前所未有的盛况。城市商业的恢复、发展，带动了广大农村商业

---

① 陈寿. 三国志 [M]. 北京：中华书局，1959.（卷21《魏书·傅嘏传》注引《傅子》）。

的发展，史载在曹魏黄初时，就出现了"诸典农各部吏民，末作治生，以更利入"的现象。国内商业的发展，带动了境外贸易的发展，曹魏时期境外的商业活动，主要包括与其鼎足而立的吴、蜀两国间的贸易和与西域、鲜卑、东夷等周边民族、国家的物资交易。如《太平御览•布帛部》记魏文帝诏书说："今与孙骠骑和，通商旅。"曹魏所需之锦"则市于蜀"①。而与西域等地的贸易，《三国志•东夷传》称："魏兴，西域虽不能尽至，其大国龟兹、于阗、康居、乌孙、疏勒、月氏、鄯善、车师之属，无岁不奉朝贡，略如汉代故事"。至于反映商业发展水平的货币，自从汉献帝初平中董卓废五铢出现"钱货不行"②的局面，直到魏文帝曹丕时，也仍然是"使百姓以谷帛为市"。但是，到魏明帝时，谷帛作为交换手段已不能适应日益恢复的商品流通的需要，在太和元年（227 年），再用五铢，此后一直到晋代"不闻有所改创"③。

西晋平吴以后，"伴随着政治上的重归统一和社会经济的逐渐恢复，商品货币经济的回升表现得相当显著"。很快就出现了"末作不可禁也"的情况，除了"都有专市之贾，邑有倾世之商，商贾富乎公室"以外，在边远地区由于商业发展甚至出现了合浦那种"百姓唯以珠为业，商贾去来，以珠贸米"的单一商品生产，并依靠商品交换而获得粮食的地区。就货币经济来说，西晋较三国时期任何一方都有所发展。不仅出现了何峤那有"钱癖"的人，而且达到了"凡世之人，唯钱而已"的地步，金钱简直成了整个社会发展的润滑剂。

不过，西晋商业发展和出现繁荣局面好景不长。自晋惠帝永平元年（291年）"八王之乱"开始，商业的发展就急转直下，到"永嘉之乱"少数民族入主中原，商业又再度走入低谷。尽管十六国时期后赵、前秦等的商业也颇有

---

① 李昉．太平御览 [M]．（卷 815《锦》引《丹阳记》）。

② 陈寿．三国志•卷 6：魏书•董卓传 [M]．北京：中华书局，1959．

③ 房玄龄．晋书•卷 26：食货志 [M]．北京：中华书局，1972．

起色，但从总体上说，这一时期商业的存在发展与政治环境和地理条件密切相关，因而商业存在着断续性和发展的严重不平衡性。从全局来看，商业处于停滞状况，以至到北魏于 439 年统一北方时，史称"魏初至于太和，钱货无所周流"。

太和以后，随着统一局面的再度确立，特别是孝文帝迁都洛阳，实行均田制以后，北方社会经济日渐复苏，商业随之也呈发展之势。到宣武帝时，北部中国商业在局部地区开始出现繁荣局面，史称"逮景明之初，承升平之业，四疆清晏，远迩来同，于是蓄贡继路，商贾交入，诸所献贸，倍多于常"。至孝庄永安年间，更是所谓"商旅四通，盗贼不作"了。北魏分裂为东、西魏，以及北齐、北周禅代东、西魏，不仅对商业发展影响不大，相反，由于政权的更替，东魏、北齐统治区域内官商膨胀，造成了局部区域内商业的畸形发展。

与北方商业所经历的衰落→恢复、发展→衰落→再恢复发展过程迥然不同的是南方，其商业基本上是逐步兴起与日趋繁盛。需要注意的是这种势头肇始于东汉后期，并且是与江南的开发同步的。西汉时期，《史记·货殖列传》所记江南经济情况是："楚、越之地，地广人稀，饭稻羹鱼，或火耕而水耨，果隋蠃蛤，不待贾而足，地执饶食，无饥馑之患，以故此口窳偷生，无积聚而多贫，是故江淮以南，无冻饿之人，亦无千金之家。"但到三国孙吴时，不仅葛洪《抱朴子·吴失篇》说到一些大土地所有者"商船千艘"，而且州郡吏民及诸营兵"浮船长江、贾作上下"，致使"良田渐废，见谷日少"。

东晋南朝时，作为封建经济中重要部门的商业，走上了日渐繁荣的发展道路。《隋书·食货志》云："晋自过江，……历宋、齐、梁、陈……人竞商贩，不为田业。"似乎在东晋南朝，经商者多于务农者。东晋安帝元兴三年的一次大风灾，造成长江上"贡使商旅，方舟万计，漂贩流断，骸此肉相望"的悲惨后果，说明由各地经长江去建康的商船动以万计，商品流通量极大！从文献中所载刘宋时的"凡百户之乡，有市之邑"到萧梁时郭祖琛所说："今商旅转繁，游食转众，耕夫日少，杼轴日空"，莫不反映当时商业的繁盛。

总之，从东晋南朝经济发展的全貌而言，它不仅远远超过了秦汉时期，而且与同时的十六国北朝相比，也已经赶上甚至超过北方，造成这一切的主要原因在于北方战乱造成大量人口南渡，给南方带来了大量的劳动力和先进的技术，在促进江南开发的同时，使都市人口急剧增加，社会闲散人员普遍增多，因而商业在整个社会生活中的地位显得尤其重要。

2. 商人队伍开始发生变化，从秦汉时期商人基本上作为一个独立的社会阶层，到这一时期发展为官僚、地主、商人三位一体

秦汉时期政府对商人和商业活动所进行的严格限制，使汉代的商人基本上是一个独立的社会阶层。但是，从三国开始，由于对商人打击的力度大为削弱，商人干预国家政事、官僚从事商业活动等事开始抬头。如前揭曹魏"诸典农各部吏民，末作治生，以要利入"，孙吴时一些大土地所有者"商船千艘"等便是例证。到了西晋，不仅官吏与商业结合，官僚经商现象大量出现，而且地主、小生产者和无地的农民也纷纷经商，因而，使商业几乎渗透到社会的各个阶层，商人队伍异常混杂、庞大！据《晋书》卷 53《愍怀太子传》载其"于宫中为市，使人屠酤，……又令西园卖葵菜、篮子、鸡、面之属，而收其利"。宫中成了市场，皇子成了商人。义阳成王司马望之子司马奇，"遣三部使到交广商货"，著名文学家陆云为吴王司马晏郎中令，司马晏派部将覆察诸官钱帛，陆云劝谏说："伏见令书，以部曲将李咸、冯南、司马吴定，给使徐泰等覆校官市买钱帛簿"。吴王司马晏的部下都有从事"市买钱帛"的簿册，足见吴王的属吏都与商业相干且有相当的规模。

西晋灭亡以后，十六国北朝各代官僚经商现象可谓愈演愈烈，从前燕的慕容评"鄣固山泉，卖樵鬻水，积钱绢如丘陵"那种个别现象，发展到北朝官僚经商活动蔚然成风、盛行不衰。《魏书·高允传》载景穆帝拓跋晃为太子时，曾"贩酤市廛，与民争利"，同书《食货志》说："高宗时，牧守之官，颇为货利"。同书卷 9《肃宗纪》说正光年间（520—525 年），牧守们"辄兴寺

塔第宅，丰侈店肆商贩"。同书《袁翻传》说北魏沿边州郡、疆场统戍的官员，"皆无防寇御贼之心，唯有通商聚敛之意"。

北齐幼主高恒，《北齐书·幼主纪》称他"为穷儿之市，躬自交易"，弄得"廛肆遍迁宫闱"。至若王公贵族、官僚、将领，史云："迁邺之始，滥职众多，所得公田，悉从货易"。《周书·刘璠传》说同和郡，"前后郡守多经营以致资产"。

东晋南朝，官僚经商可以说比以往任何时候都要活跃。刘宋少帝刘义符，"于华林园为列肆，亲自酤卖"。所作所为与小商人毫无二致。南齐郁林王萧昭业甚至还对豫章王妃庾氏说："阿婆，佛法言，有福德生帝王家。今日见作天王，便是大罪，左右主帅，动见拘执，不如作市边屠酤富儿百倍矣。"不仅亲自经商，而且对商人生活十分向往。王公贵族从事商业活动的情况，更是比比皆是。刘胤在咸和年间"大殖财货，商贩百万"。刘宋孝武帝诸子"皆置邸舍，逐什一之利"。梁时，临川王萧宏在都下开设数十座邸店，经营的商品种类繁多。从地方长吏来说，东晋时，史称广州"前后刺史皆多赇货"。刘宋时，将军吴喜"货易交关"，"遣部下将吏，兼因土地富人，往襄阳或蜀汉，属托郡县，侵官害民，兴生求利，千端万绪，从西还，大舟扁小舟冒，及草舫，钱米布绢，无船不满，自喜以下，迨至小将，人人至载，莫不兼资"。梁时，益州刺史武陵王萧纪，在蜀十七年，"内修耕桑盐铁之功，外通商贾远方之利，故能殖其财用"，"既东下，黄金一斤为饼，百饼为，致有百，银五倍之，其他锦缯采称是"。

正是因为这一时期官僚经商如此普遍，所以，凡不以此为务者，均被史家传为美谈。如沈约在《宋书·向靖传》中说其"无园田商货之业"。萧子显在《南齐书·萧赤斧传》中云其"在州不营产业，勤于奉公"。这也正如唐长孺先生所说在这一时期"看重士流体面不愿经商如孔觊者，反倒属于特例"。

除官僚贵族普遍从事商业活动以外，农民和手工业者也纷纷参与商业活动。如前揭曹魏黄初时的"诸典民各部吏民"、孙吴时的州郡吏民及诸营兵。又如西晋时,《晋书·阮籍传》云:"邻家少妇有美色,当垆沽酒"。十六国时期的风云人物石勒,在晋末,曾"随邑人行贩洛阳"。还如十六国北朝时期,当拓跋珪复国,"离散部落,分土定居"以后,平城的畿内课田区出现了不少农民经商,为此拓跋浚曾下令禁止,事详《魏书·恭宗纪》。随后,私营商业逐步发展,据说元淑在"孝文时任河东太守,河东俗多商贾,罕事农桑,人至有三十,不识耒吕"。再如东晋南朝,个体农民和手工业者经商现象又远胜前代和同一时期的十六国北朝,收入《宋书·孝义传》的郭世道,"家贫无产业,佣力以养继母","尝与人共于山阴市货物",其子郭原平,"每出市卖物,人问几钱,裁言其半,如此积时,邑人共识悉,辄加本价与之",据传称其"性闲木功",其经常于市邑出卖之产品,似为自己制造之木器。除此之外,他又以种瓜为业,大明七年,因"瓜渎不复通船",他"乃步从他道往钱唐货卖"。可见,郭氏父子乃是自己生产产品,又自己出售,既是商品生产者,又是商人。萧梁时,《宋书·王僧孺传》云其"幼贫,其母鬻纱布以自业"。《梁书·贺琛传》谓其"家贫,常往还诸暨,贩粟以自给"。《梁书·张稷传》称"郁州接边陲,民俗多与魏人交市"。可见民间私下与境外也开展商业活动。如此等等,其例颇多!

从上可见,魏晋南北朝时期,各阶层普遍存在向商人阶层转化的现象。由于他们原来彼此的经济基础不同、身份有别,所以他们向商人转化以后,所获取商业资本和利润也就存在着明显的差别,从而形成了官商、豪商巨贾、中等商人、小商小贩等特征的分野!

3. 商业与农业的关系更加密切,商品化农业中的种植业成为商品的主要来源

见诸汉代典籍中的商品,虽然也有一些农产品,但是,丹砂、犀角、翡翠、珠玑等是当时商人手中的主要之物。即使在曹魏初期,这种情况也未改

变，曹丕向江东索求的也是所谓雀头香、玳瑁、翡翠、象牙、犀角、斗鸡之物。然而，曹魏以后，情况为之大变，珍奇宝物等尽管仍是商人手中的商品，但是占主导地位的商品却是农产品，尤其是农业中的种植业产品。

大致说来，魏晋南北朝时期的种植业，是由粮食作物的种植与经济作物的种植两部分组成。粮食可以说是这一时期最常见的商品，有关这一时期的文献中除了有大量关于粮食价格的记载以外，还明确记载当时存在专门的粮食交易市场。特别是东晋南朝时期，粮食更是普遍成为商品。据《宋书·孝武帝纪》录刘宋大明八年诏云："东境去岁不稔，宜广商货，远近贩鬻米粟者，可停道中杂税"，可见，向贩运粮食的商人征收杂税，已成为当时重要的税源。

这一时期商品性种植业，除粮食作物外，还包括蔬菜、瓜果、茶、桑、麻、瓠、葵、蔓菁、菘芦菔、谷楮、栀子等众多的经济作物。

以蔬菜而言，刘宋将军吴喜及部下从四川返京时，除贩运粮食外，还用大船小舸装载干姜数千斤，冀希投入到京师市场。《宋书·柳元景传》云其"有数十亩菜园，守园人卖得钱二万送还宅"。由于蔬菜成为商品是很普遍的现象，所以有吕僧珍父兄那样的"以贩葱为业"的蔬菜贩运商和专门出卖蔬菜的市场。

拿瓜果来说，《晋书·王戎传》说他"家有好李，常出货之，恐人得种，恒钻其核"。《宋书·郭原平传》云其以"种瓜为业"，大明七年，因"瓜渎不复通船"，他"乃步从他道往钱塘货卖"。

茶树的种植，从汉代逐渐普及饮茶之法后，到魏晋南北朝时期，迅速发展，随之而出现商品化现象。《太平御览》卷867引《广陵耆老传》载："晋元帝时，有老姬每旦擎一器茗，往市鬻之，市人竞买"。又据说西晋时蜀地一妇人，见当时北方尚无饮茶之俗，便变通茶之用法，卖茶粥于洛阳南市。

作为我国封建家庭经济重要组成部分的桑蚕业，在魏晋南北朝时期的发展尤为显著。一方面，种桑地域不断扩大，昔日不知种桑养蚕的江南桂阳和少桑的辽东地区，都已得到推广和普及；另一方面，丝织品的产量有了大幅度的提高。在这种情况下，桑树的种植不局限于自耕农个体的少量种植，而是出现了具有一定种植规模的种植业主，如曹魏齐王芳时，曹爽、何晏"分割洛阳野王典农部桑田数百顷"，以及北朝大族所拥有的大片桑田，无疑具有商品化特色！

与丝织品同为衣食之源的麻的种植，这一时期与秦汉相比，商品成分更多。《齐民要术·种麻篇》"凡种麻用白麻子"下注云："市籴者，口含少时颜色如旧者佳。"由于麻的种植面积扩大、产量提高，从而出现了专门贩卖麻纤维——绉的商人，如刘宋时，庶族出身的戴法兴的父亲戴硕子曾"贩绉为业"。

有关瓠、葵、蔓菁、菘芦菔、谷楮、栀子等的种植，虽大都只见于《齐民要术》，然从其记述所云这些经济作物种植的季节、利润和劳动力来源等细节十分详尽来看，贾思勰所言，绝非杜撰。

魏晋南北朝时期，尽管封建的官营手工业和私营手工业较秦汉衰落了，但是，由于商品化农业的发达，所以，整个商业的发展水平并没有下降，相反，由于促进了农业生产的发展，使商业的发展更具生机和活力！

4. 长途贩运成为主要的流通方式，商业交通在商品流通中的地位上升

从《史记·货殖列传》中所记"谚曰：百里不贩樵，千里不贩籴"。可知在汉代商人的思想观念中，只有物小价昂的物品才远距离贩运，像柴草、粮食等笨重的物资是不适合于远距离流通的。因此，当时尽管有一批从事贩运贸易的大商人，但长途贩运的方式并不是商品的主要流通方式。

魏晋南北朝时期，由于分裂割据造成地区间经济发展不平衡，和商品化农业发展下粮食和经济作物大量成为商品所造成的商品生产与销售相适应，所以，汉代商品流通的方式发生了变化，大范围调剂生活资料盈欠的长途贩运变得十分频繁。随之而来，为适应长途贩运需要的商业交通，获得了前所未有的大发展。

在反映魏晋南北朝商品经济发展的史实中，涉及长途贩运的材料颇多，

如三国时期，据左思在《魏都赋》中说："真定之梨，故安之粟，醇酎中山，流湎千日。"可知邺城市场的商品来自中原地区及河北平原。左思在《蜀都赋》中描述成都商业盛况时说"异物崛诡，穷于八方！布有木童华，面有桄榔，邛杖传节于大夏之邑，蒟流味于番禺之乡。"孙吴境内地区间的长途运贸较魏、蜀更显活跃，吕蒙袭荆州时曾巧妙地伪装成商船运兵，"尽伏其精兵舟扁中，使白衣摇橹，作商贾人服，昼夜兼行"之事，反映了长江上商船络绎不绝。西晋时，据《晋书·潘岳传》云："方今四海会同，九服纳贡，八方翼翼，公私满路，近畿辇辏，客舍亦稠。""行者赖以顿止，居者薄收其值，交晚贸迁，各有其民。"国家呈现一幅贩运业与逆旅业繁荣的景象。十六国北朝时期，前秦统一北方后，史载当时"关陇清晏，百姓丰乐，自长安至于诸州，皆夹路树槐柳，二十里一亭，四十里一驿，旅行者取给于途，工商贸贩于道。"北魏都城洛阳的通商、达货里中，居住着许多"资财巨万"的大商人，"有刘宝者，最为富室，州郡都会之处，皆立一宅，各养马一匹，至于盐粟贵贱，市价高下，所在一例。舟车所通，足迹所履，莫不商贩焉。是以海内之货，咸萃其庭。"北齐中散大夫李岳，"举钱营生，广收大麦载赴晋阳，候其寒食以求高价。"东晋南朝，长途贩运贸易更为发达。史云南齐时"吴兴无秋，会稽丰登，商旅往来，倍多常岁"[1]。南兖州所产食盐，"公私商运，充实四远，舳舻往来，恒以千计"。荆、扬二州所产丝绵布帛，运销四方，"覆衣天下"。

尽管在所有的交通史著作中，或对魏晋南北朝时期的交通避而不谈，或干脆如白寿彝先生所言"魏晋南北朝道路之开辟无闻"[2]。但是，稽诸史实，魏晋南北朝时期以粮食生活资料为主的长途贩运贸易的空前发展和繁荣，是与这一时期商业交通的发达和地位的上升密切相关的。

---

① 肖子显. 南齐书 [M]. 北京：中华书局，1972.
② 白寿彝. 中国交通史 [M]. 郑州：河南人民出版社，1987.

这一时期无论是南方，还是北方，无论是水道，还是陆道，无论是整修旧道，还是开辟新道，与汉代相比，均有长足的发展，以北部中国而言，因为从《魏书》卷2《太祖纪》、卷30《安同传》、卷4《世祖纪》、卷5《高宗纪》、卷7上《高祖纪上》、卷8《世宗纪》、《北齐书》卷21《封隆之传附子子绘传》、卷24《杜弼传》等，均可见到北朝修整旧道和开辟新道之事。如《魏略·西戎传》云由内地通往西域的丝绸之路"道从敦煌玉门关入西域前有二道，今有三道"。即从汉代南北两道发展为南、中、北三道。又据黄烈、唐长孺和日本学者前田正名等分别考证，认为在兰州到张掖之间，增辟了一条绕过河西走廊东端到张掖的大道；在西域的鄯善与南方的益州之间，也增辟了一条与河西走廊并行的重河南道；北魏迁都洛阳以前，辟有一条由秦州东北行，穿越河西地区，在其东北部涉渡黄河，横切吕梁山北端，抵达平城的所谓"鄂尔多斯沙漠南路"[①]。在交通不易的西南地区，除于正始"开斜谷旧道"外，又于魏恭帝时开"通车路"，"至于梁州"；北周保定二年（561年），修治开通"诸葛亮桓温旧道"；北齐时，荆州刺史李愍以"旧路断绝……勒部曲数千人，径各悬瓠，从北阳复旧道"。

与北部中国修复陆上旧道和开辟新道不同，南方主要发展水上交通。其中重要的有长江水道，广州至寻阳的南北水道，连接荆、湘地区的南北水路，由会稽经吴、京口以达建康的水道，经由襄阳、沿沔水、丹水南达长江、西北抵关中、长度、再往北通中原许、洛的通路等。关于这些水道因已有不少学者论及，此不赘言。

5. 江南地区，随着商业的迅速发展，商业性城市大量涌现，城乡联系加强，城乡商业网络开始萌芽

在《史记·货殖列传》中，司马迁所提到的江南地方经济都会，不过是

---

① 朱和平.魏晋南北朝长途贩运贸易试探[J].中国社会经济史研究，1998（3）.

江陵、吴、合肥、番禺、寿春和成都等区区六个，这一状况在太史公身后一直到汉末，虽然随着江南社会经济的发展和政治格局的变化而有所不同，但江南城市增加的数量并不显著，以至在全国城市中所占比重甚至还有降低的迹象。由此看来，在六朝以前，我国城市的发展，是与整个社会经济发展水平同步的，呈现出北强南弱、北多南少的特征。

然而，当历史进入魏晋南北朝以后，作为商品经济摇篮的城市，六朝以前江南地区城市发展缓慢的状况，发生了根本性的变化。即因州、郡、县大量新增而需要设立治所形成的城市，因水上通道的开设和迅速发展，在一些关津、渡口、码头逐渐发展起来的商业性城市，与江南地区原有的城市一起，在建康为中心的扬州地区、以江陵为中心的荆楚地区、以成都为中心的巴蜀地区、以寿春为中心的淮南地区和以番禺为中心的岭南地区等五个相对独立的经济区内，形成了一个个城市群，初步构成了城市网络。

除上述五大相对独立的经济区内主要的城市或是传统城市，或是州、郡县、侨州郡县的设立等政治因素兴起，或因商业而产生以外，在这些城市与城市之间存在的大批中小商业性城市、草市、乡邑市集和虚市，将城市与城市、城市与乡村紧密地联系在一起，纳入到了一个统一的市场体系之中。

商业性城市、草市，主要是由水上交通道路的开通和迅速发展，因而在一些关津、渡口、码头逐渐发展起来的。孙吴时出现的"会市"，可以看作是这种商业城市的萌芽。据《建康实录》卷二记载，破岗渎开成后，"上下一十四埭，定会市，作邸阁"。可见在舟船过埭的地方，不仅存在有会市这种交易场所，而且还有储货的邸阁，已经具备了城市的基本条件，唯其规模甚小而已。孙吴时期出现的这种会市，到南朝时其数量和规模不断增多、扩大，发展成为草市、小市等不同于官方正式市场的商业性市场和城市。从《隋书·食货志》说秦淮河"北有大市，自余小市十余所"来看，这些商业性市场和城市大多靠近大中城市，或者是交通要道之处。

乡邑市集和虚市，虽然是个体农民之间、农民与小手工业者之间进行物产调剂而产生的，但是，它必须建立在生产分工细微化，形成专业生产基础之上。这种物产调剂一方面形成地方经济特色，另一方面，也为城市市民的生产生活保障提供各种物质需要。因此，乡邑市集和虚市也就为城乡物资交流的会合点。

在魏晋南北朝时期，乡邑市集和虚市的存在与发展，是与整个商业的发展同步的。大约在三国时期，只有县治所在地才有这种市集和虚市，据《水经注》所载，在三国时期，"平都县，为巴郡之隶邑矣……县有市肆，四日一会"。可是，在东晋南朝时，原先无市集的县以下和接近农村的地方，市集增多了。史称刘宋元嘉初年，"民有所系，吏无苟得，家给人足……凡百户之乡，有市之邑，歌谣舞蹈，触处成群，盖宋世之极盛也。"

以广大农村为基础，通过乡邑市集和虚市串联起来的城市商业网络在东晋南朝的存在，文献中虽无直接记载，但是，不少史实却千真万确地反映了这种情况的存在。如号为"一都之会"的京口，主要是依赖其"南接江湖，西连都邑"[①] 而崛起的。

魏晋南北朝时期，江南城乡网络的形成，主要是通过前云水上交通线来实现的。当然，在每条辅线之间，存在着众多的辅线，每条辅线与主要联结点，便是一个个城市。这些城市通过主线和辅线与其他城市发生经济往来。

---

① 魏徵．隋书·卷29：地理志 [M]．北京：中华书局，1973．

第二节 政商关系分析

一、复杂矛盾的商业政策

这一时期的商业政策因为统治者的变化和对商业的态度而呈现出很大的不同。长期分裂动乱的战争环境使正统儒学失去唯我独尊的地位，传统的重视农业、抑制商业的政策和思想虽然存在，但是由于不少统治者本身也在经营商业，这些政策在社会上的作用就打了很大折扣。而当官僚阶层的一些经商者过于追逐商业利润而危害到统治者切身利益的时候，统治者也会对此进行一些调整，对个别危害严重者进行处理。总体而言，这一时期的商业政策虽然不利于商业经营者，但相比前代则要宽松得多。

1. 抑商政策

抑商政策一直是中国古代社会的主流政策，即便在以南北分裂为主的魏晋南北朝时期，这一政策在名义上也没有放松。如《晋书》卷四十七记载，西晋傅玄虽然承认"士农工商以经国制事，各一其业而殊其务"，但仍上书要求"若干人为商贾，足以遁货而已。尊儒尚学，贵农贱商，此皆事业之要务也。"《晋书》卷三记西晋泰始五年，武帝还据此"申诫郡国计吏守相令长，务尽地利，禁游食商贩。"《宋书·礼志五》："唯贾人不得乘马车，其余皆乘之矣。"少数民族政权有时也实行抑商政策，如《晋书》卷一百一十三："时商人赵掇、丁妃、邹瓮等皆起家累千金，车服之盛，拟则王侯，（苻）坚之诸公竞引之为国二卿。黄门侍郎程宪言于坚曰：'赵掇等皆商贩丑竖，市郭小人，车马衣服僭同王者，官齐君子，为藩国列卿，伤风败俗，有尘圣化，宜肃明典法，使清浊显分。'坚于是推检引掇等为国卿者，降其爵。乃下制曰：'非命士已上，不得乘车马于都城百里之内。金银锦绣，工商、皂隶、妇女不得服之，犯者弃市'。"

为了抑商，有人提出取消奢侈品交易，增加其商税。如刘宋袁豹上书曰："器以应用，商以通财，剿靡丽之巧，弃难得之货，则雕伪者贱，谷稼重矣。耕耨勤悴，力殷收寡，工商逸豫，用浅利深，增贾贩之税，薄畴亩之赋，则末技抑而田畯喜矣。"[1] 根据国家是奢侈品的主要消费者和商贾日益增加的现状，北魏邢峦奏曰："臣闻昔者明王之以德治天下，莫不重粟帛，轻金宝。然粟帛安国育民之方，金玉是虚华损德之物。""逮景明之初，承升平之业，四疆清晏，远迩来同，于是蕃贡继路，商贾交人，诸所献贸，倍多于常。虽加以节约，犹岁损万计，珍货常有余，国用恒不足。若不裁其分限，便恐无以支岁。自今非为要须者，请皆不受。"魏世宗采纳了他的意见。北魏的这种抑商政策得到了统治者的坚持，《北史》卷二记北魏太子拓跋晃在监国时，"禁饮酒杂戏弃本沽贩者，于是垦田大增。"但是这种自上而下的政策，其实际作用是很有限的，比之两汉大为减弱。如北魏"神龟年中，以工商上僭，议不听金银锦绣，立此制，竟不施行。[2]"

2. 安商政策

在战争时代，商业成为沟通分裂各方的重要桥梁，成为促进当时经济发展的重要推动力。因此，分裂各方的统治者在对商业进行抑制的同时，为了争夺有限的战略资源还实行安商政策。所谓安商政策就是为商业经营者提供一定的保障条件，使其安心经营商业。据《晋书·苻坚载记》记载，苻坚为便于商人经营，"自长安至于诸州，皆夹路树槐柳，二十里一亭，四十里一驿，

---

[1] 《宋书》卷五十二，《袁豹传》。
[2] 《魏书》卷六十五，《邢峦传》。

旅行者取给于途，工商贸贩于道。"

有些政权对商人给予免收税赋的优待。如《晋书·甘卓传》："镇襄阳。卓外柔内刚，为政简惠，善于绥抚，估税悉除，市无二价。"又如《南史》卷三十五记载南齐"西陵戍主杜元懿以吴郡岁俭，会稽年登，商旅往来倍岁。西陵牛埭税，官格日三千五百，求加至一倍，计年长百万。"南齐大臣顾宪之对此加以反对："寻始立牛埭，非苟通僦以纳税也，当以风涛迅险，人力不捷，济急以利物耳。既公私是乐，故输直无怨。京师航渡，是其例也"，增税计划没有实现。有些则直接下诏减免商税，如《南齐书》卷六记南齐明帝："顷守职之吏，多违旧典，存私害公，实兴民蠹。今商旅税石头后渚及夫卤借倩，一皆停息。"为了给商人一个稳定地经商环境，有些政权还对商人实行保护政策。如《南史》卷五十一记梁宗室萧劢为广州刺史，时"广州边海，旧饶，外国舶至，多为刺史所侵，每年舶至不过三数，及劢至，纤毫不犯，岁十余至。俚人不宾，多为海暴，劢征讨所获生口宝物，军赏之外，悉送还台。"为外商扫除了旅途障碍。《梁书》卷十三记载范云为始兴内史，他在任"抚以恩德，罢亭候，商贾露宿，郡中称为神明。"据《北史》卷七十记载，西魏韩褒任西凉州刺史时更是采取均贫富的办法扶持商人："每西域商货至，又先尽贫者市之。于是，贫富渐均，户口殷实。"

3. 扰商行为

在中国古代的农工商三业中，商业的利润是很大的，一般的商业利润均在十分之一左右，而一些特殊的商业或者居奇之货的利润就更大了。如此丰厚的商业利润必然引起一些统治者的觊觎，使统治者对商人大肆攫取，这就是扰商。扰商与抑商不同，抑商有一定的政策和幅度，而扰商则完全不顾商人的死活。《南史》卷十三记宋明帝时大臣萧颖达要求对生鱼收税，"一年收直五十万"，受到刘义恭的弹劾。又如《南史》卷七十七记载，陈后主时的官僚沈客卿更为凶狠，"至德初，以为中书舍人，兼步兵校尉，掌金帛局。以旧制军人士人，二品清官，并无关市之税。后主盛修宫室，穷极耳目，府库空虚，有所兴造，恒苦不给。客卿每立异端，唯以刻削百姓为事，奏请不问士庶，并责关市之估，而又增重其旧。于是以阳惠朗为大市令，暨慧景为尚书金、仓都令史。二人家本小吏，考校簿领，毫厘不差，纠谪严急，百姓嗟怨。而客卿居舍人，总以督之，每岁所入，过于常格数十倍。"

除了收税，有时官府还千方百计地克剥商人。如《南史·恩律传》：梁陆验、徐膦"两人递为少府丞、太市令……验、膦并以苛刻为务，百贾畏之"。《南史》卷五十三记梁中大通四年，扬州刺史萧纶"欲盛器服，遣人就市赊买锦采丝布数百匹，拟与左右职局防阎为绛衫、内人帐幔。"由于赊买侵扰商人利益，"百姓并关闭邸店不出"。他们这种克剥甚至引起商人的暴乱，据《宋书·刘道济传》记载："远方商人多至蜀土资货，或有直数百万者，（费）谦等限布丝绵各不得过五十斤，马无善恶，限蜀钱二万。府又立冶，一断民私鼓铸，而贵卖铁器，商旅吁嗟，百姓咸欲为乱。氐奴既怀恚忿，因聚党为盗贼。"

4. 对官僚经商的处理

对官僚疯狂追逐商业利润的现象，有时皇帝和一些正直大臣也看不下去，他们从维持自己的统治基础出发而给予批评并纠正。如《北史》卷二记北魏文成帝拓跋浚曾在和平二年下诏："刺史牧人，为万里之表。自顷每因发调，逼人借贷，大商富贾，要射时利，上下能同，分以润屋。为政之弊，莫过于此。其一切禁绝。犯者，十四以上皆死。布告天下，咸令知禁。"《魏书·帝纪第九》又记，正光三年，北魏肃宗拓跋诩"以牧守妄立碑颂，辄兴寺塔第宅，丰侈店肆商贩，诏中尉端衡，肃厉威风，以见事纠劾；七品、六品，禄足代耕，亦不听锢贴店肆，争利城市。"《宋书·刘粹传》记宋益州刺史刘道济在郡经商刻剥民众，宋太祖警告他："闻卿在任，未尽清省，又颇为殖货，若万一有此，必宜改之。比传人情不甚缉谐，当以法御下，深思自警，以副本望。"道济虽奉此旨，但仍不悔改，受到惩罚。

一些正直官僚也用各种方法抑制官商。如《南史》卷二十七记宋孔觊弟孔道存、从弟孔徽，"颇营产业，二弟请假东还，觊出渚迎之，辎重十余船，皆是绵绢纸席之属。觊见之伪喜，谓曰：'我比乏，得此甚要。'因命置岸侧，既而正色曰：'汝辈忝预士流，何至还东作贾客邪？'命烧尽乃去。"而《南史》卷三十八记宋柳元景："有数十亩菜园，守园人卖菜得钱三万，送还宅。元景怒曰：'我立此园种菜，以供家中啖耳，乃复卖以取钱，夺百姓之利耶？'以钱乞守园人。"

二、复杂多样的商人成分

由于分裂动乱的历史环境，封建礼法制度的约束力受到严重削弱，官僚阶层和平民阶层已很少顾忌传统的贱商思想，从皇帝开始，各社会阶层均大量参与商业活动，将商业作为自己聚敛财富、迅速发家的手段。这种社会风气影响所及，以至于当时很少参与社会活动的隐士阶层也有不少人投身到商业活动中。因此，这一时期的商人组成十分复杂，具有多样性，既有外商又有内商，既有官商又有民商，形成一个结构松散、各阶层参与的商人群体。

1. 民商

民商是当时人数最多的商人。构成民商的商人有世代从商者，也有临时从商者；其构成的资本有大有小，势力视其与官府的联系程度有强有弱。《三国志》卷四十八记载吴永安二年（259）春正月，孙休下诏说："自顷年以来，州郡吏民及诸营兵，多违此业（农业），皆浮船长江，贾作上下，良田渐废，见谷日少，欲求大定，岂可得哉？"吴末下层人民经商已成为一种普遍现象。通过经商，一些普通民众成为富比王侯的巨贾，洛阳"有准财、金肆二里，富人在焉，凡此十里，多诸工商货殖之民，千金比屋，层楼对出，重门启扇，阁道交通，迭相临望。金银锦绣，奴婢缇衣，五味八珍，仆隶毕。"有些人经商是为了兴趣和爱好。如《南史》卷七十四记载宋刘凝之"夫妻共乘蒲笨车，出市买易，周用之外，辄以施人。"《北史》卷四十四记载北魏崔敬友因"景明以降，频岁不登，饥寒请丐者，皆取足而去。又置逆旅于肃然山南大路之北，设食以供行者。"上述诸人都是当时的隐士，他们也投入经商的行列，其经商目的或者尽孝或者济友，也可称之为商隐。江淮是当时的南北征战区，边贸兴旺，因此民商也多集中在江淮一带。如东晋温峤"位未高时，屡与扬州、淮中估客樗蒱，兴辄不竞。尝一过，大输物，戏屈，无因得反。与庾亮善，于舫中大唤亮曰：'卿可赎我！'庾即送直，然后得还。经此数四。"又如东晋"戴渊少时，游侠不治行检，尝在江、淮间攻掠商旅。"江淮估客已成为当时比较大的商人群体。

2. 外商

这一时期随着陆路和海上交通的发展，前来中国贸易的外商日渐增多，形成了一个很大的商人帮派。外商有时也称商胡，多集中居住。如洛阳城南"西夷来附者……赐宅慕义里。自葱岭以西，至于大秦，百国千城，莫不欢附，商胡贩客，日布塞下，所谓尽天地之区已。乐中国土风，因而宅者，不可胜数。是以附化之民，万有余家。门巷修整，阊阖填列，青槐荫陌，绿树垂庭，天下难得之货，咸悉在焉。别立市于洛水南，号曰四通市，民间谓永桥市。"这些外商在中国长期贸易后，出现世代居住中国进行商业活动的情况，有的甚至参与政治活动中。如《北史·安同传》："安同，辽东胡人也。其先祖曰世高，汉时以安息王侍子入洛。历魏至晋，避乱辽东，遂家焉。父屈，仕慕容暐。时为苻坚所灭，屈友人公孙眷妹没入苻氏宫，出赐刘库仁为妻，库仁贵宠之。同随眷商贩，见道武有济世才，遂留侍奉。""及在冀州，年老，颇殖财货"。《北史·恩倖传》记北齐权臣"和士开字彦通，清都临漳人也。其先西域胡商，本姓素和氏。"又《北史·儒林下》："何妥字栖凤，西城人也。父细脚胡，通商人蜀，遂家郫县。事梁武陵王纪，主知金帛，因致巨富，号为西州大贾。"《北史·齐宗室诸王传上》记北齐高思好举兵反北齐后主，其中的一个原因就是"商胡丑类，擅权帷幄，剥削生灵，劫掠朝市，圄于听受，专行忍害。"

3. 皇商

皇商包括皇帝本人经营商业，皇室亲族经营商业。他们虽然不是专业商人，但是凭着皇家的势力，能将商业规模做得很大。皇帝和太子经商是当时商业经营中的一大奇观。如《晋书·愍怀太子传》记载西晋太子司马遹"于宫中为市，使人屠酤，手揣斤两，轻重不差。其母本屠家女也，故太子好之。又令西园卖葵菜、篮子、鸡、面之属，而收其利。"《南齐书·魏虏传》记北魏皇帝同样重视商业，北魏皇宫"婢使千余人，织绫锦贩卖，酤酒，养猪羊，牧牛马，种菜逐利。"北魏皇室的商业实力很强，据《北史·斛斯椿传》，当时北魏孝武皇帝一次就赏给斛斯春"店数区，耕牛三十头，椿以国难未平，不可与百姓争利，辞店受牛。"皇帝本身也很贪财，据《南史·垣闳传》记载，明帝时垣闳出任益州刺史，"蜀还之货，亦数千金，先送献物，倾西资之半，明帝犹嫌其少。及闳至都，诣廷尉自簿，先诏狱官留闳，于是悉送资财，然后被遣。"这种对于商业利益的追逐是皇帝和太子经商的直接动力。

在皇帝和太子的带领下，当时的皇族普遍经商逐利。如《晋书·刘颂传》记载西晋"（河内）郡界多公主水碓，遏塞流水，转为浸害。"《晋书·简文三子传》记载东晋皇族司马道子"使宫人为酒肆，沽卖于水侧，与亲昵乘船就之饮为笑乐。"《南史·沈怀文传》记载宋大明朝刘子尚"等皇子皆置邸舍，逐什一之利，为患遍天下。"沈怀文为此上疏曰："列肆贩卖，古人所非。卜式明不雨之由，弘羊受致旱之责。若以用度不充，故宜量加减省。"但是没有被皇帝采纳。会稽地区是刘宋皇室经商的重点地区，《南史·蔡兴宗传》："王公妃主多立邸舍，子息滋长，督责无穷"。《南齐书》卷四记载南齐郁林王也喜欢经商，史称"丹屏之北，为酤鬻之所；青蒲之上，开桑中之肆。"

4. 官商

这一时期的官商应是商业资本最为庞大，经商手段最为贪婪，情况最为复杂的一个商人群体。对于商业利润的极度追逐是形成官商群体的一个重要动力。如《晋书·王戎传》记西晋王戎"性好兴利，广收八方园田水碓，周遍天下。积实聚钱，不知纪极，每自执牙筹，昼夜算计，恒若不足。而又俭啬，不自奉养，天下人谓之膏肓之疾。"《晋书·刁逵传》记东晋刁逵："为广州刺史，领平越中郎将、假节；（兄弟）畅为始兴相；弘为冀州刺史。兄弟子侄并不拘名行，以货殖为务，有田万顷，奴婢数千人，余资称是。"《晋书·刘胤传》记东晋刘胤"为平南将军、都督江州诸军事、领江州刺史、假节。胤位任转高，矜豪日甚，纵酒耽乐，不恤政事，大殖财货，商贩百万。"《南史·邓琬传》说其"贪吝过甚，财货酒色，皆身自量校。至是父子并卖官鬻爵，使婢仆出市道贩卖，酣歌博弈，日夜不休。"北方官僚也同样如此，《北史》卷九十二记北魏刘腾"公私属请，唯在财货，舟车之利，水陆无遗，山泽之饶，所在固护，剥削六镇，交通底市，岁入利息以巨万计。"除上层官僚致力于商业外，中下层官僚也追求商业利润。《魏书·袁翻传》记北魏边官"或用其左右姻亲，或受人财货请属，皆无防寇御贼之心，唯有通商聚敛之意。"

第三节　正反案例阐述

一、魏晋士人对商业的矛盾态度

简单来说，魏晋南北朝时期的士族阶层，对商业乃至从商之人，都是带有几分鄙夷的；但为了享受更加奢华的生活，他们又不得不亲自出面来营商。

在宋代之前，商人的地位普遍不高，朝廷重视农业，也对商业多有贬损。因此，魏晋士族对于行商之人的鄙夷，源自于更早的"贱商意识"。

为了贬低商人的地位，他们还经常在服饰方面上大做文章。

在当时，商人进城做生意，需要穿上特殊的服装，然后把自己所售卖的商品名称和自己的姓名写在一块白布上，然后将其贴在额头之上。而且，他们在脚上必须穿一只白鞋一只黑鞋，以表示和他人之区别。

不过，如果商人能富裕到一定程度，从而创造出令人眼红的利润，那么部分士族也会改变原先的态度。这种矛盾的态度，早在汉末三国时期，便有所体现。

先来看失败案例。按《三国志·公孙瓒传》注引《英雄记》记载："（瓒）所宠遇骄恣者，类多庸儿，若故卜数师刘纬台、贩缯李移子、贾人乐何当等三人，与之定兄弟之誓，自号为伯，谓三人者为仲叔季，富皆巨亿，或取其女以配己子，常称古者曲周、灌婴之属以譬也。"

汉末枭雄公孙瓒，曾名震幽州。幼年时期的经历，让他对公族子弟无比反感。为了取得一定的经济支持，公孙瓒便与几位商人结拜为了兄弟。

可此举，为他日后的覆灭埋下了深重隐患。在当时，商人备受士族们的排斥，公孙瓒与他亲近，被幽州士族视为"自甘堕落"。

因此，在袁绍与公孙瓒大战时，这些士族便暗中勾结了河北士族，颠覆了公孙瓒的统治，可谓是"成也萧何，败也萧何"。

至于成功案例，当属徐州首富麋竺，他是继吕不韦之后第二个"投资成功"的商人。麋竺有多有钱？

陈寿在《三国志·麋竺传》这般形容："祖世货殖，僮客万人，资产钜亿。"光是豢养的宾客，就多达万余人，可见麋竺之富有。

这等财富，徐州牧陶谦也难以忽视。后者在任时，麋竺被辟为徐州别驾，成了一州之地的二号人物。

不久之后，麋竺结识到了刘备，在感受到后者的"枭雄之姿"后，他当机立断把自己的妹妹嫁了出去，还送给刘备"奴客二千，金银货币以助军资"。

刘备创业成功后，始终没有忘记麋竺对他的帮助。尽管后者没有立下什么功劳，但还是被封为安汉将军，做了个富贵闲人。

这两个例子对比来看，便不难得出一部分魏晋士人对待商业"趋之若鹜"的根本原因。财帛动人心，经济是支撑他们文化、军事力量的柱石。

当时的世家大族，为了保证自己的权益，豢养了一大批私兵、部曲和家将。如此一来，他们的开销自然不会小。

此外，为了家族的名声考虑，这些世家大族往往会鼓励子弟们从事各种艺术方面的研究和钻研。而他们无论是练字画画，还是弹琴练武，都需要源源不断的钱财来支持。

更何况，世家大族本就崇尚奢华、追求物质上的享受；在有些时候，他们还互相攀比，西晋年间出现的王恺与石崇"斗富"事件，便闹得沸沸扬扬。

在这等庞大的开销之下，向来自诩"清贵"的士族，也不得不忍受着社会和舆论的鄙夷，踏上了从商之路。一些士族，甚至官商同营，利用自己官员的身份，谋求商业上的利益。

二、衍生出的独特商业风俗

魏晋士族，代表了社会上的话语权，也是风俗的导向标。一旦他们中的人员参与到了商业之中，那么当时的商业风俗，也难免会受此影响。

1. 商人的分层

官员营商之风的盛行，让一部分士族对待商人，也不再像之前那般一概而论了。在此情形之下，人们参与商业的态度也大大增加。

在众多商人中，有失去土地被迫从商的小农阶层，也有原本就是从商出身，在得到相应"政策"的倾斜后，变得一发不可收，慢慢转变为了巨商。

前者就是一般的小商贩，活动范围有限。他们中的多数，都是小半经营，属于民间百态之一，算是再普通不过的民间小商人。

而他们售卖的物品，也几乎是与百姓日常生活有关的日用品或农副产品。可见，其规模并不是很大，勉强够养家度日。

至于后者，则一般从事远途贩运，以此赚取高额的差价。当然，为了获取足够的利润，他们所想选取的商品，也几乎都是价值颇高的物品，其中多以奢侈品为主。

例如北方的纯种名马，便相当于现在的"跑车"，深受士族子弟的喜爱；还有南方盛产的羽、革、皮，其颜色华美、亮丽，备受土豪之喜爱；还有西蜀独有的蜀锦，以及塞外的玟瑰、玛瑙、琉璃、水晶等，都是畅销之物。

凭借这些货物，一些巨富轻而易举便和士族搭上了关系。前者需要后者提供的政治资源，以此抬高身价和自己的社会地位；后者也需要前者提供的各种珍奇，用来打点各层关系，方便自己打开生意之门。

2. 专门交易的"市"

魏晋时期的商业，得到了一定的发展。其背后的庞大利益，也让统治阶级看到了另一种搜刮财富的可能。

再加上"市"的出现有利于统治阶级管辖城内的人口,对他们做到行而有效的控制。于是,在经济和政治的双重目的下,一些独有的"市",便应运而生了。

按照山谦之(刘宋)《丹阳记》、《吴兴记》中的描述,南方的都城建康城中出现了四个市场,分别是"大市""东市""北市"和"斗场市"。其中的"大市"和"东市",是孙权在位时创立的。当时,江浙一带的手工业非常发达,孙权又提倡大航海运动,多次派遣船只远渡越南、朝鲜、日本等地。这在一定程度上,加速了东吴商业的发展,也进一步促进了商品交易的规模。于是,用来交易的"市"便出现了。

在此基础上,后来的统治阶级又设立了"北市",以此缓解"东市"和"大市"的压力;至于"斗场市",则是一些商人自发交易、经营后形成的坊市。

这些市场,虽然每天都开放,但都有一定的时限。在"市"的中间,往往会建有一座"鼓楼",方便管理人员办公,同时也会在楼上放一面鼓。

到晚上的时候,由专门的工作人员击鼓,买卖双方听到鼓声,便知道"市"已经关闭,便赶在"市"门关闭之前,各自收拾东西回家,这便是"击鼓罢市"。

当然,这些管理人员还有其他职能,比如征收商税。东晋南朝时,市场中的卖家和买家,在达成交易之后,都要上交一些税;而在北朝,凡是进入"市"的人,都要交税,每人收税一钱。

上面提到的这种"市",其实不仅出现在城市中,也会在一些村镇出现。一些经济比较发达的、交通比较便利的村镇,朝廷会在那里设立"草市"。

然后,根据当地的经济状况,来决定"草市"集会的开放时间。有时会四天开一次,有时会五六天一次,若经济效益不好,还会改成十日一次。这与后世的"赶集"颇为相似。

3. 兴盛的商市与商业都会

在士族的引领下,从商成为一种"潮流"。尽管当时的战乱并未停止,但在一些地区，仍旧能见到数量、规模都颇为可观的商市。

按《洛阳伽蓝记》记载："出西阳门外四里，御道南有洛阳大市，周回八里。"

北魏迁都之后，洛阳再度兴盛起来。在这庞大规模商市的周边，也有"多诸工商货殖之民。千金比屋，层楼对出，重门启扇，阁道交通，迭相临望"，一派繁华之景。

不仅如此，当时的商市已经趋向成熟，还出现了具体分类："市东有通商、达货二里，里内之人尽皆工巧屠贩为生，资财巨万；市南有调音、乐律二里，里内之人，丝竹讴歌，天下妙伎出焉；市西有延酤、治觞二里，里内之人多酿酒为业；市北有慈孝、奉终二里，里内之人以卖棺椁为业。"

为了征收到更多的税收，当时的统治阶层又开始在一些重要城市、港口进行商市的推广，结果大获成功，进而造就一大批颇有特色的商业都市。

北方的代表都市都洛阳，南方的代表都市则是建康。此外，京口、丹阳、山阴、襄阳、寿春、江陵、成都也各有表现。

在乱世之前，这些城市本就是经济发达之地；在商市规模逐渐扩大之后，饱受战乱的它们又重新焕发出了生机。

值得一提的城市，还有番禺（今广州），这里当时中原与南海诸国的贸易中心。行商手中的犀角、玳瑁、琉璃等奢侈品，便从这里源源不断涌入了中原。

三、西域胡商

"胡"是魏晋南北朝时期人们对西域人的称呼。自然，从西域穿越荒漠至中原的商人，便被称为"商胡"或"胡商"。事实上，贯通古代东西方文化交流的丝绸之路，胡商在里面起着举足轻重的作用。

胡商和丝绸之路，一个美丽又多姿的名字。然而这条拥有动听名字的道路上，却充满艰险与黑暗。风沙起，漫长的恶劣环境，层出不穷的盗贼，都使穿越丝绸之路的前行吉凶难卜。然而，所有漫长而未知的艰险，都不能阻挡胡商前往中原淘金的渴望。"凉州为河西都会，襟带西蕃、葱右诸国，商旅往来，无有停绝。"荒漠那头，那片拥有丝绸与瓷器的中原土地，迎来了穿梭往返、络绎不绝的胡商。其实东汉以来，中原大地上已出现胡商的身影。他们穿过河西走廊，辗转几次倒手，交替贩卖着从西域到中原、从中原到西域的商品。

胡商贩运至中原的商品，大多是高级奢侈品。玻璃器、宝石、各种装饰品，这些商品价格高利润丰，体积小便于携带。而中原的丝绸、香料、漆器、铁器、金银器等，是胡商带回西域的重要商品。一路行来，总是惹人馋涎欲滴。奴婢、骆驼、马匹交易，胡商也有涉足。看来，似乎只要能赚钱并相对方便运输，胡商都会纳入自己的经营中。

胡商最要紧的事情自然是赚钱。通常，他们以"朝贡贸易"和"互市贸易"两种方式经营商业活动。朝贡贸易颇受胡商欢迎，在这种贸易中，他们会获得丰厚的利润与底气。他们以各国使节的身份，出现在中原朝廷面前，进行着"进贡"和"赏赐"的中西方商品交换之举。这种交换并不等价，中原王朝赏赐的丝绸彩帛、金银精器等礼品，对胡人来说更具有价值，中原王朝处于"吃亏"的一方。正因为如此，朝贡贸易极具诱惑力，吸引西域各国朝贡者不绝于途地前来"进贡"。

事实上，很多朝贡者就是商人，甚至还有商人冒充朝贡者。他们看准中原王朝对奢侈品的追求，在朝廷转悠一圈即收获多多，同时，还能让自己"镀金"成为官方商人。当时有北魏世祖批评西域："有求则卑辞而来，无欲则骄慢王命"。但也有《魏书·西域传》记载认为："通西域，可以振威德于荒外，又可致奇货于天府。"因此故，"北魏和西域诸国的报使往来规模空前，且尽管形式变化，未尝中断。"中原持续了与西域诸国的联系，"自后相继而来，不间于岁。"

与此同时，还有不少没有"门道"的非官方商人。他们通过长途贩运、贸易中介者等形式，在民间进行着"互市贸易"。粟特商人等胡商很善于经营。在往返的商途中，他们在沿途要路和目的地建立起聚落。建成后的聚落，便是胡商组织贸易活动的据点。他们在聚落里掌握市场动态，树立商业口碑，推销转运商品。这些聚落能在一定程度上自治，并拥有各自的聚落首领。初到中原，有的粟特商人会以"朝贡之名"参与内地贸易。为掩藏自己获得政治地位的意图，他们起先"多买卖农产品"，逐渐站稳脚跟后，他们开始积极寻求着庇护，不管是政治势力庇护，还是依附于官府。终于，他们在中原获得一定的政治地位。

到了后来，长居于中原的胡商甚至可以"擅权帷幄"。据《北史》记载，西域的胡贾或其后裔，他们成为北齐的达官显宦。这一刻的胡商，终于达成自己拥有财富、改变地位的"淘金之梦"。那么多的经商日子里，胡商想达成一次交易也挺不容易，常常要与客户反复讨价还价。不过凭借自身的吃苦耐劳、钻营灵活，也凭借中原王朝的政策支持，胡商在中原的经商生涯可谓风生水起。

"重农抑商，胡汉有别。"这是中原王朝历来施行的政策。不想，这为粟特商人等胡商垄断丝路贸易奠定了基础。中原王朝还明文规定："胡人一经来华就不得归蕃。"由此，不少粟特商人都不愿纳入中原王朝的"户口"，他们"不愿籍为编户之民"，只以"附籍或客籍"的身份生活于中原，以享受丝路贸易的福利。

追逐利益的胡商，自然也有人做欺诈顾客的事。他们利用生产者与顾客地域遥远、信息不明的情况，压低进价、抬高卖价，从中赚取大把利润，很快便发家致富。商业味颇浓的胡商，在忙碌的中西商业活动中，还将大量波斯萨珊银币和拜占庭金币带入中原。"西域流通的银币"，因粟特商人而成为流通丝绸之路的"国际货币"。到北周时，西域金银币甚至公开流通于河西各郡。不过，魏晋南北朝时期商业活动的重要支付手段，不是货币而是实物支付。相较之，异国金银币等货币的通行时间，还是太短了。

第四节　若干评论启示

魏晋南北朝至隋唐时期，中亚、西亚的胡商始终保持着与中原王朝的商业联系。他们主要活动在丝绸之路沿线上，并且在一些交通重镇形成了一定规模的聚落。凭借他们与生俱来的经商天赋，组成商队，往来贩易，其经商活动呈现出一定的特点。在经商的同时，还起着文化传播的中介作用，对东西方文化交流做出了巨大的贡献。

北魏至隋唐时期的墓葬中，经常出土有载物骆驼俑、骑驼俑、牵驼俑以及驼、马、驴、骡等的组合，对有关墓葬中出土的胡商俑进行分类，对其随葬在墓葬中的性质进行了讨论，从其埋葬的性质以及带有的异域风格特点来看，认为这些陶俑与胡商的经商场面有密切的联系，这一分类是在前人研究的基础上将这一问题有所推进。石窟中出现的经商场面表明，虽然艺术家要遵守佛教经典，但也不可避免地受到现实生活中一些场面的影响。龟兹、敦煌等地是当时丝绸之路上的两个重要的贸易中心，有很多的粟特人在这里居住，商队经商的场面屡见不鲜，说明胡商的形象对画师产生了一定的影响。

对胡商的行走路线进行分析论证后，认为他们行走的路线与丝绸之路的路线是相一致的。粟格底亚那地区自古以来商业就很发达，这与粟特人天生的经商才能有关，他们为了追逐商利，往往组成商队进行贩易，所到范围很广。在魏晋南北朝时期，粟特人大量进入中国新疆和内地，频繁往来于中亚、西亚与中国之间，以善于经商和富于冒险精神而著称，他们长期操纵着丝绸之路上的国际转贩贸易，足迹遍及欧亚内陆。

胡商与中原王朝的贸易活动分为朝贡和互市两种形式，自从丝绸之路开通后，就沿着这条商路经过西域来到内地。魏晋以后，伴随着这些粟特人的商业活动，也开始了他们的移民过程。他们在丝绸之路上停留、居住，从而形成了一些聚落，大多数粟特人信奉传统的祆教，聚落中必定会立有祆祠。北朝中期以后，政府为了控制这些胡人聚落，设萨宝府管理，专门由胡人首领担任。粟特人往往依附一些割据政权，聚落也带有一定的自治性质。隋唐时期，特别是到了唐代，聚落中的粟特人已经完全成为唐帝国的"百姓"，粟特人聚落也被编入州县乡里的体制中。

古代丝绸之路商队的民族构成是很复杂的，因为路途遥远险恶，商人们必须组成商队。在途中雇佣向导和护卫是必不可少的，还要拜会当地游牧部落的首领，目的是要得到游牧民族首领的保护。粟特人的经商活动，是一种有组织的活动，他们往往组成商队，并推举出一位商队首领，即萨宝，结伴而行，到中途贩易。佛教经典中出现"萨薄"一词，与中亚以及中原地区的萨宝存在一定的联系。佛经中的萨薄是出海经商的商队组织者或首领，萨薄这一称呼后来附会到佛陀身上。由粟特人的入华，以及考古发现的有关商队行进的画面上，可以看出商队的规模是很大的，从商队的人物形象来看，粟特、波斯、天哒、突厥等民族都是古代商业活动的参与者。古代在丝绸之路上运营的商人们使用的交通运输工具主要还是骆驼。另外，马、驴、骡等牲畜也曾作为交通运输工具而被使用。

中国古代实行古代"重农抑商"的政策，但对外国商人则采取宽容的态度。虽然在对待入华商人有某些优惠的政策，但胡商也必须通过一些程序，即要通过取得"过所"和"公验"这样的通行证，来进行他们的商业活动，这一点，吐鲁番文书为我们提供了大量的证据。胡商所经营的商品，当以奢侈品为主，具有体积小，便于携带而价格昂贵、利润率高的特点。除了贩卖丝绸之外，还参与了女奴、骆驼和马匹等交易活动。

丝绸之路中国境内发现的萨珊银币和拜占庭金币与胡商的活动有很大关系。另外，中原地区发现一些带有异域风格的器物，也是粟特、口厌哒、突厥等民族参与商业活动的结果。

在古代社会，商业活动是联系东西方各民族之间关系的桥梁，是东西方文化交流的主要动力，它所承担的媒介作用波及政治、经济、文化等各个领域。东西方之间物质与精神文化的交流，很大程度上都是通过商业活动这一媒介而进行的。入华商人的经商活动，对中原的政治、经济、文化和社会生活都产生了一定的影响。

他们在往来经商的同时，在丝路沿线建立了许多移居地，从文献记载和丝绸之路上的一些遗留文化遗迹来看，他们不仅在发展东西方转换贸易上起着关键作用，而且在进行东西贸易的同时，还传播文化，在促进多国之间的政治往来等方面也扮演着重要角色。就传播文化而言，佛教、祆教、摩尼教、景教在很大程度上是通过商人而东渐的。入华商人在中原地区大多信仰他们原来的宗教，虽然至今还没有发现祆教经典，但是从近几年发现的粟特人墓葬中却有明显的祆教内容。至于摩尼教、景教，都有经典发现，说明入华商人中有一部分人是这两种宗教的信仰者。另外，音乐、舞蹈，还有婚丧习俗等也都随着这些胡商的足迹传播到中原地区，对东西各国之间的政治、经济和文化交流起到重要的作用。

第四章

封建社会繁荣阶段：隋、唐

第一节 历史背景介绍

581 年，北周丞相杨坚夺取北周政权，自立为帝，改国号为隋，并于 589 年平灭南陈，至此结束了中国 360 余年的动乱、分裂的局面，中华民族又一次恢复了国家的集中、统一。从隋朝建国开始，历经隋（581—618 年）、唐（618—907 年）、五代十国（907—960 年），到北宋再次统一中国，共 380 年。这 380 年是中华民族的封建政治、经济得以巩固和发展的时期，同时也是中国封建社会的财政制度逐渐发展的时期。

一、隋唐五代时期的政治经济概况

1. 隋朝的政治经济概况

杨坚在建立隋朝以后不久，便于 589 年平灭南陈，完成了国家统一的大业，与此同时先后在政治上和经济上进行了一系列的改革。

在政治方面，隋朝改革了官制，确立了三省六部制 ①，三省相互制约，六部分掌政务；精简机构，并省郡县，裁减冗员，改变了隋初"十羊九牧"的现象，节省了行政开支；实行府兵制，寓兵于农，节省军费开支。废除九品中正制，建立科举制度，以学识和才干选拔人才。这些改革有力地强化了中央集权制，巩固了自战国、秦、汉以来的封建统治。

在经济方面，由于三国时期和东晋时期两次人口大流徙南方经济得以开

---

① 隋朝的三省包括尚书省、门下省、内史省，尚书省所隶的六部包括吏部、殿中、祠部、五兵、都官、度支等唐朝有些变化，三省之中将内史省改为中书省，六部分别是吏部、礼部、兵部、工部、户部、刑部。

发，所以，隋朝建立之时，中国已经形成两大经济重心，即黄河、淮河流域的经济重心和长江、珠江流域的经济重心，隋朝建立后又特别注意经济的开发，因而促进了农业经济的迅速恢复和发展，并带来了工商业的发展和进步。

隋初的国民经济虽曾一度出现蓬勃发展的大好局面，但统治者没有很好地珍惜，在隋文帝晚年，就出现了骄奢的倾向，又酝酿发兵高丽炀帝即位，穷奢极欲，穷兵黩武，终于激起了农民大起义。

2. 唐朝与五代十国时期的政治经济概况

唐朝建立之后，在唐太宗李世民的治理下，迅速恢复了封建统治秩序和经济发展秩序，并一度出现了空前繁荣的局面，史称"贞观之治"。

在政治上，唐朝继承和发展了隋朝的封建中央集权制，加强了统治机构的建设，进一步完善了官制、兵制和科举制，使唐王朝的政治统治进一步强化。唐初统治者十分重视农业和手工业的发展，唐太宗特别强调以人为本，他说："国以人为本，人以衣食为本，凡营衣食，以不失时为本。"[1] 在以人为本思想的指导下，积极改革农具，兴修水利，促进了农业生产的发展。唐代重农，但并不抑商，商业城市也大量涌现。除国内贸易外，对外贸易也有很大发展。唐玄宗晚年，沉溺酒色，怠于政事，不纳忠言。上层统治集团中潜藏着争权夺利的政治危机，地方军备废弛，这为安史之乱埋下了祸根。这期间，户籍、计账渐趋伪滥，农村土地兼并日益严重，社会贫富分化加剧。天宝十四载755年，爆发了历时8年的安史之乱。安史之乱后，国家政权，日趋衰落，乘机崛起的地方割据势力最终肢解了大唐帝国。

五代十国时期，各个朝代，各个国家，政治动荡不安战争连绵不断，使社会生产力遭到严重破坏，这是总的情况，但是有个别朝代、个别国家，在一定时期内，政治比较安定，工商业也得到一定程度的发展。

---

[1] 《贞观政要》卷八，《务农》。

二、唐代经济和商业发展概况

1. 唐代农业和手工业发展概况

唐初统治者吸取隋亡的教训，采取了一些恢复生产的措施。颁布均田制，实行租庸调法，使农民获得了土地，安心从事生产，提高了他们的生产积极性；维修、兴建水利设施，扩大了土地灌溉面积；采取迁移、屯田等措施，鼓励垦荒；改进农业生产技术，如推广使用曲辕犁，使生产效率大大提高。经过一百多年的发展，至唐玄宗开元、天宝时期，唐朝农业生产达到了顶峰。各地粮食很多，"时海内丰炽，州县粟帛举钜万。"[①] 物价便宜，开元十三年，"米斗至十三文，青、齐谷斗至五文。自后天下无贵物，两京米斗不至二十文，面三十二文，绢一匹二百一十二文。"[②] 其繁盛景象如杜甫《忆昔》诗所说："忆昔开元全盛日，小邑犹藏万家室。稻米流脂粟米白，公私仓廪俱丰实。"

唐代的手工业也达到了较高水平。以官府手工业为例，不仅规模庞大，仅中央掌管日用手工业品制造的少府监与掌管土木工程营建和建筑材料加工生产的将作监所属工匠人数就分别达到一万九千八百五十人和一万五千人之多[③]；而且门类众多，内部技术分工很细。少府监下属织染署有织纴、组绶、细线、炼染四个部门，每个部门下又有很多专业，如炼染之作有青、绛、黄、白、皂、紫六种之分[④]。唐代出现了一批知名的具有地方特色的手工业产品。

---

① [北宋]欧阳修、宋祁撰《新唐书》卷206《外戚·杨国忠传》，中华书局，1975年版，第5847页。

② [唐]杜佑撰，王文锦、王永兴、刘俊文、徐庭云、谢方点校《通典》卷7《食货七》，中华书局，1988年版，第152页。

③ 参见[唐]李林甫等撰，陈仲夫点校《唐六典》卷7"工部郎中员外郎"条，中华书局，1992年版，第222页。

④ 参见《唐六典》卷22《少府军器监·织染署》，第576页。

天宝二年，陕郡太守、水陆转运使韦坚开成广运潭，用船装载各地特产向玄宗庆贺，有广陵郡所产锦、镜、铜器，丹阳郡的京口绫衫段，会稽郡的铜器、罗、吴绫、绛纱，豫章郡的名瓷、酒器、茶釜、茶铛、茶碗，宣城郡的纸笔等。①

2. 唐代商业发展概况

隋末农民大起义后，社会经济一片凋敝。唐前期社会经济得到恢复和发展，农业和手工业又创造了便利条件，因而唐代商业呈现出一派繁荣景象。

唐疆域广阔，水陆交通便利，贸易发达。唐朝是一个疆域辽阔的统一的封建王朝。贞观十四年平高昌设州县后，其国土"凡东西九千五百一十里，南北万六千九百一十八里。"②广阔的疆土，为商业提供了巨大的发展空间。据记载，开元十三年，"东至宋汴，西至岐州，夹路列店肆待客，酒馔丰溢。……南诣荆、襄，北至太原、范阳，西至蜀川、凉府，皆有店肆，以供商旅。远适数千里，不持寸刃。"③充分反映了当时陆上商贸之通达。至于水上商贸，范围也很广，规模也很大，时人描绘其情形是"旁通蜀汉，前指闽越，七泽十薮，三河五湖，控引河洛，兼包淮海。宏舸巨舰，千轴万艘，交贸往还，昧旦永日。"④唐代对外贸易兴盛。陆上通过丝绸之路与周边的国家或部族交易。海上贸易也很发达，中国商人往返于南海诸国、日本、新罗、大食、波斯等。当时在唐从事贸易的外国商人很多，肃宗时，平卢副大使田神功"至扬州，大掠居人资产，鞭笞发掘略尽，商胡大食、波斯等商旅死者数千人。"⑤

---

① 参见［后晋］刘昫等撰《旧唐书》卷105《韦坚传》，中华书局，1975年版，第3222页。

② 《旧唐书》卷38《地理一》，第1385页。

③ 《通典》卷七《历代盛衰户口》，第152页。

④ ［清］董诰等编《全唐文》卷219崔融《谏税关市疏》，中华书局，1983年版，第2213页。又见［北宋］王溥撰《唐会要》卷86《关市》，上海古籍出版社，2006年版，第1871页。

⑤ 《旧唐书》卷110《邓景山传》，第3313页。

三、隋朝的田制与户籍

1. 隋朝的田制

隋朝沿袭北齐仍然实行均田制，而且较北齐的均田制更有利于百姓。根据规定，一夫一妇可分得露田 120 亩，永业田 20 亩。奴婢受田同良人，按贵族官僚地位高低限制在 60 ～ 300 人之间。耕牛一头授田 60 亩，限 4 头。身老，露田要还官，永业田子孙可以继承永业田要种植桑榆及枣。不宜桑之地，给麻田 20 亩。另给园基地，三口人给亩，奴婢则五口人给 1 亩。成丁年龄有多次变动，初为 18 岁，开皇三年 584 年）改为 21 岁，炀帝即位时则改为 22 岁。炀帝后，则取消了对妇女、奴婢、耕牛的授田。官吏的授田，规定自侯王至都督皆给永业田，多者 100 顷，少者 40 亩。京官又给职分田一品给田 5 顷，至九品为 1 顷，各级以 50 亩为差。外官亦各有职分田，衙署又给公廨田，以供公用。

隋朝的均田制中，将成丁年龄后延三年，同时，宅基地三人一亩，这是不同于北齐的，是有利于百姓的。但从上述规定看，对官吏也是优惠有加。均田制本意是想抑制土地兼并，实际上难以做到。究其原因：第一，均田制不将全国的土地进行平均分配，只是对公田和无主荒田的分配，对地主原来占有的土地并没有触动，因而这种均田难以抑制兼并。比如，就在均田制施行之际，杨素却"贪冒财货，营求产业"① 在这种情况之下，兼并之风如何能止？第二，公田数量不能满足均田的需要史载："帝乃发使四出，均天下之田。其狭乡，每丁才至二十亩，老小又少焉。"② 由此观之，隋朝的均田制度虽有利于百姓，但其局限性也是十分突出的。

---

① 《隋书》卷四十八，《杨素传》。

② 《隋书》卷二十四，《食货》。

2. 隋朝的户籍

隋朝的户籍实行输籍定样制。所谓输籍，就是堂兄弟以下，必须分家另过，分别建立户籍。所谓定样，就是在人口普查（即"大索貌阅"）的基础上，核实户籍的内容（包括年龄、性别、相貌等），确定其户等和其纳税标准。开皇三年（583年），为了避免民户将成丁男子诈称老、小而规避赋役，朝廷令州、县官员组织力量亲自进行大规模的人口普查，如发现户口不实，对所在保、闾、族、里、党的正副职头目要发配到远方，以示惩罚。同时，要求堂兄弟以下要分家另过，各自立户。结果，新增成丁44.3万，人口164.15万。这项工作由高颎负责推广到全国，并成为经常性制度，于每年正月开始进行。

3. 隋朝的财政收入

隋朝的财政收入包括田赋、徭役及工商杂税等。

（1）隋朝的赋役

隋朝的田赋，在均田制的基础上实行租调制。隋朝规定：一对夫妇纳粟3石，纳调绢此后，对这些官署又进行了调整和更革。

（2）漕运

隋初十分重视漕运工作，开皇三年，为充实京师库藏曾下诏"于蒲、陕、虢、熊伊、洛、郑、怀、邵、卫、汴、许、汝等水次十三州，置募运米丁。又于卫州置黎阳仓，洛州置河阳仓，陕州置常平仓，华州置广通仓，转相灌注。漕关东及汾、晋之粟，以给京师"。这种漕运方式，即属转运法，后来唐朝所实行的转般法、雇募之制，皆源于此。为了加快漕运进度，于开皇四年，又"命宇文恺率水工凿渠，引渭水，自大兴城东至潼关三百余里，名曰广通渠。转运通利，关内赖之"。炀帝时，修建大运河，虽然其目的是自己游山玩水，但也可收漕运之利。

（3）屯田

隋朝的屯田主要是为了防御边疆少数民族的侵扰，为减轻百姓向边疆输纳粮草的徭役负担而展开的。史载，开皇三年"是时突厥犯塞，吐谷浑寇边，军旅数起，转输劳敝帝乃令朔州总管赵仲卿，于长城以北大兴屯田，以实塞下。又于河西勒百姓立堡，营田积谷"①。此后，由于财政日渐充裕，屯田之事也就逐渐被淡化了。

炀帝时，曾"谪天下罪人，配为戍卒，大开屯田，发西方诸郡运粮以给之。道里悬远，兼遇寇抄，死亡相续"②。这时所谓的屯田实际上成为惩罚罪犯的手段，不仅不能利国利民，反而成为害国害民的工具。

四、唐朝的田制与户籍

土地制度与户籍制度都是制定赋役制度的基础和必要的条件，所以唐朝十分重视这两项制度，在制定这两项制度时，十分慎重，也十分严密。

1. 唐朝的田制

唐朝前期，承隋之旧制，亦实行均田制。李渊武德七年（624年）正式公布均田令。唐朝的均田制包括对一般农民的授田和对官吏授田两大类。

对一般农民的授田规定是：（1）以五尺为一步，宽一步、长240步为一亩，100亩为一顷，作为丈量土地的基础；（2）规定丁男以及18岁以上男子，每人授田一顷，即100亩；老男和重病、残疾的人，每人授田40亩；丧夫的妻妾，每人授田30亩，如果为户主的，增加20亩；道士授田30亩，女冠和僧尼各给田2亩，官户（官贱人）授田40亩；（3）所授之田，以20亩为永业田，其余为口分田。永业田用以种植榆、桑、枣及其他适宜种植的树木，可以继承；口分田即北魏露田，身老要还官；（4）凡是百姓有身死家贫无以供葬者，

① 《隋书》卷二十四，《食货》。
② 《隋书》卷二十四，《食货》。

允许卖永业田；主动由狭乡迁往宽乡者允许卖口分田；允许卖口分田以充住宅、邸店、碾硙（wei）之用；买地者，所买数量不得超过应授的定额，而出卖者，不得再申请授田；凡买卖均须经官府批准，并颁发凭证；（5）对以工商为业的工商业者，永业口分田各减半给之，在狭乡者，不给；对那些因为国家办事而落入外藩不能还家者，如有亲属同居，其身分之地（包括口分、永业田），六年之后再追还。身还之日，随便先给；对为国家而牺牲的百姓，其子孙虽未成丁，也不收回口分田；（6）不论是永业田还是口分田，都不得租赁或质押，违者财没不追，地还本主。如果是去远处服役，或者到外地任职，而家中无人守业者，则允许租赁及质押。

从上述内容看，唐朝的均田有如下特点：一是授田的范围更全面。二是授田有一定次序，即先授予纳税者，后授予不纳税者；先授予贫者，后授予富者；先授予无田的人，后授予田少的人。三是允许土地买卖的若干规定，为土地兼并开了方便之门。四是耕牛及奴婢不再授田，说明对拥有大量耕牛和奴婢的地主，采取了限制措施。

对官吏的授田，包括永业田、职分田。唐朝对官吏授田的数量是比较优厚的。授予的永业田：亲王达百顷之多，职事官正一品60顷，从五品也达5顷之多，最低一级的云骑尉、武骑尉也授60亩。授予的职分田：京官文武职事一品12顷，至九品2顷，在距离京城百里以内分给。京兆、河南府及京县官员职分田亦准此。诸州及都护府、亲王府官员，二品12顷，至九品2顷50亩。职分田不直接分给职官及其家属，而是由所在官府租佃给百姓，百姓按定额将收获物转送给职官本人。

此外，还有公廨田，京师各机构有公廨田，公廨田的多寡按职官级别的大小授予。外地的官府机构也有公廨田，公廨田的多寡同样按职官级别的大小授予。授予官吏的园宅田同百姓相同，其实这一条就是对官吏的额外优惠。

天宝以后，由于土地兼并日益严重，加之朝政腐败和方镇割据，均田制终被破坏。自此以后，国家不再通过法令的形式对土地进行控制和管理。

2. 唐朝的户籍制度

实行均田制和推行租庸调法，都必须有明确的户籍制度做保证，因此，唐朝对户籍制度的规定十分严密。

根据《旧唐书·食货志》和《新唐书·食货志》的记载，唐朝规定，基层管理机构由里、乡、村（坊）组成。在农村居住的，以百户为里，五里为一乡，四家为一邻，五家为一保。每里置里正一人，掌管调查户口，劝植农，检察非违，催课赋役。在城镇居住的编为坊，置坊正一人。在郊区居民的编为村，别置村正一人。州县的管理机构主要负责户口的登记造册、复核，中央的管理机构由户部尚书负责户籍的汇总。

全国户口的核定，一是估量各户资产的多少，将全国的民户定为九等；二是区分户籍性质，即士农工商，四人各业。为官者不得经商与下民争利，商人及杂类之人，不得做官参与政事。三是规定年龄身份。规定男女始生为黄，四岁为小，十六为中，二十一（后改为二十二）为丁，六十为老。

编制程序，首先由县衙官吏直接到村亲自检视百姓的形貌，称为"亲貌"或"团貌"。"亲貌"即亲自验察每人的容貌，这种验察是将一村之人集中起来验看，故又称"团貌"。在此基础上，由里根据百姓据实申报的材料编成册籍，称"手实"。手实的内容包括性别、年龄、均田、赋役情况等。乡再将一家一户的"手实"汇总，编制成账册，是为"乡账"；乡账报送到县，由县主管部门汇总，报送到州，形成"户籍"；经州主管部门汇总，报送到户部，户部汇总留存，形成全国的户籍。与户籍编报相联系的，还有反映财政收支的"计账"，属于国家预算制度。

账册编制留存的时间规定是，每年要进行手实，每岁一造计账，三年一造户籍。州县的账册要保存15年，中央政府（尚书省）要保存九年。此前没有所报账册需要存档这一说，只有唐朝才有此规定。而这一规定充分说明唐朝户籍制度的进步。

第二节 政商关系分析

一、官员经商的主要形式

唐代的官员经商大致有以下两种类型：其一是官员受朝廷委派，由国家提供商业资本，由官员为朝廷从事某种商业活动，其所赢利润归国库所有。这种商业活动往往带有一定的垄断性质，并成为国家经济活动的组成部分。其二是官员以肥己为目的，使用直接或间接，明显或隐蔽等不同方式经营某些商业，并凭借手中的政治权力，极力掠夺高额的商业利润，这纯属个人的致富活动。本文所论述的官员经商指的仅是后者。

唐代的官员经商起自高宗、武后时期，后呈现日益上升趋势，至安史乱后达于极盛，并且经商的手段和途径日益增多，现略述于后。

1. 碾硙业

碾硙是我国古代用来对粮食进行加工的器械，起自先秦时期。最早是将一定质料的石块打制成盘状石磨，上下两磨盘接合处凿出诸多磨沟和磨脊，阴阳相合，上部石磨中央又凿一小洞，洞中填充粮食颗粒，转动上部或下部磨盘，粮食即可被磨成粉末状，供人食用。先秦时期的碾硙多以人力转动。后随着粮食产量的提高和人口的增加，人们对粮食加工的需求量不断扩大。至秦汉时期，碾硙逐渐改用畜力和水力转动，极大地提高了粮食加工的速度和数量，这使碾硙业成了一个获利极大的手工业部门。降及唐代，随着社会经济的不断发展，人们对水力资源的利用率不断提高，遂使用水作动力的碾硙业成了获利极高的一个手工业部门。唐都长安及关中地区由于水源丰富，人口众多，人们对粮食加工的需求量与日俱增，于是一些"富僧大贾"为了追逐利润，便在长安附近的渠堰等水利灌溉设施上竞相修建碾硙，用以牟利，以致使郑、白等水利渠道的灌溉能力受到严重影响。正如雍州长史长孙祥在唐高宗永徽六年（655）的奏书中所说："往日郑、白渠溉田四万余顷，今为富僧大贾竞造碾硙，止溉一万许顷。"据说唐高宗当即接受了这一建言，并派长孙祥等"分检渠上碾硙，皆毁之"①。长孙祥这次检查郑、白渠上碾硙，并将其全部"毁"掉，当是可信的。但此后由于皇亲国戚及贵族官僚纷纷涉足碾硙业，竞相在渠堰上开堤截水，逐渐使水利设施的灌溉能力日益减小，并且朝廷屡禁不止，也是可想而知的。

仍以郑、白渠为例，据笔者所查文献，第一个在郑、白二渠上建立碾硙的是武则天之女太平公主。她曾在中宗神龙二年（706）十一月，与"僧寺"在郑、白渠上"争碾硙"②。这份资料证明，高宗朝被长孙祥所"毁"的郑、白渠上的碾硙在唐中宗时再度恢复，并出现了贵戚公主和"富僧大贾"争立碾硙和争夺碾硙之利的状况。此后，更有朝廷权臣要官涉足其间。如玄宗时奸相李林甫在京城及其周围地区的"邸店、田园、水碾，利尽上胶"③。其中位置优越，占尽"上肤"之利的"水碾"当有不少设在郑、白二渠之上。安史乱后，贵戚、宗室及官僚权臣在郑、白二渠上竞立碾硙的现象更是愈演愈烈。如唐代宗大历初年，时任工部侍郎的李栖箔就曾指出："关中沃野千里，旧资郑、白二渠，为豪家贵戚拥隔上游，置私碾百余所，以收其利，农夫十夺六七。"④到了大历十二年（777），以致郑、白二渠的水力来源径水，全"为碾硙拥隔"。所以《通典》的作者杜佑曾说：大历中，郑、白二渠的灌溉能力已由原来的"四万余顷"减至"六千二百余顷"⑤，可见灌溉的水田面积竟减少了六成以上。

---

① 《通典》卷2《食货·水利田》。

② 《通鉴》卷208，中宗神龙二年（706）十一月条。

③ 《旧唐书·李林甫传》。

④ 《册府元龟》卷497《邦计部·河集二》。

⑤ 《通典》卷2《食货二·水利田》。

此后，郑、白二渠上的官僚所置碾硙仍呈有增无减之势。如唐文宗时，宰相李石曾有鉴于在径阳县境域内的郑、白渠"豪家水碾"数量过多，曾建言"请禁"，并提出"秋冬水闲，任却动月"①。直到光启元年（885），唐僖宗面对郑、白渠几至被毁的现状，曾无可奈何地指出："食乃人天，农为国本，兵荒溢又潜载不通，而关中郑、白二渠古今同利，四万顷沃饶之业，亿兆人衣食之源，比来权豪竞相占夺堰高碾下，足明弃水之由，稻浸桂，乃见浸田之害。"②这证明郑、白二渠由于权豪势要和贵戚官僚及"富僧大贾"的竞造碾硙等原因，已完全丧失了灌溉能力。

至于诸王公权要之家在郑、白二渠之外的关中和其他地区"缘渠立硙，以害水功"的事例亦史不绝书，并非绝无仅有。如唐玄宗开元年间，著名宦官高力士曾"于（长安）城西北截洋水作碾，并转五轮，日碾麦三百斛"③。就连名相姚崇也拥有大片和众多的"庄田水碾"，以致在他临终前为了防止子孙起越墙之衅，而"预为定分，将以绝其后争"④。唐文宗时的大宦官仇士良也在长安城东建有众多的"水碾亭子"。如此等等，不一而足。

2. 掠卖奴婢

大家知道，奴隶制作为一种剥削制度灭亡以后，但奴隶作为这一制度的残余形态还会在以后的社会形态里长期被保存下来。这一方面是由于统治者为了维持他们的奢侈和荒淫的享乐生活，故有意保留大量的奴隶掉女，供他们使用。另一方面又因为我国一直是个多民族杂处的国家，中原地区和周边少数民族地区的文化发展不平衡，当中原地区正处在发达的封建社会阶段之时，很多周边少数民族或刚刚脱离了奴隶制社会，正在进入封建社会，有的

---

① 《册府元龟》卷58《帝王部·勤政》。
② 《旧唐书·李元统传》。
③ 《旧唐书·高力士传》。
④ 《旧唐书·姚崇传》。

或仍然停留在奴隶制阶段，甚至还有的仍未脱离愚昧时期。所有这些都为中原地区一些富商大贾和官僚贵族的非法掠卖奴婢，牟取厚利，进而交通权贵，以求达到仕途升迁和满足享乐生活，提供了一定条件。唐代官员的非法掠卖奴婢，就是在这种社会背景下产生和出现的。而且这种现象大多发生在盛行买卖奴婢的少数民族地区，而以岭南和福建等地为甚。正如唐代著名文学家柳宗元在其散文《童区寄传》中所云："越人少恩，生男女必货视之，自毁齿以上，父兄翻卖，以凯其利，不足则取他室……汉官因以为己利，苟得僮，态所为不问。"。文中所说"越人"，当指居住在今两广地区的少数民族。另外，《新唐书》中也有南蛮之人有女而"贫者无以嫁，则卖为婢"。和"岭南之俗，胃子为业"等记载，故商贾官僚在这些地方掠卖奴婢，当是可信的。

3. 经营质库与举息放债，牟取高额息钱

所谓质库，乃是我国古代对经营典当业的称呼，最迟在东晋南朝已经兴起。《南史·甄法崇传》就有关于寺院经营质库的记载。降及唐代，这种商业活动日益兴旺发达，以至许多王公贵戚和达官显贵都涉足其间。举息放债，收取高额利息是富商大贾和权宦之家依靠自己拥有的大量财富，利用放债收息的办法对无钱百姓进行高利盘剥的一种商业手段。起源很早，大约在春秋战国时期就已流行，以后历代王朝都沿而不改，至唐大盛。由于这种商业活动只需举手之劳，就可获取高额利润，并可免除商业风险，故唐时的达官贵人乃至皇室宗亲、公主大都从事经营质库和举债收息的商业活动。早在贞观初年，监察御史高季辅就向太宗上书，谴责诸王、公主、勋贵之家"放息出举，追求什一"的行为。太平公主就是放债取利的典型，史载"太平公主家财货山积……厩牧羊马、田园、息钱，收之数年不尽"。玄宗一朝，官员食息利之事更多。开元十六年（728）二月十六日诏："比来公私举放，取利颇深，有损贫下，事须厘革，自今以后，天下私举，只宜四分收利。"田这里的"私举"自然包括官员放债，规定其利率改为"四分收利"，可见在此之前"私举"的

利率之高。官员不仅亲自大举放债，有时甚至也委托其部人经营。如玄宗开元十五年（727），朝廷还颁下敕书："应天下诸州县官、寄附部人兴易及部内放债，并宜禁断。"．而且有些地方官员还互相勾结，竞相在他人的辖区内举放高利贷，相互代替收利。如玄宗天宝九载（750）十二月救："郡县官僚，共为货殖，竞交互放债侵人，互为征收，割剥黎庶。"以这种方式剥削百姓，借以避免当地民众对自己的责骂。玄宗一朝众多官员放高利贷之事说明，在唐朝玄宗盛世，自长安至外地，自朝内文武百官至地方官吏都利用和平环境大量放贷，收取息钱。安史乱后，官员私举之风更盛更烈。如据《旧唐书·沈传师传》载，德宗建中二年（781），左拾遗、史馆修撰沈既济上疏指出："当今关辅大病，皆为百司息钱，伤人破产，积于州县。"宪宗皇帝也在《禁中外子弟私举钱诏》中说："应中外官有子弟凶恶，不告家长，私举公私钱。"可见，官员子弟也有放债的。唐武宗也在《加尊号后敦天赦文》中指出："如闻朝列衣冠，或代承华宵，或在清途，私置质库楼店，与人争利。"跳宗刚即位也颁下了诏文："京城内富饶之徒，不守公法，厚利放债，损陷饥贫。"这批富饶之徒就包括不少官员在内．他们大放息利侵害贫人。并且官员在放高利贷的过程中往往利用权力，如"澶城内衣冠子弟及诸军诸使并商人百姓等，多有举蕃客本钱，岁月颇深，征索不得"。由"岁月颇深，征索不得"可知"举蕃客本钱"者中的一部分当是具备并拥有较大权势的官员。由以上论述可以看出，官员利用权势采取多种形式大放高利贷也是唐代官员经商的一种重要方式。应该指出的是，唐时的质库仅经营典当业，且规模巨大，生意兴隆，利润可观，但兼营举债取息者却很少出现。到宋元时期，质库才兼有放债取息功能，且多有官吏参与，故此处将这两种官吏经营商业活动放在一处论述。

4. 开设邸店、客舍

唐代是我国古代商品经济高度发展的一个历史时期，故开设邸店和客舍等商业活动非常活跃。特别是都城长安、东都洛阳及一些规模巨大的商业都市，如扬州（治今江苏扬州）、益州（治今四川成都）等商业大都会，客舍、邸店林立，鳞次栉比，不可胜数。其中由达官显宦所开设的邸店、客舍为数不少。唐玄宗曾于开元二十九年（741）正月发诏云："（严）禁九品以上清资官置客舍、邸店、车坊。"这证明当时官员开设客舍、邸店者已十分普遍，以致引起了朝廷的关注，才发此诏书，加以禁止。但因邸店、客舍有利可图，一些官员对朝廷的禁令却充耳不闻，不但没有歇业中止，且有愈演愈烈之势。特别是在安史乱后，由于王室衰微，地方节度使的权力大增，朝纲不振，故经营邸店、客舍者更是与日俱增，不可胜记，故在代宗、德宗朝都屡下诏令，严加禁止。但这些诏令仍然未能奏效，只是徒行文书而已。更有甚者，有些官员还将自己的邸店、客舍"影占"给诸军、诸司和诸使等，借以逃避国家税收。所以到了宣宗朝时，朝廷在屡禁不止的情况下，只得发布诏令云："公主家有庄宅、邸店，宜依百姓例，差役征课。"这篇诏文的发布，就意味着前此所发有关诏书全部变成了一纸空文，高官权要和公主之家所设邸店只要"依百姓例，差役征课"即可。官员开设邸店、客舍等经商活动至此就被视为合法而被允许公开经营。因此，唐代后期官员经营的客舍、邸店不但遍布全国，方兴未艾，而且一些地方官员还利用邸店公开进行抢掠和谋财害命的勾当。如定州（治今河北定州）何明远，曾利用"主官三释"之便，"每于骚边起店停商，专以袭胡为业"，因而"大富"。何明远所开"客店"，实为打劫财货的"黑店"。这条材料所载之事可能在唐代的官员邸店、客舍中为数甚少，但也能从中看出唐代官员在经营这一商业活动中，在追逐利益时所表现的狠毒之心。

5. 与周边及境外民族进行商业贸易

唐朝是我国的民族交往和中外交往空前活跃的历史时期。其中居住在漠北地区的突厥、回绝、薛延陀族，东北地区的渤海国，云南地区的南诏国，岭南地区的越族，以及居住在今天新疆境内的西域诸族人民都同中原地区保持着友好的商业贸易和文化交流。与此同时，唐与东亚的朝鲜半岛三国、日本、南亚的天竺（今印度、巴基斯坦等）、狮子国（今斯里兰卡）以及中亚、西亚、欧洲的昭武九姓、波斯（今伊朗）、大食（今沙特阿拉伯）、大秦（东罗马帝国）等亚欧国家都保持着日益兴盛的商业交往和中外文化交流。特别是连接中原和新疆、中亚、西亚及欧洲的水陆两条丝绸之路上的商业贸易异常繁忙，中外客商络绎不绝，并相继出现了不少腰缠万贯的中外富商。受此经济大潮的冲击，不少官吏也涉足这一商业活动之中，在边境和境外地区大搞商品交易，从中牟取暴利。据有关文献记载，唐中宗时宰相裴炎之侄裴仙先，在裴炎被武则天处死后，流放北庭，仙先在北庭和西域地区遂从事了商业活动，"货殖五年，致资财数千万"，又"娶降胡女为妻，妻有黄金、骏马、牛羊，以财自雄。养客数百人，自北庭属京师，多其客，钢候朝廷事，闻知十常七八"，唐中宗复位后，求裴炎之后，裴仙先又历仕太子詹事垂，迁秦、桂、广三州都督、范阳节度使、太子尹、京兆尹等，后官至工部尚书。裴仙先在北庭和西域虽以流人身份经营"货殖"和商业活动，但他在五年时间里能赚利数千万，其叔父裴炎的宰相权势和他在流放前的官品地位当起了很大影响，故应该说裴仙先是唐代官员在西域经商而成巨富的典型代表。由于与周边少数民族地区及境外各国的商业活动能获得厚利且迅速致富，故一些官员利用出使周边少数民族政权和外国之机，顺道货买一些鹰犬、良马和珍奇宝玩，回到内地后，高价出售，从中牟利。久而久之，出使官员的这种经商赢利活动便逐渐被朝廷认可，变成了一种"合法"之举。因此在唐德宗贞元四年（788），因为给事中兼御史中垂赵憬虽知"前后使回绘者，多私贵增絮，蕃中市马，回以规利"，但他却"一无所市"，所以获得了众人的"叹美"。如果说唐朝前期官员还只是利用流人和使者的身份从事与周边少数族和境外诸国的商业贸易的话，那么安史乱后，法度堕毁，地方官与周边少数族和境外诸国进行商业贸易的形式和手段就更加明目张胆，其活动也更加猖獗无度。例如唐德宗时，岭南节度使、广州刺史王锷不但"能居人之业而榷其利，所得与两税相垮"，而且在"西南大海中，诸国舶至，则尽没其利"，还"日发十余艇，重以犀象、珠贝，称商货而出诸境。周以岁时，循环不绝"，前后八年，"由是愕家财富于公藏"，以致"愕钱流衍天下"。又如德宗朝的平卢节度使李正己，为了扩充兵马，壮大实力，"货市渤海名马，岁岁不绝"。更有甚者，唐武宗会昌年间，银州（治今陕西榆林西南）刺史田乍岁竟"私造铠甲，以易市边马布帛"，用以牟利。被人举报后，武宗大怒曰："委以边州，所宜防盗。以甲资敌，非反而何！"因而下令将处以"族"诛之刑。只是因为宰相崔铉从中说情，武宗才以其祖田弘正、父田布等有大功于国，而"止黜授远郡司马"。由此可知，朝廷官吏依靠权势、地位，不惜牺牲国家利益向周边和境外贩运军火而牟取私利之事例，早在唐代即已有之，并非始自近世。至于借出使"新罗"等周边和境外诸国之机，"或携资帛而往，贸易货物，规以为利"的现象更是习以为常，无一例外了。

此外，唐代官员经营的商业门类还有租赁业、长途贩运业、煮盐冶铁业以及丝织业等多种商业贸易，而且这些商业活动有的从唐前期就已开始，但多数是从安史乱后兴起的，且有愈演愈烈之势。

租赁业是指出租人将房屋、家什等固定资产出租给承租人，并按租赁时间长短向承租人收取高额租金的一种商业活动，起源很早。到了唐代，造屋出赁的行业获利高昂而又隐秘，不易为人察知，故很多官吏都干起了这一营生。如唐玄宗时的"南北衙百官"，即居住在京师宫城和皇城的阉宦和大批朝官，都竞相在昭应县（今陕西临潼）两市及靠近商业市场之处，"广造店铺，出赁于人"，每间店铺的月估竟有高达五百文以上，乃至千钱者，因此引起了商贩和贾人的极大不满。故此唐玄宗不得不颁发诏令："自今以后，其所赁店铺，每间月估，不得过五百文。"安史乱后，法度废弛，方镇节帅和中央百司的大小官员，或投资巨款，"少者不下五十万贯"，在"京师里间"之中，"竞买私第，以变其钱"，或在通衢道巷"起造舍屋，侵占禁街"。

唐代的水陆交通空前发达，特别是隋炀帝修建的贯通南北的大运河，更把江南和中原的商业市场连成一片。于是一些富商大贾和大小官吏都竞相利用便利的交通条件，干起了长途贩运的营生。如唐中宗时一些"封户"之家的"僮仆"依靠主人权势，"转行贸易"，使车夫、杂役等平民百姓"烦扰驱迫，不胜其苦"。玄宗开元年间，一些"州县牧守"，也有"不遵法式，自紊纲纪，贸迁营利"者。天宝末年，身兼三镇节度使的安禄山为了蓄养胡人壮士，"分遣商胡，诣诸道贩鬻，岁输珍宝数百万"，这为他不久而发动的武装叛乱积累了大量军饷辎重。

如果说唐朝前期一些财贵、节帅还只是委派"僮仆"和"商胡"进行长途运输，"贸迁营利"的话，那么到了安史乱后，一些达官权贵和地方官员就毫无顾忌地亲自经营起这一行业来。他们有的"贩胃蔬果"；有的"贱来于军城，取高价于京邑"；有的"贱取于人以侯公私之乏"；有的"卖铁、煮盐"，获利往往高达"数万绪"；有的则"恒市木业"，通过长途贩运木材，牟取厚利。

最后，还需说明的一点是丝织业是我国古代具有悠久历史的手工业部门，至今已有四五千年的历史。降及唐代，随着社会经济的发展和社会需求量的扩大，加之丝绸之路的开辟和外贸出口量的日益增加，丝织业有了长足发展，而且经营丝绸买卖的商业活动也空前活跃，穿梭于丝绸之路上的中外商旅接连不断。与此同时，一些唐朝官吏也不惜投资巨款，购买织机，纺丝织帛，并从事丝绸买卖，以从中牟利。前文提及的那位"主官三骚"而在骚边建造邸店、客舍，并专以"袭胡"和谋财害命为业的何明远，就在定州家乡购买了"织机五百张"，干起了生产和贩卖丝织品的营生，因而"资财巨万"，号称"大富"。综上所述，唐代官员经商之风是非常盛行的，并且所营商业的种类多种多样。

二、商人入仕

商人不得入仕，这是自秦以来历代封建王朝所奉行的所谓"重农抑商"政策的重要内容之一。当然，这一政策也为唐王朝所遵行。如上引贞观年间唐太宗在初定《官品令》时所发诏书即是证明。又据白居易所撰《白孔六帖》记载，高宗时，"禁工商不得乘马"，"有市籍者不得官，父母、大父母有市籍者，亦不得官"。可见，高宗对商人入仕也严加禁止。及至武则天时，"（张）易之引蜀商宋霸子等人于上前博戏，（韦）安石跪奏曰：'蜀商等杂类，不可预登此筵'，因顾左右令逐出之"。则天皇帝也称："富商大贾衣服过制，丧葬奢侈，损废生业，州县相加捉溺。"因而，武则天之时，政府对商人的礼法限制也是相当严格的。但由于种种原因，这一规定从秦开始，就未得到认真执行。商人的入仕之途不但并未完全堵塞，而且还有不断被打开并逐渐扩大之势。

大量史料表明，唐代的商人及其子弟入仕不乏其人，其入仕之途大致有以下几种。

1. 商人子弟通过科举考试入仕

众所周知，按照《唐律疏议》卷二十五《诈伪·诈假官假与人官》条所载唐《选举令》云："官人，身及同居大功以上亲，自执工商，家专其业，不得仕。其旧经职任，因此解黜，后能修改，必有事业者，三年以后听仕。其三年外，仍不修改者，追毁告身，即依庶人例。"这就是说，唐代的做官之人以及家人有居大功以上的亲属，如亲自从事工商业并世代不改，都不能进入仕途。以前因此而被解职的官员，以后如能放弃工商事业，而改事别业者，在三年之后才能参加选举，进入仕途。如三年后仍操旧业，即使进入仕途，也要追回做官告身，按平民百姓对待。唐前期，由于吏治清明，统治者较认真地执行了这一选举法令，并不惜以重刑来惩治那些在选举过程中"诈冒资荫者"。如唐太宗在贞观初就以重刑惩治那些在选举中"诈冒资荫"等作弊行为。故这一时期通过科举考试和铨选等选官程序而进入仕途的，或世代书香以经术起家而致身通显；或官宦子弟步入仕途；或农家子弟学优入仕。很少有身为商贾子弟而跻身仕途者。但在安史乱后，由于官场腐败，统治者只以追逐私利为务而置选举法令于不顾，这给众多商贾子弟以及屠沽卖浆者等三教九流之辈开启了通过科举考试步入仕途的有利之机，故使这些商贾子孙大量厕身仕宦行列，使唐朝官僚队伍的成分结构发生了巨大变化。

据北宋孙光宪所撰《北梦琐言》卷六《罗顾升降》条载，唐敬宗时，成都人陈会"家以当泸为业"，世代以经营酒肆谋生，酿酒沽卖，是成都城内著名酒家。但在陈会少年之时，其母却矢志要其读书入仕，并训诫他"如不成名，不许归乡"。于是陈会便折节读书，终于在唐文宗太和元年（828）一举"进士登第，曾任两川副使，连典彭、汉二郡而终"。又据《太平广记》卷二百七十一《关图妹》条载，唐鼓宗时盐商之子常修，"状貌颇有儒雅之风纪"，且"才学优博，越绝流辈"，经过寒窗数载，终于在"咸通六年（865）登科"，步入仕途。

此外，唐代后期的商贾及其子弟之所以能够通过科举考试进入仕途，还有另外一个原因，就是这一时期私学的兴盛和国子六学对入学者出身的限制逐渐放宽。众所周知，唐代的教育制度较为完善。唐都长安所设国子六学是当时全国的最高学府，其国子学"掌教文武官三品以上及国公子孙，从二品以上曾孙之为生者"；太学"掌教文武官五品以上及郡县公子孙，从三品曾孙之为生者"；四门学"教文武官七品以上及侯、伯、子、男子之为生者"；律学"掌教文武官八品以下及庶人子之为生者"书学和算学的入学受教育的出身等第大致和律学相同。

总之，国子六学的学生大都是公卿子孙，其一般庶民百姓，特别是商贾子弟是不能进入国子六学学习的。但到唐朝后期，由于"公卿子孙耻游太学"，使国子学、太学、四门、律学、书学和算学等国子六学的生源大减，这就为工商子弟进入六学提供了入学之机，于是便出现了"工商凡冗或处上库"的现象。最高学府都有工商子弟充斥其间的现象，州县学也就可想而知了。另外，唐代的私学兴盛，加之唐玄宗又于开元二十一年（733）发布了"诸百姓任立私学，其欲寄州县受业者亦听"的诏书，所以私学犹如雨后春笋，生机勃勃，于是商贾子弟进入州县学和私学而"受业者"更是接踵而至，不计其数。这就为商贾子弟通过科举考试进入仕途打开了方便之门。

2. 通过纳资和用钱帛粟米买官入仕

通过纳资和卖官选取官吏是自秦汉以后盛行的一种传统的选官方式，起自秦始皇四年（公元前243）。当时因为"天下疾疫"，赋税锐减，国库空虚，于是始皇下诏："百姓纳粟千石，拜爵一级。"由此可知，这一选官方式是封建统治者在灾荒之年或兵戎战乱时期为了填充国家的财政空网而临时采取的一种权宜之计。此后，历汉魏两晋和南北朝，这一选官方式被沿而不改，但因此就为腰缠万贯的富商大贾进入仕途提供了可乘之机。降及唐代，大致从唐太宗开始，每逢战事兴起、军费在急或饥荒流行等国库空虚之际，统治者大多用此种方式选取官吏借以填充国库收入。如贞观十九年（645），唐太宗大兴辽东之役，安州商人彭通献布五千段，供攻辽东军费，当即被授"宣议郎"之职。唐高宗显庆年间，侍中郝处俊的乡人彭志药"上表请以家绢布二万段助军，（高宗）诏受其绢万匹，特授奉议郎，仍布告天下"。

如果说唐前期政通人和，唐政府通过纳资和卖官的方式以选取官吏还属偶然为之的话，那么安史乱后唐政府经济拮据，利用纳资和卖官贩爵的方式来增加国库收入之举，就成了司空见惯之事。因此商贾及其子弟通过钱财买官而进入仕途的事例就史不绝书了。

3. 以捉钱令使之职入仕

这实际是唐朝纳资、卖官方式的变种而已，起自高祖武德元年（618）十二月，其方式是由政府挑选部分商贾任捉钱令史之职，中央每司可用九人，由朝廷设置公廉本钱，每位令史可捉钱"五万"，任其"市肆贩易，月纳息四千文，岁满授官"，国家用此息钱以补官员傣料之胭。太宗即位后，仍设此职，收息发傣。这一举措虽然弥补了国家的财政收入，使官员得到了一定的补充，但却使大量商贾由此而步入仕途，不但与唐朝所奉行的"商贾之人不得入仕"的制度相悖，而且也逐渐造成官员的冗滥。因此，便引起了很多大臣的不满。

如时任谏议大夫的褚遂良便在贞观十五年上疏说："国家制令，宪章三代，商贾之人亦不居官位，陛下近许诸司令史捉公廨本钱，不简性识，宁论书艺？但令身能贾贩，家足货财，录碟吏部，即依补拟……国家常笑汉代卖官，今开此路，颇类于彼。"按照遂良计算："在京七十余司，相率司别九人，更一二载，后年别即有六百余人输利授官。"最后他又恳切进谏："臣每周游之间，为国视听，京师僚庶，爰及外官，异口同词，咸言不便"。结果，唐太宗接受了这一奏疏，暂停了诸司捉钱之制。但不久，又恢复了这一制度。嗣后，唐朝廷对捉钱令史之职时设时停，并未罢废。特别在安史乱后，由于"事多承平十倍"，所设捉钱令史之职，人数更多，由此而进入仕途的捉钱商贩当不含成千逾万！

4. 通过告密之门入仕

商贾进入仕途的这一门路开启于武则天执政时期。光宅元年（684）二月，在武则天废中宗为庐陵王，立四子李旦为皇帝，自己亲决政事以后，有宿卫飞骑兵士私相议论政事，有一人上变告发，议事者皆斩，告发者除五品官，"告密之端自此兴矣"。此后不久，又接连发生了徐敬业等人的扬州起义和越王李贞、李冲父子的武装叛乱。于是武则天便认为她的反对者人数甚多，是她今后改唐建周和步登帝位的严重障碍，于是为了用"大诛杀以威之"，便广开告密之门。有告密者，臣下不能询问，虽是农夫樵人，屠沽商贩，都要提供驿站车马，供给五品饮食，住宿客馆。所告或"称旨"，还可"不次除官"。于是"四方告密者蜂起，人皆重足屏息"。就这样，一些奉迎拍马、投机钻营的势利小人及屠沽商贩乃至橘异险诈的胡族刻毒之人，都通过告密之门涌进仕途。屠沽商贩通过告密注入仕途的典型代表当属侯思止。据《太平广记》卷二百六十七《侯思止》条载，思止原为"酸泉卖饼"小贩，由于"生性无赖诡话",致使"贫穷不能理生业",便又自卖"为渤海高元礼奴"。则天盛开告密之门以后,思止在恒州一判司的教唆下,诬告宗室舒王李元名与恒州刺史裴贞被酷吏周兴"鞠讯",二人均被"族灭",思止因此被授"谋反",(治今河北正定)结果元名与裴贞"游击将军",步入仕途。后因用法残酷,得到则天喜爱,历任"朝散大夫、左台侍御史"等职。像思止这样的商贩贾客及无赖之徒,以告密入仕者当不在少数。

5. 通过"墨救斜封"之门入仕

商贾之类通过此途厕身宦海始于中宗返正之后。当时由于韦皇后和武三思专权用事,政出多门,于是一些妃、主、勋贵便利用他们的权势地位,大肆卖官鬻爵,以饱私囊。按照唐朝的选官规定,待选官员经过吏部主持的铨选考试及第者,六品以下官要经中书省填写告身,然后"奏授"官职,六品以上官则由皇帝发救"制授"。但这些妃、主、勋贵却在接受了贿赂以后,无论所卖官职大小,都要赖请皇帝"别降墨救除官,斜封中书",然后"奏授",所以时人将其称为"斜封官"。正如《通鉴》卷二百零九,中宗景龙二年(708)七月条所云:"安乐、长宁公主及皇后妹哪国夫人、上官婕好母沛国夫人郑氏、尚宫柴氏、贺娄氏、女巫第三英儿,陇西夫人赵氏,皆依势用事,请谒受赂,虽屠沽减获用钱三十万,则别降'墨较除官,斜封付中书',时人谓之'斜封官'。"仅景龙四年期间,由此途而获官者就有"二百人"。睿宗即位以后,商贩屠沽乃至卖浆者通过"斜封"得官者,仍有增无减。宰相宋璟等曾极力谏止,并躬自收夺了很多通过钱帛贿赂而"斜封"入仕者的官职。但不久,这些人又"总令复其职"。

6. 通过"私靓"制入仕

商贾杂类通过此种途径而进入仕途的起源很早,大约在唐初即已有之。据《旧唐书·宪宗纪》载,元和七年(817)二月,唐宪宗曾诏令"入蕃使不得与私规正员官，量别支给以充私规"。因为，"日使绝域者，许卖正员官十余员，取货以备私觌，虽优假远使：殊非典法，故革之"。由此可知，此制起源很早，是唐政府为了"优假"出使"绝域"的外交官员，特许他们"卖正员官十余员"，所得钱帛以供他们在境外的"私觌"，即私自送往迎来之用。因为此制与"典法"不合，为约定俗成的权宜之举，故宪宗下诏予以革除。也许因为"量别支给以充私规"的承诺未能兑现，故出访"绝域"的使者仍以私规之名继续货卖正员官员，而且还有愈演愈烈之势。所以到了穆宗长庆元年（821），太和公主和亲回绘之时，对充任"和亲使"者仍行"私卖见，旧制：即"以使车出境，有行人私规之礼，官不能往：召富家子纳货于使者而命之官"。只是时任和亲使的金吾大将军朝证，为了"绝公官之门"，不但"俭受省费"，而且"首请厘革"。但这次厘革亦收效甚微，"仕杂工商"之流，趁此而"卖官势爵"者仍趋之若鹜。故到唐文宗时，不得不专门发布了一道《停私觌官员诏》，诏中有云："其入蕃使旧制与私规官十员宜停，别与钱五十贯文，令度支吩咐，永为定制。"。由于此制对出使者的"私规"优待较为具体、丰厚，加之唐朝国力衰落，很少再往周边和境外派遣使者，故从此时直至唐亡，很少再见有关"私规"得官的记载。但商贾之类通过此途进入官场的数量当不在少数，这应是毋庸置疑的事实。

7. 通过结交王公大臣、勋贵势要、权阉臣宦及藩镇节帅入仕

自秦汉以降，几乎每个封建王朝在其官场和吏治混乱之际，都有商贾杂类通过贿赂手段和朝廷中外官吏上下勾结，紊乱纲纪，使大批诸色人等涌入仕途，遂使吏治更加窳败，最后导致了封建王朝的崩溃和封建政权的更替。唐朝也不例外。自五王政变到武则天谢世之后，中、睿二宗相继登基称帝，先是韦皇后和武三思专制朝政，继则又是太平公主搜权当国，政出多门，纲纪大坏。安乐公主"尤骄横，宰相以下多出其门"：睿宗时的"宰相七人，五出（太平）公主之门"，其权势之盛，炙手可热。很多谄媚大臣依其权势接受请谒，收纳贿赂，始开商贾杂类行贿入仕之途。唐玄宗即位之初，励精图治，

曾对商贾贿赂得官的现象严加禁绝。如他在开元十八年（730）曾下诏说："比来富商大贾多与官吏往还，递相求嘱，求居下第。自今以后，不得更然。如有嘱请者，所有牧宰，录名进联。"但曾几何时，到了开元末年，他又沉湎酒色，懒于政事，内政交付宦官高力士，外政交于奸相李林甫和杨国忠，吏治为之混乱。这些巨阉权相便放手依权纳贿，卖官鬻爵。例如权相杨国忠和胡族富商康谦结识以后，"纳其金而授（康谦）安南都护，领岭南东路骚事"，从而使康谦由胡族巨商，一跃而变为封疆大吏，吏治败坏之速之快，于此可见。

安史乱后，法度废弛，藩镇节帅权势大盛，贪欲膨胀。有的为了壮大实力，长期割据；有的为了聚敛钱财，奢靡无度，便大肆收取贿赂，施行请谒，向富商大贾广开入仕之途。就连一代名将李晟也不例外。据《太平广记》卷二百四十三《窦乂》条载，长安富贾巨商窦乂通过贱价卖给李晟一处空闲之地后，便找来京师几位资产巨万的"大商"，向他们询问是否愿将子弟选送"诸道"和"在京"担任职事之官？这几位大商闻讯大喜，当即凑齐了"草粟之直二万贯文"。窦乂便将这几位大商子弟以"亲故之名引荐给了李晟"，李晟将他们"各置诸道膏腴之地重职，（窦）乂又获钱数万"。至于一些欲壑难填的贪暴节帅大肆依权纳贿，放手让富商入仕之事更是屡见不鲜，举不胜举。如穆宗长庆二年（822），为安抚军队将士，曾下诏禁军及各道，将武官久没升迁或有军功的将士报上名来，给予官职。结果大量的"商贾、胥吏争赂藩镇碟补列将而荐之，即升朝籍"。又如昭宗时，昭义节度使刘从谏，"大商皆假以牙职，使通好诸道"。再如海州人张传古，"世为郡之大商，后为节度使时薄拜为偏将，后做到宿州刺史"。再如"世为市侩"的吕用之，在唐末深为"淮南节度使高骈所重，任其为诸军都巡察使，总管淮南镇的军政大权"。

商人不但通过贿赂王公百官和藩镇节帅入仕，而且也可以通过贿赂交结宦官入仕。商人通过宦官入仕之事睿宗时已有之。如"唐赵世奖，河南人也，得贩于殖业坊王戎墓北……与宦官有旧，因所托付……睿宗时左授上蔡垂"。到唐代后期，宦官集团日益成为一股腐朽的社会势力，并且掌握着巨大的权势，因而很容易成为受贿者。如当时宦官就执掌军政大权，统领神策军十余万之多，他们中的很多都是市面上乘时获利的商贾。《通鉴》卷二百五十四，嘻宗广明元年（880）十一月载"神策军士皆长安富家子，赂宦官窜名军籍，厚得察赐，但华衣怒马，凭势使气，未尝更战阵。"由此可见，宦官利用手中的军权竟肆无忌惮地广求贿赂，以致使长安大小商贩均挂名神策军籍。而且商人还身不宿卫，以钱代行，一接受给赐，而在市肆从事贩辞。《通鉴》卷二百二十八，德宗建中四年（783）一月条云："安史乱后，市井富儿赂而补之，名在军籍受给赐，而身居市座为贩禽。"商人既然大批入伍，必定有相当一部分通过军功而飞黄腾达，三处存就是其中的典型："王处存世籍神策军，其父王宗善兴利，乘时贸易，富拟王者，仕宦因资而贵。"

第三节　正反案例阐述

一、武士彟

武士彟（577－635年），字信明，是中国女皇帝武则天的父亲，死后谥号"魏忠孝王"①。据有关资料记载，武士彟生于北周武帝时期的庶族商人世家，在其青年时期曾到过各村子卖过豆腐，后来又与同乡许文宝共同经营过木材生意，并自此成为一代富商，即"以鬻材为业""因致富于财"。但是，武士彟与其他商人不同，是一位腹有诗书且有一定政治抱负的人，这一点在《册府元龟》中武士彟"才器详敏，少有大节。及长，深沉多大略，每读书见扶主立忠之事，未尝不三复研寻，尝以慷慨扬名为志"可得到充分认证。但是，自秦汉以降，社会政治制度下门阀观念严重，士族，以及各大世家为社会主体地位，"士、农、工、商"成为我国历史封建制度下的标杆，此外"重农抑商""商人不得入士"等观念以及政策制度一直到隋末、唐初之际仍未断绝。武士彟的"庶族地主""商人"身份，使之纵有"万贯家财"也难以步入"世族豪门"寸步，只能被称之为"寒门""贱类"甚至"杂类"之列。因此，武士彟虽有远大抱负，在无施展晋升机遇，在高也只能成为一名"鹰扬府队正"无品阶的小军吏。那么，在此社会环境中，武士彟又是怎样实现由"商人"到"士族"的转变呢？除其自身聪慧与努力外，与隋唐之际社会、经济、政策的发展具有一定的关联性。

---

① 闵祥鹏.实都策略、人口增长与政治中心东移——唐显庆至开元年间长安、洛阳政治地位变迁的量化分析 [J].社会科学，2016（07）：144—159.

二、从宋霸子宫廷博戏说到唐朝的富商和政治

两汉国家统一，商业有较大的发展，魏晋南北朝动乱分裂，商业出现逆转现象。到隋唐重新统一，社会经济又由恢复到发展。唐代（618—907 年）盛时垦地和人口近于西汉时的最高数字，粮食产量增长，商业再迈开前进的步伐。上升→下降→再上升，发展恰呈马鞍形。唐中期虽经 8 年安史之乱，但乱平后经济仍有发展，南方发展更快，商品经济比唐前期更见活跃。在有唐一代，富商大贾势力日见膨胀，商人、地主、官僚三结合愈趋强固，商人更多地参与了政治。

1. 武则天当政时的商人

武周长安四年（704 年），唐高宗后武则天称帝，改国号为周，张易之兄弟及武三思皆恃宠用权。有一天在内殿赐宴，嬖臣张易之"引蜀商宋霸子等数人于前博戏"。宰相韦安石奏曰"蜀商等贱类，不合预登此筵"，吩咐左右逐出之。在座者都为失色。这一回虽因韦安石这位"真宰相"出面阻拦，闹得不欢而散，但由此可见商人与武氏集团关系之密切了。

为什么唐代商人能如此飞扬跋扈、结交贵幸呢？原来，唐前期承袭前代隋文帝为争取商人富家的支持而实行的经济放任政策：不搞专卖和隋时同，盐酒且无专税），不征关税，市税很轻（2% 的交易税），铁许私人开采，地方收税。这样不输于西汉前期的优越的条件，很快地培育了许多积资巨万的大商人。唐高祖时虽规定"工商杂类不得预于士伍"，"工商不得入仕"，高宗时也曾"禁止工商乘马"，也只是袭西汉初抑商之故技，压低一下中小商人的地位，很难损及"金多众中为上客"的富商大贾武则天时期，新起的庶族地主与旧士族之间的政治较量十分激烈，武氏集团就是在新兴的庶姓商人地主的拥护下，打垮了关陇集团的世家贵族而取得政权的。武后的父亲武士原先是个以贩卖木材为业的地方富豪，因随李渊在太原起兵上升为大官僚。同声相

应，同气相求，武则天的近随者、支持者都是些门第不高的商人和商人兼地主如"以鬻台货为业"的"为市于洛阳"的薛怀义即是武则天的亲信宠臣（后以白马寺主持的面目出现）。商人为武氏出了力，地位大大提高，宋霸子能于内廷博戏，那样的事情，并非出于偶然。武氏死后虽政权复归于李唐，但其子其孙同商人的关系，仍走的是武则天的路线。中宗（武则天之子）时，与商人混熟的皇帝自己也学着于宫中命宫女为市肆，公卿为商贾与之交易。其女安乐公主更大开卖官之门，用钱三十万"则别除墨敕除官，斜封为中书"。时人谓之"斜封官"，多至数千员，"遂使富商豪贾，尽居缨冕之流""获"如一"荣"，商人不得做官的禁令至已经被突破了。

2. 唐玄宗时商人势力的继续增长

开元天宝年间号称盛唐，在经济上仍对商人放任。据《开元天宝遗事》载，玄宗时"长安富民王元宝、杨崇义、郭万金等，国中巨豪也。各以延纳四方名士竞于供送，朝之名僚往往出于门下。每科场文士，集于数家，时人目之为豪友"。又据说玄宗曾问王元宝家财多少，王元宝回答说："请以缣系陛下南山树，南山树尽，臣缣未穷"，口气大极。这些富商大贾恃其多财，与官僚互相勾结，甚至得以亲近皇帝。玄宗叹道："朕天下之贵，元宝天下之富"，"至富可敌贵"！

实行经济放任政策的一个必然后果是加剧土地的兼并。富商大贾往往与高利贷结合，加紧剥削农民，促使农民贫困破产，土地被兼并而去。唐前期虽实行均田制，但未完全禁绝土地买卖，商人侵吞农民的土地仍有许多空子可钻高宗时"其家巨富金宝不可胜计，四方物为所收"的长安的邹凤炽，"邸店园宅，遍满海内"，就是个有名的大商人兼大地主。天宝时相州的王叟，"家有财，积累近至万斛，庄宅尤广，客二百余户"，是个兼做粮食生意的大商人、大地主。皇帝诏书中也指出："王公百官及豪富之家，比置庄田，恣行兼并，莫惧章程。"由商人在里面参与的土地兼并，使均田制已难以维持。史称"开元之季天宝以来，法令弛坏，兼并之弊有逾汉成、哀之间"西汉后期的社会矛盾已复见于盛唐之世。

唐初为整肃吏治，曾规定"五品以上不入市"。到武后时，情况就有所改变。贵戚官僚、地主也追求商利，开设邸店、客舍、质库、车场，甚至"在市兴贩"，"回易取利"。武则天之女太平公主"市易造作货物"，"殖货流于江、剑"。玄宗后期吏治大坏，官吏经商更不当是一回事了。官僚经商，官商合流，两汉成、哀之间的颓风又来个历史重演。

3. 唐后期的富商大贾

官商勾结，权臣当道，政治腐败，国力虚耗。安史之乱打破了升平盛世的迷梦，从此唐帝国揭开了它后期的历史。

唐后期为解决财政问题，虽实行食盐专卖，但对富商大贾仍予优惠，如禁止地方向食盐征收过境税，以保护专卖盐商；降低商人的户等，以少收户税。德宗以来政府放弃对食盐价格的管理和供求的调节，盐利收入"少入官家多入私"，"官收不能过半"以后对盐商更是"除两税不许差役追扰"。这种备受种种宽容的盐商与汉代盐专卖后商人的命运不可同日而语。至于唐后期的聚敛性措施也只是使中小商人受害，对富商大贾触动不大。

正因为如此，唐后期随着商品经济的发展，富商大贾的势力又继续高涨，不但在京师，尤其在南方，巨商财富惊人。这里有两位姓王的超级富商。唐后期南方的扬州"雄富冠天下"，扬州城里王四舅"匿迹货殖"，"厚自奉养"，人们轻易看不到他。但"扬州富商大贾、质库酒家，得王四舅一字，悉奔走之"，真是大商人中的大商人。在长安则有大商人王酒胡，曾和僖宗皇帝一起斋食，纳钱三十万贯助修朱雀门。以后僖宗新修安国寺毕，规定舍钱一千贯者得撞新钟一下。"酒胡半醉入来，径上钟楼，连撞一百下，便于西市运钱十万贯入寺"。光这两宗捐献就达4亿，其经商之富可以想见。这些都是名不挂朝籍的地道商人，贵族官僚兼营商业的还都没有提到呢。

德宗时起，租庸调废，两税法行，兼并已为法令所不禁。一时出现了许许多多"善置业，田畴弥望"的"地癖"。富商大贾也往往"兼地数千亩"，变成商人地主。他们也经营田庄，失去土地的农民则变成庄客（庄户、佃户）。庄客除向政府交户税外，还要向地主交纳每亩五斗至一石的私租。"经年服务，无日休息，罄输所假，常患不充。"唐代庄客的地位在法律上和南北朝不同，他们是佃户，而不是"徒附"，不荫附于庄主而须直接向国家交纳户税。但事实上许多田庄主仍荫庇大量逃户（不交户税），与政府争夺土地、人口，并支持庇护他们这种行为的藩镇，一起来反对唐中央朝廷由商人参与在内（兼并）而迅速发展起来的唐后期的田庄经，实是助长藩镇割据的一种经济上的基础。商人与土地结合的后果更为严重而恶劣了。

4. 商人参与政治及其与党争的关系

商人与政治的结合，在唐后期又表现出新的特点。自武氏以来虽已为商人入仕提供了方便，但唐代制度中，士族入仕在流内，可做清望官，工商称为杂类，"无预士流"，即使铨叙做官仍不得任清资要官，仍为士流所轻。身居工商杂类、要求在政治上重新定位的富商大贾，总想打破清浊之分，去做清资要官，以免当年宋霸子之遭韦安石之辱那样的事再加在己身。他们所采取的办法一是去做武官。如穆宗时"商贾胥吏争赂藩镇，牒补列将而荐之，即升朝籍。"二是通过科举，由进士及第而做有正式出身的文官。如唐宣宗时进士出身的宰相毕瑊就是盐商之子。令狐绹（牛党）为相时也以盐商之子顾云为门下客而助其登第。三是与出身杂类为人轻的掌权的宦官相勾结，借此作为政治上的靠山。此时的商人并非依托于政治上比较进步的新兴庶族势力，而与最腐朽的政治势力——宦官沆瀣一气。

当时宦官统率禁军——神策军，商人与宦官的勾连就是由挂名军籍开始的。长安的富商子弟列名于神策军者颇多，宦官可由此吃空额（饷额）、得贿赂，商人可依势"侵暴百姓，陵忽府县"。宦官同富商还有一层深的关系：禁军大将资高者都向富商乞借巨款，贿赂中尉（统帅神策军的宦官）求放外任当节度使，到任后加紧搜刮，除还本上利外，多将积蓄存放在富商那里，合伙营利。这种人算为"债帅"。宦官、富商、债帅三点联成一面，利益相共，完全拴在一根绳上。唐后期出现的飞钱（汇兑）、柜坊（存钱处）也与商人、宦官有关。其实神策军诸军和长安富商正是"飞钱"这种早期汇兑制度的主要举办人。宦官有钱，为财物保存安全计，或交关授受方便计，大部分的钱多存于富商开设的柜坊之内。商人与宦官钱势相济，已形成了一股强大的社会势力。

有了上述这种种关系，工商之家的子弟从神策军中尉和债帅那里得官就并不困难。正如杜牧所说的，"近代以来，于其将也，弊复为甚。率皆市儿辈多赉金玉，负倚幽阴（指宦官）乔券交货所能致也"。唐僖宗时义武节度使王处存，世隶神策军，为京师富族，财产数百万，就是依附宦官，亦商亦军的一个典。宦官可说是"工商杂类"的政治上的代表，富商大贾则是宦官专权的社会基础。

唐后期朋党之争激烈，反复也多。政治上因循保守、经济上纵容商人、军事上姑息藩镇、外交上妥协忍让、组织上结党营私的牛党（牛僧孺一派），实质上是亲宦官党，因为他们都是些"货殖厚者"，为政府理财而假公济私者，"行如市人""语行如市"与"工商杂类"的政治代表有共同的语言、共同的气味，他们与上述直接依附宦官的商人所不同的地方，是其得官系通过科举，有了进士出身，已由非士流出身的大商人、大地主、大官僚一变，而为士流出身的大官僚、大地主、大商人。由于商人同牛党有千丝万缕的联系，因之，朋党之争，里面也包含着商人（通过其在朝中的政治代理人宦官与牛党），与部分以清流自居，"不求货殖"，主张禁止官僚经商，禁止神策军包庇富商的官僚士大夫集团（"李党"）在经济利益和政治地位（抢官额）上的矛盾冲突，所以唐后期的富商已更深地卷入到政治漩涡中去了。

三、受命于危难之际的理财家刘晏

安史之乱（755—763 年）是唐王朝一个重大的历史转折关头。战时巨额的军费支出，战后凋敝的社会经济，使唐王朝的财政陷于极度困难的境地。

如何渡过难关，保证战争的胜利，恢复战后的生产，是摆在理财者面前的艰巨任务。除了要富商纳钱、在关津征税、铸行大钱套取商民物资这些救急的办法以外，通过商业环节来取得大量的经济收入，更是解决问题的主要途径。唐前期不注意的官营商业、未实行的专卖制度，就一一摆上执政者的议事日程，商业政策开始发生很大的变化。在这方面工作卓有成效的代表人物是当年以"神童"为玄宗赏识，在代宗时为财政大臣的刘晏（716—780 年）。

1. 从办理漕运到改革盐法

刘晏受命于危难之际，他出手办理的第一件事情就是通漕转粟，保障军需民用。他组织人力，疏浚汴河，打造船只，采取分段接运（江、汴、河、渭）和"囊米"的办法，把江淮粮食源源运往京师长安，平抑了市场粮价，"使关中虽水旱物不翔贵"。大规模（50 万石）的粮食调运，需几十万贯的运费，如何支付这笔巨款？善于筹划的刘晏，"以盐利为漕佣"，将所管的东南地区的食盐专卖的部分收入用于弥补运粮的支出。

食盐，在唐代前期只征税，不专卖；安史之乱初起，颜真卿抗击叛军，首将河北景城盐实行专卖，以筹措军饷；肃宗乾元元年（758 年），第五琦推广其法——基本上同于桑弘羊的直接专卖制。但在执行中弊端很多：官自卖盐，多设机构人员，开支浩繁；官自运盐，向民间征集车牛，分派劳役，辗转运输农民旷时废业；官卖盐只收现钱或绢帛，不赊欠，不换购，农民缺少钱帛买盐，只好淡食；办事人员下乡销盐，农户居住分散，供应很难普遍，有时一吏到门百家供奉敲诈勒索，卖不掉就硬性摊派。所有这些问题都有待刘晏来妥善解决。

刘晏认为"盐吏多则州县扰"，他主持盐政后，撤销了产盐少的地方的机构。只在主要产区保留精干的机构——10 个盐监和 4 个盐场。分别管理盐的生产、收购（监）和储存、中转、分销（场）业务，监、场的负责人都经严格挑选，从组织上进行了整。刘晏所选用的都是通敏、精悍、廉勤的人。

在制度上，刘晏进行了改革，把民制官收官运官销的直接专卖制改为民制官收商运商销的间接专卖制。主要改革内容：盐户所产的盐仍由盐官统一收购，不许私自卖给商人；盐官所收之盐就在盐场或盐监所在地转售给盐商，食盐的税就包括在盐价之中，商人缴纳盐款后，可自由运销不受限制。在这种"就场专卖"中，官府只掌握头道批发，二道批发和零售都让给商人去做。但又恐商人贪图利润，往往趋易避难，对离盐产地较远、交通不便的偏远地区不大肯去做买卖，运一点盐去也奇货可居，高估其价，为此，刘晏"设仓""转官盐于彼贮之，或商绝盐贵，则减价鬻之，谓之常平盐"另外在吴、越、扬、楚交通要道设数千个盐仓，储存了食盐 2 万余石，遇到哪个市场商盐脱销，便把所贮官盐就近及时调去供应，以免市盐价发生大的波动。在委托商人运销以后，官营盐业乃起应有的作用。对于私盐，也加禁断在一些主要城市设 13 个巡院，管理销地市场，缉查私贩活动，同时也办理招商推销官盐的事务。对于食盐生产，刘晏十分重视。他"随时为令，遣吏晓导，倍于劝农"，从技术上指导盐户，鼓励盐户的积极性，以增加食盐的生产来扩大食盐的流通增加盐利的收入，而不靠克扣盐户和高抬盐价来进行财政搜括。

有唐一代就场专卖制的具体措施均创于刘晏之手。刘晏改革盐法，一方面使国家控制了货源，掌握了批发环节，又管理了零售市场，富商大贾只能在规定的范围内从事正常的商品流转，不大可能兴风作浪，牟取暴利；另一方面，政府又大大节省机构人员，充分利用商人，尤其是中小商贩的销售能力，经过马驮人挑把食盐广泛销往农村，大大补充了官营商人的不足。他允许商人参与，任其所止就便运销，用意在让商人自由竞争。通过发挥市场的调节作用，来保持各销区的供求平衡（同时还有国家的调节，如常平盐、官仓盐），避免奸商的居奇抬价，扰乱市场。能重视市场的机制而善用之，这是刘晏盐法的特点。虽然基本精神和西汉桑弘羊的推盐法相承，而具体做法已有变通，区别就在于在专卖中容纳商人而不是排斥商人。

刘晏新盐法实行后，盐业生产发展，销售数量扩大，市场盐价稳定（每斗盐 110 文），私贩风气衰息，唐政府盐利收入大大增加。他刚接手办盐务时东南盐利年仅 40 万贯，代宗大历末年（779 年）增到 600 万贯。"天下赋，盐利居半，宫闱服饰、军饷、百官禄俸皆仰给焉"。而户部主管的河东池盐一年只收入 80 万贯，价更贵于东南海盐。有一年盐池被霖雨败坏，出不来盐，一向靠池盐供应的长安市场盐价飞涨，刘晏奉命调东南海盐 3 万石供应关中，"自扬州四旬至都，人以为神"。

2. 常平：调剂民食，稳定物价的重要措施

刘晏以盐铁使兼常平使，负责调剂民食，稳定物价。他密切注意农业生产动态，在诸道所设巡院内，各置知院官，每旬、每月具报州县雨雪丰歉之状。据此决定相应措施：在粮食上市特别是丰收年，商人压价、粮价暴跌时，命各地以适当高于市场的价格收籴粮食；在青黄不接时，特别是歉收年，商人抬价，粮价狂涨时，命各地以适当低于市场的价格出售粮食；在市价比较正常时则按市价在产粮区收购部分粮食。对于受灾地区，则用粮食与灾区人民换购土产杂物，留作官用，或转运到丰收地区去出售。在丰收年由产粮区收购的粮食，除用于供应缺粮地区外，陆续储存起来以防荒年不时之需，这种储备粮积存至 300 余万石之多（唐一石合近代的六市斗）。西汉耿寿昌的常平仓法在刘晏手里有了很好的发展。

刘晏经办的"常平"业务，范围已超过粮食，而及于其他主要商品。他以重金招募"驶足"，自诸道巡院至京师，置递相望，百物行市的涨跌，四方物资的余缺，一站接一站地快马加鞭，向前传递消息。虽相隔很远，不久刘晏就能在长安及时得到情报。"故食货之重轻，尽权在掌握"，"使天下无甚贵贱，而物常平。"举办官营商业，主要不在从贱买贵卖中获取厚利，而是竭力争取物价的定。自战国时李悝的平籴法、西汉桑弘羊的平准法以后，已很久没有看到有人以稳定物价的原则行之于政策中了。

3. 在均输和铸钱方面的建树

刘晏所办的官营商业中还有一项重要的活动叫作"均输"：在关中地区粮

食丰收时，就转而以东南地区部分漕米和脚费等租赋收入折合的现钱，从关中地区收购各种产饶价廉、本小价高的土特产品和手工艺品，转运到京师或价高地区去出售，以调剂商品余缺，同时也使国家从地区差价中增加一笔商业利润。这样，减运粮食，增运"轻货"，运费可大大节省，而东南手工业品销路有了扩大，对这些地区商品经济的发展也起到一定的促进作用。后人（马端临）有云："均输之说，始于桑弘羊，均输之事，备于刘晏"

唐政府纠正了安史之乱期间行大钱搞通货减重的错误做法后，又出现了一个新问题：因铜料不足，钱币短缺，物价转跌，刘晏以兼铸钱使的身份，精工优料，铸造足值的钱币。在他征收或换购的物资中，有一部分集中在盛产铜砂的淮楚出售，换回铜、铅、薪炭，就地设炉，一年铸钱 10 多万贯，供应了京师扬州荆州市场流通的需要。

4. 刘晏的理财思想

刘晏理财"以养民为先"，他坚信"户口滋多，则赋税自广"，提倡通过合理组织商品流通来安定人民的生活，以保护税源，而反对聚敛搜括。在他统辖的东南地区，"民得安其居业，户口蕃息"，"非晏所统则不增也"。

在租税原则上，刘晏的主张是因民之所急而税之，则国用足。他所实行的食盐专卖，寓税于价，价格较为合理，且有一些避免扰民的措施，从而做到了"官收厚利而人不知贵"。这种"知所以取，人不怨"的理财方法，比之强制性的增税加重农民的负担高明得多。这一套虽是《管子》的"见予之形，不见夺之理"的取予之术的运用，但"因民所急而税之"，则是刘晏自己的理论概括，为前人所未道及。

正由于刘晏以商业经营的方式来理财，所以自然非常重视商业。比桑弘羊有所发展的是他在重视举办官营商业的同时，又注意借助私营商业的力量，以使流通渠道保持畅顺，在节约官府人员开支的条件下，把商品深销远贩到各地城乡市场。为了鼓励商人的正当经营，他奏请代宗下令禁止地方对盐商征收过境税，并规定商人购盐可纳绢代钱，以减少商人缺钱的麻烦，且绢价加钱十分之二以示优待；此外还取消对商人户税加二等征收的旧例。这些便商措施，都说明刘晏已跳出单纯抑商，一概排斥私商的圈子。他的"排商贾"只是抑一下那些在粮食市场上投机倒把的奸商，垄断食盐生产和头道批发惯于兴风作浪的大盐商而已。他利用商人有利于商品流通的积极作用，而限制其可能发生的消极作用，并非一味强调由国家来全面干涉经济，而是在一定程度上、一定范围内允许贸易的自由。在这一点上他的思想特别有创新的意义，顺应了商品经济发展的历史潮流，在当时的社会开了风气之先纵观中国历史，刘晏是封建社会前期具有创新思想的第一人，具有继往开来承前启后的重要的历史地位。

建中元年（780 年），刘晏为政敌（杨炎）所谗，被德宗所杀，终年 65 岁，天下冤之。抄家所得，"唯杂书两乘，米麦数斛"而已。刘晏那样力苏民瘼、勇纾国忧的精神，居官清廉、治家俭约的品格，在封建社会的官员中大不同于流俗之辈。"富其国而不劳于民，俭于家而利于众"，这样的实干家，是什么时候都需要的。

四、始于德宗时唐后期掠夺商民的聚敛政策

继代宗而立的德宗李适（780—804 年在位），是一个刚愎自用、昏暴猜忌的专制君主。他听信流言，杀了刘晏，任用奸相卢杞，推行一条掠夺商民的聚敛政策，又把唐朝的社会经济搞乱，使刘晏 20 年之功毁于一旦。

1. 唐后期的聚敛政策始于德宗之时

唐德宗一登基就贸然出兵，想削平藩镇，结果措置失算指挥不当，陷入数年内战的泥坑，为了供给军费，聚敛政策在他的手里出台。

建中三年（782 年），用赵赞之议，开征关津税：在津要都会置吏，检查

商人财货，计钱每贯收税 20 文。关津税在肃宗时一度权宜征收后因"商旅无利，多失业"，而予取消。德宗却正式定为制度，税率 2%，坚持推行下去。与此同时，规定竹木茶漆四类商品征收什一的重税。翌年，更"税屋间税，称除陌钱"。税间架即收房屋税，两架为一间，每间出钱分三等：二千、一千、五百；除陌钱，即每百钱交易扣除若干钱为税上缴，原为 2%，至此增为 5%，非商品交易的金钱支和实物相换，一律计钱收税违者处罚奇重，以至怨声"满于天下"。正由于这两种苛税为人们所痛恨，在建中四年泾原兵变中"不税尔间架除陌"就被叛军用作争取民众同情的口号。对此，德宗不得不宣布除陌间架与竹木茶漆之税一并取消。

德宗在建中三年还以借的名义强迫商人出钱 —— 每商留万贯，余并入官，其实本钱不到万贯、资财薄弱者也在被借之列。官吏搜索，辄加榜捶，人不胜苦，有缢死者。这还不够，又进一步"括僦柜质钱"，凡商民存放在柜坊和质库里的钱币财物皆括四分之一；质钱不及百贯，粟麦不及五十斛者并不能免。粟麦粜于市者也"四取其一"；长安商民罢市抗议。假借权势的大商人，有办法规避，许多中小商人在又借又刮中破了产。

德宗一朝，长时间内宫中经常派出太监在长安市上掠夺货物，谓之"宫市"。名为采买，实际很少给钱，或干脆白拿，并强迫商贩把货物用车驴送到宫门口，还要倒贴一笔"过奉门户钱"和进宫后的"脚价钱"。富商大贾"匿名深居"，货皆深藏：为做生意，货列于市肆内的中小商贩，一见到太监来，就四散逃跑，"撤业塞门，以伺其去"。"一车炭，千余斤，宫使驱将惜不得。半匹红纱一丈绫，系向牛头充炭直。"白居易《卖炭翁》一诗中所说的，就是对贞元末年宫市为非作歹的大胆揭露。

刘晏时颇有条理的盐法，德宗时不多久就乱成一团，全变了质。地方官员多擅变盐法以求赢资，德宗自己也想增加盐利以补亏空，反而肯定并推广了食盐的加价做法。江淮盐经迭次加价每斗为三百一十，其后复增六十，河东两池盐每斗三百七十江淮豪贾，为图暴利，出售食盐，价或加倍，官府的收入份反而不能过半，人民因盐贵而怨恨。高价高税，只有富商大贾才经营得起，资财浮的中小商贩，不得不避课走私，制盐户冒法私卖现象也不断发生，虽然巡捕之卒遍满州县，但严刑峻法也禁止不了。盐价益贵，"商乘时射利"，有的地方有时甚至要几斗谷才能换一升盐，远乡贫民有的买不起，只有淡食。虽然食盐专卖的形式还是官收商销的就场专卖制，但实际上已变成官府与少数大盐商（"正税商人"）共同分利的商品垄断政策了。

唐德宗还于建中三年开始实行酒的专卖。官酿官卖（每斛酒卖三千钱）、特许酒户卖酒曲（每斗课一百五十文，税率为50%，行于京畿）榷酒曲（淮南、河东、陈许、汴州等地）三种形式并行。贞元九年又开始征收专项茶税，税率10%这些都是刘晏理财时所不曾用过的。

与刘晏的做好调节粮食供求、加价收购粮食的常平工作相反，德宗时以"和籴"为名，大搞粮食的强制性压价收购。或先敛取而后给值，任意拖欠；或不给现钱而以农民并不需用的细葛布苎麻布充数，并且"虚张估价"，价折算给农民，从中刮取更多的粮食，甚至一个钱都不给。所谓"和籴"，对人民的搜刮甚于赋税。"和籴"以外尚有所谓"和市"，向手工业者收购产品时也是摊派强取。德宗的宠臣裴延龄"搜求市"，"追捕工匠"，不给报酬，弄得都城之中的街道店铺白天也要关门。真是比一般的赋役还可怕！

2. 德宗以后政策更加变坏

由德宗始作俑的聚敛政策，在德宗以后，随着唐政府财政的困难加重，更向恶性发展。

德宗时开始的关津税照旧征收，地方官也仿效中央置税场，征收过税。许多地方道路上商旅几乎绝迹，以至有"弃其货去"的。和籴，依然是按户抑配，限期严催诗人白居易在乡居时，曾当过和籴户，"亲被迫蹙（cù，义为紧迫），实不堪命"；元和时做了官，又"曾领和籴之司（官吏），亲自鞭挞，所不忍睹"。

盐政之弊在德宗以后日积日深。"院场太多，吏职太众"，以多给加饶的耗盐、收粗制的货帛（作货币用）招徕商人，增加课利。那些隶名官府的专卖盐商，居家无征徭，行商无榷税，而盐利却尽入于己，实际上就是奸商的复起。官商分利的食盐专卖，越来越变坏，对封建国家的好处已越来越少了。由于官盐价高，贫民十日八日"淡食"是常事，而盗贩私盐的日益增多。

酒税在德宗后也一�加重。榷酒形式多种，宪宗元和时在京兆府实行把酒税均摊于青苗钱（地税附加税，每亩十文，苗青时即征）的做法给酒专卖又增添了一种新的形式。也有的地方既由官府设店卖酒，又配户（配于青苗钱）出酒钱，形成重复负担。唐政府对私酤及私制酒曲判罪也极重，禁私法令之严，不亚于对付私盐。

不过花样更多的是在茶叶上面。随着唐后期饮茶之风大行，茶叶也由税而榷，中间还一度实行官种茶官卖茶。

穆宗长庆（821—824 年）时对藩镇用兵，帑藏空虚，盐铁使王播邀宠，奏请"增天下茶税"，税率提高至 15%，并改为"量斤论税"，按重量分成计算应税数额。为了多占便宜，又叫商人在量斤论税时多负担些损耗，一斤茶本来要付二十两，王播又加取四两作为"加饶"（加耗）。

穆宗以后，敬宗在位时间很短，仅三年文宗继位。太和九年（835 年），宰相王涯自兼盐铁使，置榷茶使，由官府收茶自行造作，命令百姓把茶树移到官场中种，摘茶叶到官场中制造，而焚毁旧有的茶场。这种有同儿戏不近人情的做法引起"天下大怨"不久，王涯在朝官同太监的争权中被杀，"群皆诟詈（lì，意为骂），抵（投掷）以瓦砾"，榷茶取消。

其后虽说茶仍收税，但茶税加重，禁私愈严，已由税茶而发展为榷茶（通过"正税商人"）。开成五年（840 年）武宗即位时中央政府在盐铁使奏请下增江淮茶税；宣宗大中时盐铁使于悰于每斤茶叶上增税钱五钱，谓之"茶钱"，以代法外的加饶数量与此同时，庐、寿、淮南皆加半税税商。大中时天下税茶收入已比贞元时倍增。

本来茶税在产地缴纳后可通行各地，后来地方政府也在茶叶上大打主意，以收保管费为名来征税，谓之"地钱"，不管是否需要都得交钱，才予放行。

茶叶税重价高，许多人就逃过中央和地方的税卡、邸阁，进行走私。私茶漏税，卖价较低，销路很好，正茶销路自受影响。在"私贩益起"的情况下，唐宣宗规定了严酷的禁私法令，以死刑相儆，但实际上和私盐私酒一样都禁而不止。

3. 盐茶专卖与唐末的社会矛盾

盐、茶由国家统一管理（专卖），以制止奸商从中渔利，而又利用正当商人的经营力量，这本来是合宜的措施，但在唐末却转变为加强掠夺人民的手段。这种以聚敛为务的政策，一方面保护了大商人（正税商人），另一方面起到了排斥中小商人的作用。唐末随着商品专卖制度和专利政策的加强，中小商人的日子更不好过了，尤其是小商小贩由于盐价的上涨和茶税的加重所受的打击范围更广，影响更大。他们无可奈何，纷纷以私贩为出路；被兼并失去土地的逃亡农民，也源源加入私贩的行列中来。为了对付官府严酷的缉私之禁和贩私之罚，他们冒着生命危险，集结起来进行武装走私追捕越凶，反抗越强烈，他们在残酷的斗争中，积累了丰富的经验，形成了一个个有组织的团体。这样，在唐末的农民起义中，与农民有联系而为其同情的私贩武装，就很自然地成为农民武装力量的一个重要成分，有的人更被推为起义的领袖。像王仙芝和黄巢就曾当过私盐贩子，而且是"共贩私盐"者。

唐后期经济的发展，特别是南方商品经济（如盐茶）的发展，支撑了唐王朝的封建统治。但这个政权并没有为顺应社会经济的发展做更多的工作从唐德宗起到唐末从中央到地方，都采取了掠夺商民的聚敛政策，严重地阻碍了社会经济的进一步发展聚敛政策是统治阶级奢侈浪费，官僚政治腐败无能，中央政府权力低落，地方藩镇割占财政等一系列政治、财政危机的直接产物。聚敛的日益加紧，正是唐后期社会矛盾日益加剧的一个侧面反映。最后，除了这个政权日益走向垮台以外，别无其他下场。

第四节　若干评论启示

一、基于"武士彟"下隋唐之际商人社会地位的变化

1. 武士彟成功入仕的原因

第一，武士彟本人比较聪明，拥有远大的理想和抱负，不甘于作为一名农民或者商人。他具有较为精明的政治目光和卓越的胆识，并且自己也是一名政治实干型的人才。武士彟深刻地认识到了社会历史发展的趋向，在经商的同时不忘记努力学习和钻研，期间著兵书——《古今典要》，强烈地希望能够走向仕途道路。第二，武士彟的经济实力雄厚。随着自己经济实力的增强，他在政治上谋求地位的提升。而正在谋划起义之事的李渊，需要筹集大量的军费，更需要借用商人的财力，武士彟无论在人力、物力、财力等各方面都给了他巨大的支持和帮助。这些无疑都会给武士彟多多少少带来荣耀和权力。武士彟经济能力较强大是其入仕的主要原因，起着决定性的作用，因为如果他没有雄厚的经济实力，即使有再多的机会，也很难谋得官位。第三，武士彟为人较为忠诚可靠，对唐高祖李渊父子更是绝对忠诚。在起义之初，他曾几次劝阻将要揭发李渊的隋朝官吏，为唐高祖李渊起义之路扫清了一些障碍，并且献出自己所著兵书——《古今典要》，李渊为其所感动，答应同其富贵。而在初唐之时，武士彟对李渊父子更加忠诚，所以仕途较为平坦顺利。而在唐高祖李渊的《褒武士彟敕》中讲道："此人忠节有余，去年儿夭，今日妇亡，相去未遥，未尝言及，遣身徇国，举无与比。"[①] 唐太宗李世民的《赐荆州都督

[①] 《全唐文拾遗》，卷一，上海古籍出版社，2007 年版。

武士彟手敕桦中讲道："公比絜冬冰，方恩春日，奸吏豪右，畏威怀惠，善政所暨，祥祉屡臻，白狼见于郊坰，嘉禾生于垅亩，其感应如此。"①

由此可见，武士彟对唐初的两位皇帝十分忠心，而他们也对武士彟的表现甚是满意。武士彟和李渊私交甚好，甚至武士彟听闻唐高祖李渊逝世的消息，十分悲痛，竟吐血而亡，其交情可不一般。

2. 从武士彟看隋唐之际商人政治地位的变化

隋朝季年，隋炀帝杨广由于自身的暴戾统治，民众苦不堪言，农民起义大量爆发，天下英豪共起，并州成为当时风云际会、藏龙卧虎之重地。在此历史发展背景下，"家富于财，颇好交结"的武士彟在陇右士族李渊屯守汾、晋之地时（隋大业十一年，李渊任并州、河东抚慰大使），就和李渊建立了联系，并留李渊在自家休憩②。与此同时，"深沉多大略"的武士彟深觉这是一个好机会，从而主动抓住机遇，在其刻意行为下，与李渊彼此建立了友谊。也正因此，武士彟在隋大业十三年（617年）被李渊引为"行军司铠参军"，武士彟在服务于李渊期间，察觉天下大局将变，窃劝李渊进行起兵举义，并以"兵书及符瑞"向李渊进献，以图天下大事。但是，此时的李渊，尚觉举兵时机并未成熟，怕机密泄露，从而对武士彟表示，他已经理解了武士彟的好意，如果真有一天能过夺得天下，愿意与武士彟"当同富贵耳"。自此，武士彟政治生涯拉开帷幕。

在武士彟窃劝李渊举兵起义不久后，李渊、李世民父子终见隋朝濒临覆灭且大势已去，认为时机成熟，从而决定乘乱起兵，以图天下，此时武士彟集自身全部家产，一同献给李渊以做养兵之资。与此同时，武士彟为保证李

---

① 耘唐文拾遗桦，卷一，上海古籍出版社，2007年版。

② 王菁，周晓薇《武士彟碑》的摹勒者——新见唐《崔知之墓志》与关联史事[J].华夏考古，2015（01）：117-123+168.

渊心腹刘弘基、长孙顺德、刘弘基顺利招兵，常常往返于刘文静、长孙顺德、刘弘基与隋太原副守王威、高君雅之间，以防出现相互勾斗、引发隋官员怀疑等问题的产生。当他得知王威、高君雅已经对李渊招兵产生怀疑，并决定彻查此事时，即"唐公所募兵壮，尽付刘宏基、长孙顺德统管，我等不能干预，为何？"，武士彟对王威、高君雅进行劝说与周旋，即"所募新兵，素乏训练，今委以专人，乃治兵之常法！且唐公为今之勋威，受委重责，恐无暧昧之情"，"此皆唐公客，若尔，必大有嫌。"此外，当司兵参军"田德平"想要劝说王威对李渊募兵进行弹劾时，武士彟以"讨捕兵悉隶唐公，威、君雅无与，徒寄坐耳，何能为？"制止了此事，此后向李渊进行密报，使李渊对此有了防备，为李渊立下汗马功劳①。因此，当李渊起兵太原时，任命武士彟为大将军府内正护大夫、中郎将司铠参军，武士彟在随唐军一路征战过程中，先后从正护大夫、中郎将司铠参军晋升为寿阳县开国公，再到光禄大夫。至武德元年（618 年）——大唐建立后不久，李渊在论功行尚时，以"士彟首参起义"的功劳，将其列为"公位免死功臣"之列。与此同时，在《旧唐书》《新唐书》中都曾表示，武士彟在 620 年被擢升为工部尚书，即"武德中，累迁工部尚书"且被封为"应国公"。但是据《册府元龟》《退让》等资料记载显示"武士彟，武德中为工部尚书，判六尚书，赐实封八百户。士彟为性廉俭，期于止足，殊恩虽被，固辞不受。前后三让，方遂所陈"，则武士彟被任命为唐宫近卫军要职——检校右厢宿卫。与此同时，在武士彟任职"捡校右厢宿卫"期间，恪尽职守、尽职尽忠，即便在"儿子夭折，夫人谢世"之时，也未曾离职，李渊为其忠心所感动，大赞"遗身殉国，举天与比"，并亲自为其选妻，将前朝达贵杨达的女儿许配给武士彟，以桂阳公主为主婚者，其结婚所有费用均由国库所出，其殊荣可见一斑。由此可见，在社会动荡时期，朝

---

① 张锦鹏，杜雪飞.商人群体:唐宋富民阶层的重要财富力量——兼论商人群体的时代局限性[J].古代文明，2015（03）：94—104+114.

政崩塌分离，国之大厦寂静倾覆，这在一定程度上为商人，尤其是如武士彟这样具有政治抱负，且愿意为之而努力、善于抓住机遇的人，提供了途径。

武士彟后半生仕途发生了一定的转变，在武德九年（627年）由唐朝中央放任到地方，从而担任扬州长史（此时扬州为地方重镇，关系到唐朝江淮地区的统治事业），武士彟在任期间"开辟田畴，示以刑礼，数月之间，歌谣载路"。到贞观元年，即唐太宗李世民初登帝位时期，利州都督李孝常与禁军刘德裕、长孙安业勾结，密谋叛乱，唐太宗在得知后其密谋后，虽然以"谋反"罪杀死了李孝常，但其利州余党并未一网打尽，于是唐太宗派遣武士彟到利州担任利州都督进行平乱，武士彟在到达利州之后"亲审形势，度察民情，先礼后兵，招集亡叛，抚循老弱，赈其匮乏，开其降首"，在最快的实践内，以"兵不血刃"的方法，使"余乱平息""郡境又安"，对此，武士彟受到唐太宗大力表扬。到贞观六年（632年），唐太宗李世民任命55岁的武士彟为荆州都督，有史记载武士彟在任期间"宽力役之事，急农桑之业"，"奸吏豪右""兴修水利"，荆州境内呈"白狼嘉禾之瑞"[①]。由此可见，武士彟"善政"之举、政治精明（不参与到皇室的纷争当中）也是其实现由商向士社会地位完美转变的重要因素。加之，新朝建立，百废待兴，在此社会背景下，商品经济发生了一定的改变，并在一定程度上为商人社会地位的提升，产生了些微的影响作用，但是此时的商人社会地位的变化具有一定的局限性，并未从本质上得到改变，武士彟的巨大改变，与历史时代特殊因素的影响以及其自身机遇与努力具有一定的关联性。

总而言之，基于隋唐之际社会政策以及经济的不断变化，商人地位发生了一定的变革，社会动荡为各界人士，从政提供了前提条件，打破了和平时期"商不可从政"的政策制度。此外，在唐朝建立之后，百废待兴商品经济得到了快速的发展，从而在一定程度上为商人社会地位的提升，奠定了坚实的基础，封建官吏、士族以及思想家对商业以及商人有了全新的认知，"重农

---

① 鲍娇.唐代政治与符瑞——以武则天称帝与S.6502《大云经疏》中的符瑞思想为中心[J].西北师大学报（社会科学版），2015（06）：87—92.

轻商"思想虽然仍处于主体地位，但是"抑商"思想得到淡薄，为后期"商贾入学""商贾从政"提供了先决条件。

二、官员经商的影响

官员通过多种经商方式，为自己牟取了暴利，却给当时的社会带来了很大危害。

1. 妨碍了商业的正常发展

官员投资于商业，与普通的商业资本不同，他们是以政治权力为后盾的，因此在商业竞争中处于较有利的地位，从而破坏了商业的公平竞争的原则，损害了普通商人的利益。如前面论及大历十四年（779），针对官员在扬州置邸肆取利的现象，代宗发布了诏书："王公百官及天下长吏，无得与人争利。"[1]这里的"人"应当指一般商人。前面也论及武宗时，又针对官员设置质库、楼店的牟利现象，武宗下了《加尊号后郊天赦文》："如闻朝列衣冠，或代承华胄，或在清途，私置质库、楼店，与人争利。"[2]同样，此处"人"也当指普通商人。商人应获的利润因受到官员经商的影响而大大减少，这就使商人经商的热情和积极性也有所降低，进而妨碍了商业的正常发展。

2. 官员经商侵害了普通百姓的利益，加深了阶级矛盾

唐代，从王公贵族到地方百官、普通小吏都凭借手中的政治权力违法经商，使朝野兴起一股追逐"金钱风"。官员唯利是图，不惜以种种方式追逐最大利润，而其商利来源主要是平民百姓，因而官员经商严重侵害了普通百

---

① 《唐会要》卷86《市》。

② 《全唐文》卷78。

姓的利益。如前面已论及官员放高利贷所带来的危害是"取利颇深,有损贫下""割剥黎庶"和"损陷饥贫";官员置碾硙牟利也妨害了水功,如"郑、白渠流梗涩"并且"有浸田之害"。普通百姓的利益因而受到极大影响,他们对官员的经商行为肯定会产生不满情绪。久而久之,也必然会加深阶段矛盾。

3. 官员经商败坏了社会风气

官员经商对百姓也有一定的诱导作用。如贞观初年,监察御史高季辅向太宗上书言事,其中他针对公主之家发放高利贷的情况指出:"公侯尚且求利,黎庶岂觉其非"和"下民化之,竟为刀锥"。可见,官员求利对百姓有极大的影响。这是因为官员作为国家权力的执行者,作为百姓的父母官,其所作所为必然会影响到百姓,百姓也必会仿之效之而纷纷追逐商利。这必使整个社会兴起一股"一切朝钱看"的潮流。因而官员经商严重地败坏了社会风气,扰乱了民心。

4. 官员经商使官场日益腐败,吏治日益混乱

首先,官员经商妨害了他们执行本职工作,降低了行政效率,这在一定程度上加剧了官场腐败和吏治混乱。其次,官员所获商利多用于奢侈性消费,生活异常奢华。如前面提到过的曾放债取息的武则天之女太平公主,她"田园遍于膏肤……绮属宝帐,音乐舆乘,同于宫掖,侍儿披罗绮者常数百人,苍头监抠,必盈于数";嘻宗时的王宗,官至检校司空、金吾大将军、左街使并遥领兴元节度,他"善兴利,乘时贸易……侯服玉食,憧仆万指"。官员们这种奢侈糜烂的生活使官场更加腐朽,吏治也随之更乱。再次,官员经商所获财富也用于贿赂权臣显宦以求政治地位的升迁。如代宗时三总大藩的陈少游,多"征求贸易",其所营商利多"赂遗权贵……初结元载,每年馈金帛约十万贯,又多纳赂于用事中官骆奉先等,由是美声达于中禁"。又如刘赞,代宗大历时为宣州(治今安徽宣城)廉察,他"厚敛货殖",所获财富多用于贡奉以求得居

高位者的恩宠。再如王愕，其资财"富于公藏"，"凡八年，京师权门多富愕之财，拜刑部尚书"。官员贿赂权臣显宦也使官场更腐败，吏治更混乱。

5. 官员经商也使唐政府的收入有所减少

唐代商业资本的构成大致有三部分，即商人资本、官府资本和官僚商业资本。官僚商业资本在整个商业资本中所占比例虽然难以估算，但其资本几乎渗透到当时商业的各个领域，经商的官员队伍也相当大。在总的商业资本利润一定的情况下，官僚商业资本必然会和官府商业资本争夺利润来源，因而必定要分割官府商业资本的利润，从而使国家的财政收入有所减少。

三、唐代官员经商之风盛行的原因

唐政府不但防止、禁止官员经商，而且还禁止官员家属及部人经商。不但颁布了法令，而且也采取了实际行动。可见，唐代禁止官员经商的举措是周密而具体的。但其效果如何呢？唐代官员经商不仅屡禁不止，且愈演愈烈。我们从政府颁布的禁止官员经商的诏令中也可看出这点。自高祖、太宗到玄宗、宪宗、武宗，诏令屡屡出台，这也说明官员经商难以禁绝。那么唐代为什么会出现这种官员经商之风盛行并且屡禁不止的现象呢？

1. 从古代社会的制度本身来看

众所周知，官员经商是中国古代社会的一个普遍现象，如春秋时期的越国士大夫范蠡弃官后，"十九年之中，三致千金"[1]。战国时，齐国贵公子、齐渭王时相国孟尝君放债举息，每年的利息收入达"十万钱之多"[2]。历经秦汉之

---

[1] 《史记》卷41《越王勾践世家》。
[2] 《史记》卷75《孟尝君传》。

世，这种官员经商的现象仍史不绝书。及至三国两晋，也有许多官员热衷于经商之道。《晋书·江统传》记载："秦汉以来，风俗转薄，公侯之尊，莫不殖园圃之田，而收市井之利。"再至南北朝，官员经商之风尤煽，尤以北朝为甚。上自皇室王公贵族，下至郡县官僚、军队将领莫不投身于商界。以北魏和东西魏来说，不仅景穆帝拓跋晃为太子时，曾"营立田园，贩酤市座，与民争利"，而且这一时期被封的大小诸王几乎均参与经商。如咸阳王禧，"田业盐铁，遍于远近，臣吏憧隶，相继经营"气再如北海王洋，"公私营贩，侵剥远近"气至于郡县官吏、军队将领经商之事也较多。《魏书·食货志》载："魏高宗之时，牧守之官，颇为货利。"同书《袁翻传》记北魏缘边州郡、疆场统戎的官员，"皆无防寇御贼之心，唯有通商聚敛之意"。到了隋代，经商之官员更不乏其人。如隋文帝要赐给宰相李德林宅第，令其自选。李德林一下便看中了"北齐高阿那肪的八十区市店"，引得别人眼红妒忌。又如隋杨素为尚书令，"贪冒财货，营求产业，爰及诸方都会处，邸店、水皑并利田宅以千百数。"。再如隋代青州总管张威，他"颇治产业，遣家奴于民间旁葫旅根，其奴缘此侵扰百姓"。可见，官员经商已成为一种历史传承。唐代统治集团是北周、隋朝关陇集团的延续，唐朝诸王公贵戚、权臣百官经商也是承北朝贵族经商之遗风。唐之后，五代、宋、元、明、清官员经商之风更炽更烈。如宋代，"自宰相到地方官"，都经营商业谋大利。明代"至正德间，诸公竞营产谋利"，竟至出现"民之贾十三，而官之贾十七"。的情势。到明清之际，甚至连皇帝也加入了经商的行列，明清两代"皇店"的开设便是明证。皇店的设立始于明武宗正德八年（1513）。据《明武宗实录》记载，当时明武宗所宠幸的太监于经，"诱上以财利创开各处皇店，榷敛商货"，武宗便欣然同意。之后，开设皇店一直是皇帝谋私利的重要手段之一。到了清代，尤其是清末慈禧当政期间，皇店仍有增无减。综上所述，官员经商现象在中国古代历史上几乎每朝每代都有，因而这就需要从古代社会本身来追寻官员经商盛行的原因。一方面，中国古代社会是个"人治"大于"法治"的社会，权力可以支配一切，因而官员可以轻易摆脱法令的限制而利用权力涉足商界。另一方面，中国古代社会的权力机构又缺乏完善有效的监督机构。有的王朝不设监督机构，有的朝代即使设了，也并无多少实权可言，有时也只是处于权力机构的附属地位。由于权力缺乏必要的监督，官员使用起来就更加肆无忌惮，因而他们纷纷利用权力牟取商利也成为很便利的事情。

2.唐政府经商对官员的诱导

政府的经商活动不仅终唐一世几乎从未停止过，并且形式多样。首先，唐代草创之始，竭府库以赐勋人，而国用不足。高祖就曾采纳刘世龙的建议，"采街衢及苑中树为樵，以易布帛"，结果"大收其利"气其次，为了弥补国家所拨经费的不足，唐政府设置了公廊钱制度。中央和地方各单位都可以得到多少不等的钱帛充当本钱，放贷营利，以满足公康之需。并且公廨钱利率相当高，贞观之世，令史"大率人捉五十贯以下，四十贯以上……每月纳利四千，一岁凡输五万"，则年利率为100%。开元六年（718），"五十之本七分生利，一年所输四千二百"，年利率为84%。开元十六年（728）规定，"天下负举，只宜四分收利，官本五分收利"，则厘革后官本年利率为60%。虽然利率呈下降趋势，但总的来说，唐政府的公康钱利率还是极高的。政府通过公廨钱制度，也牟取了巨大的商业利润。再次，唐政府推行专卖制度。唐代专卖制度始于安史乱后。贞元元年（758），第五琦变盐法，对盐一律实行官产官销。代宗时刘晏主持盐政期间，实行"国家榷盐，集于商人；商人纳榷，粜与百姓"的官商混合专卖制度。以后唐政府又推行茶专卖和酒专卖。通过专卖制度，政府也赢得了高额商业利润。复次，唐政府还与周边少数民族进行互市贸易。有唐一代，唐政府与突厥、回绘、西域、吐谷浑、吐蕃、羌、南诏等周边少数民族之间进行过互市贸易。通过互市，唐政府也获取了厚利。如玄宗于开元九年（721）曾说："国家买突厥羊马，突厥受国家蹭帛，彼此丰给。"又如玄宗天宝初，王忠嗣在朝方，"每至互市时，即高估马价以诱之，诸蕃闻之，竞来求市，来辄买之，故蕃马益少而汉军益壮。"唐政府所有这些经商活动必定会对官员起到一定的诱导作用，而其所获商利对官员又是一种刺激，因而官员经商之风非常炽烈。

3. 唐代官员的僚禄偏低，也是促使官员经商的一个重要原因

唐朝虽然是封建社会的鼎盛时期，社会经济也有了极大发展，但官员的俸禄还是较低的。考诸史册，唐代官员因体禄偏低而生活拮据者不乏其人。唐代前期，国家重京官而轻外任，这使许多外官生活困苦，所以贞观八年（634），中书舍人高季辅上表曰："今外官卑品，皆未得禄，故饥寒之切，夷、惠不能全其行。"安史乱后，又出现了内重外轻的局面，这又使许多在京城任职的官员生活日益拮据。如代宗时，"元载以仕进者多乐京师，恶其逼己，乃制俸禄，厚外官而薄京官。京官不能自给，常从外官乞贷。"可见，此时京官的生活是非常窘迫的。代宗永泰二年（766），陈少游为贿赂宦官董秀，问道"七郎（董秀的小名）家中人数几何？每月所费复几何？"董秀答道："久乖近职，家累颇重，又属时物腾贵，一月过千余贯。"少游曰："据此之费，体钱不足支数日。其余常须求外人，方可取济……"可见董秀的生活也非常拮据。德宗时，京官的生活更是每况愈下。如兴元元年（784），甚至身为太子中舍人的姚况，在"旱蝗之岁，以僚薄不自给而馁终"。可见，此时京官的生活已穷困至极。穆宗时，工部尚书郑权"在京师，以家人数多，棒入不足……"气鼓宗时，右压郑薰"纠族百口，康不充"。禧宗乾符年中，官员张直方"百口不自存，每内燕，以衣蔽恶，辞不赴"，可见其生活已相当穷窘。由以上论述可知，唐代官员的俸禄水平是很低的，无怪乎洪迈在其《容斋随笔》中说："唐世朝士僚钱至微"。不但如此，官员的低僚有时还会受到朝廷的种种克扣。如高宗时，"减京官一月捧，助修蓬莱宫"。又如代宗永泰元年（765）十月，"回绘胡禄都督都二百余人入见，前后赠赍缯帛十万匹。府藏空竭，税百官俸以给之."。德宗建中年间，京官的俸禄也被削减，以致有的京任官员"位省郎，衣食篓乏，

棒单寡"。哀帝时，因国用空虚也削减了官员的俸禄，如"所有百官俸钱，实系国用盈虚，昨自去冬领给全俸及支遣之后，公格不充……其百官逐月料钱，宜令左藏库自今年正月支半俸"。这样，官员有限的俸禄更为减少。为了生活的需要，一些官员被迫经商。

4. 商品经济观念对官员的冲击

唐代，在农业、手工业发展的基础上，商业也有了极大发展。当时商人空前活跃且获利丰厚，"所费百钱，已得十倍赢"，他们"子本频蕃息，货贩日兼并"。并且，也有不少胡商在唐境内"开店立邸，娶妻生子，长期经营"劝。唐代的市场也有所扩大。当时，两京有规模宏大的市。此外，各大都督府和主要州县，也都设有相当规模的市。在一些离州县较远的交通要道和人口密集之地，还有很多草市、行市和庙会。随着商品经济的发展，唐代后期，重商的社会思潮和观念便应运而生且迅速泛滥。

被后世所尊崇的思想家陆贽，认为国家的任务是使"商农工贾，各有所专"，使他们能"咸安其分"。以儒家道统继承者自居的韩愈，不仅主张农工商并重，并且为在盐专卖中受到损失的富商鸣不平，还为蓬勃兴起的海外贸易唱赞歌。著名理财家刘晏则主张用商品经济原则来改革财政，发展社会经济。崔融也指出："一朝失利，则万商废业，万商废业，则民不聊生。"可见，一些文士重臣为商品经济唱赞歌的思想和观念已非常盛行，这对当时的社会也产生了深远的影响。当时人们一反传统的瞧不起经商的观念，而把经商作为谋利的一个重要手段。

德宗时，农民"乡居地著者，百不四五。如是者迫三十年"。贞元年间，山南东道节度使李翱也曾明确指出："农民散为商以游，十三四矣。"宪宗元和年间，李吉甫奏称："除八十万军队外，其余去为商贩，不归农桑者，又十有五六。"晚唐诗人姚合也有诗云："客行野田间，比屋皆比户。借问屋中人，尽去作商贾。"唐末时，牛希济也在其《治论》中说："农人之家，恒苦时弊，工之属也，亦受其役而不受其直，唯贾之利独便于时。……所以今之世，士亦为商，农亦为商，商之利兼四人矣。"。可见，唐代后期经商的热潮已奔涌而至，稍有资财的人都纷纷选择经商。

这也说明当时商品经济观念已成为社会上大多数人都可以接受的一种思潮。就连最高统治者也改变了对商业和商人的态度而屡次下达提倡通商和保护通商的命令。德宗曾云："通商惠人，国之令典。"宪宗曾下令："百姓商旅诸色人中有被分外无名赋敛者，并当勒停。"。文宗也曾令御史于江南道巡察，"但每道每州界首，物价不等，米商不行，即使潜有约勒，不必更待文牒为验，便具事状及本界刺史、县令、观察、判官，名衔闻奏"。宣宗也曾下令："如商旅往来兴贩货卖，任择利润，一切听从，关键不得邀洁"。鼓宗也在《恤民通商制》中云："但令诸道一任商人兴贩，不得禁止往来，廉珠池与人共利。近闻诸道禁断，遂绝通商，宜令本州任百姓采取，不得止约。"禧宗、昭宗也都颁布了此类诏令。

在商业大潮的冲击下，在丰厚商利的刺激下，在社会重商思想的影响下，一些官员的价值观念也发生了转变。他们逐渐摆脱了传统的贱商观念，而把经商作为致富的一个重要途径，并纷纷投身于滚滚商潮之中。朝廷屡采诸措禁止官员经商，但当时商品经济观念影响已深远，官员经商已举世滔滔，因而朝廷的举措便收不到理想的效果。

5. 官场和吏治的腐败也是导致唐代官员经商的重要原因之一

首先，官场和吏治的腐败表现在官员的贪污、行贿受贿、横征暴敛等行为上。唐前期，政治相对比较清廉，吏治状况也较佳，因而此一时期官场的贪污、行贿受贿、横征暴敛现象相对来说较少。但到唐后期，由于皇帝进取心衰减，权臣宦官专权，藩镇割据等原因都使官场和吏治日益腐败，官员的贪污、行贿受贿等行为也日益猖獗。如代宗时的宰相元载，"弄权舞弊，政以贿成"。与元载同时代的宰相王增也广纳贿赂，"贪狠之迹如市贾焉"。德宗时，张谤为盐铁转运使，他针对当时的官吏尤其是度支使的贪污情况指出："凡为度支使，不一岁而家辄巨亿，憧马产地侈王公，非盗县官财何以然？"宪宗时，元镇在《钱货易状》中亦云："然而节将有进献以市国恩者，有赂遗以买私名者，有藏钱滞帛以贻子孙者，有高楼广榭以炽第宅者。"可见，宪宗时，地方官员的贪污等行为是较普遍的。宣宗时，大诗人李商隐有"县官似虎，动则害人"之句，此句则生动鲜明地揭示了地方官员的残酷和贪婪。总之，唐代后期，官场的贪污、行贿受贿、横征暴敛现象已相当严重。官场这种官员利用权力聚敛财富的现象给部分官员以深深地刺激，他们追逐利益的本性因而也被激起。另外，就当时而言，经商最为波澜不惊且赢利颇丰，并且最重要的一点是经商比起贪污、行贿受贿、横征暴敛等腐败行为要少受百姓责骂，因而他们便利用职权之便干起了经商的营生。

其次，官场和吏治的腐败表现在官场奢侈之风盛行。唐代的豪奢之风风靡上流社会。此风开启于高宗武后之时，当时太平公主的生活就十分奢华，"绮疏宝帐，音乐舆乘，同于宫掖。侍儿披罗绮，常数百人……外州供狗马玩好滋味，不可胜记"。安史乱后，官场的奢靡之风已十分狂烈，"内臣戎帅，竞务奢豪，亭馆茅舍，力穷乃止，时谓'木妖'"。代宗时的奸相元载，"城中开南北二甲第，室宇宏丽，冠绝当时……膏腴别墅，连疆接珍，凡数十所，碑仆曳罗绮者一百余人，态为不法，侈膺无度护。宪宗时期的田弘正，"兄弟子侄在两都者数十人，竞为崇饰，日费约二十万"。文宗时江西观察使吴士矩，"飨宴侈纵，一日费凡十数万"。唐后期官吏生活的奢侈是当时官场和吏治腐败在生活上的集中反映。官场这种腐败奢华的生活之风，不但可以消磨人的意志，使消极没落的腐朽思想乘虚而入且滋生蔓长，而且为了满足物质上的贪欲，官员还需要相当多的金钱和财富。在腐朽思想的支配下，在贪欲的驱使下，部分官员也选择了经商这条谋利之道。

总之，唐代，尤其是后期，官场和吏治的腐败，不但有助于官员产生经商思想，而且也为官员经商提供了一个便利的环境，一些官员便浑水摸鱼而伺机经商。而政府不从革除腐败整顿吏治着眼来禁止官员经商，因而便也达不到预期的目的。

四、商人入仕的原因

通过以上诸多途径，商人得以大量进入仕途。那么唐代为何会出现众多商人跻身官场的现象呢？

1. 唐代官场日益腐败官场腐败为商人进入仕途提供了方便

首先，官场的腐败表现在卖官鬻爵盛行。唐前期，就有一些权臣显贵利用权势大肆卖官的现象。如高宗时李义府为中书令，"而义府贪冒无厌，母、妻及诸子、女婿卖官鬻狱，其门如市"至中宗时，此种现象仍很严重，所以宰相萧至忠曾上疏："恩幸者止可富之金帛……陛下降不货之泽，近戚有无涯之请，卖官利己，冒法徇私，台寺之内，朱紫盈满。"当时安乐公主就是一个卖官的典型，据《通鉴》卷二百零八，中宗神龙二年（708）十二月条载："安乐公主恃宠骄恣，卖官胃狱，势倾朝野。"安史乱后，政局一片大乱，卖官鬻爵之现象更是充斥官场。肃宗、代宗统治时期，奸相当道，卖官鬻爵之事也层出不穷。如肃宗时，奸相裴冕"以聚人曰财，乃下令卖官鬻爵，度僧尼道士，以储积为务"。代宗时，元载为相，官场也出现了"纳受赃私，贸银官秩"的现象。至文宗时，官场也不乏官员利用职权卖官谋利之事，如"有郑注者，依守澄为奸利，出入禁军，卖官贩权，中外咸扼腕视之"。又如大和二年（828），"南曹令史李资等六人伪出告身笺符，卖凿空伪官，令赴任者六十五人，取受钱一万六千七百三十贯"气官员大肆卖官，这就为商人提供了入仕的可乘之机，大批商人便利用金钱优势纷纷买官而跻身官场。其次，官场的腐败表现在贪污、受贿现象严重。此种现象在高宗时已经萌生，到则天时期已很普遍。唐张文成曾曰："（高宗）乾封以前，选人每年不过数千，（武后）垂拱以后，每年常至五万，人不加众选人益繁者，盖有由矣……权补试摄检校之官，贿货纵横，脏污狼藉，流外行署，钱多即留。"也正如文成所言，垂拱以后，官场受贿现象尤为严重。如代宗时元载秉政，"公道隘塞，官由贿成。中书主书卓英倩、李待荣辈月事，势顷朝野。天下官爵，大者出元载，小者出倩、荣。四方备货求官者，道路相属，靡不称遂而去"。由此可见，权臣显宦凭借手中的权势以受贿的形式获取了经济上的私利，同时也为商人利用丰厚的财富谋取政治地位的高升提供了极大的方便。

2. 唐代商人经济能盆空前强大

随着商业的发展，唐代私商大量出现，并且也有不少拥有巨额财富的商贾。如高宗时富商邹凤炽："其家巨富，金宝不可胜记，常与朝贵游，邸店、园宅，遍满海内"。再如前面提到的巨商王元宝，当玄宗问其家私多少时，元宝对曰："臣请以绢一匹系坌下南山树，南山树尽，臣绢未穷。"无怪乎玄宗惊讶地说："联天下之贵，而元宝天下之富。"唐政府多次借用商人的财力也说明商人的经济实力是非常强大的。如德宗时，太常博士韦都宾、陈京以"军兴庸调不给"，请借京城富商钱，大率每商留万贯，余并入官，不"一二十大商，则国用济矣"。昭宗时，巨商王酒胡曾"纳钱三十万贯"，助修朱雀门，不久又纳"十万贯"，"助修安国寺"。虽然商人财力雄厚，但就商人阶层总体而言，他们的社会经济、政治地位都呈现很大的弹性，即其失势、没落、贫穷或上升、腾达、富有，不仅取决于商业经营的能力，而且更重要的是有无政治背景。为了获得人身安全和财产安全，他们都努力寻求政治凭依。就当时而言，进入仕途便是一条极好的路子，因而许多商人便以资财优势而纷纷入仕。

3. 唐代后期政府解决中央财政问题的需要

唐代后期，中央面临着严重的财政问题。首先是军费开支浩繁。当时，藩镇割据局面日益加剧。节度使各霸一方，其权力之大，不仅限于军事，而且渗透到政治、经济等各个领域。唐政府为了镇压藩镇的叛乱，需要大量的军费支出。如德宗贞元九年（793）春，大旱，麦枯死，禾无苗，度支奏："京师经费及关内外征讨士马，月须米盐五十三万石，钱六十万贯，草三百八十三万围。"文宗时，国家也已养兵众多，如开成二年（837），据户部侍郎判度支王彦威所撰《供军图》中统计，"大都通邑，无不有兵，约计中外兵额至八十余万。长庆中户口凡三百三十五万，而兵额又约九十九万，通计三户资奉一兵"。养兵如此之多，国家财政支出自然浩繁，这在一定程度上造成唐政府的财政危机。其次是官俸支出数目庞大，这主要是由唐代官员队伍急剧膨胀而导致的。

唐代官员的数量开始时并不多，贞观六年，大省内官定员为642人。到高宗时，每年"入流"的官吏达1400人，内外文武官一品以下，九品以上的达13465人。武后时，官吏也特别多，宰相、御史、员外郎多得没有坐处，当时称为"三无坐处"。自玄宗时起，冗官现象越来越严重。代宗时，"崔枯甫作相不足一年，授官800人"。宪宗时，冗官现象更加严重。如元和六年（811），李吉甫秉政，深感冗员众多，乃上奏曰："方今置吏不精，流品庞杂，存无事之官，食至重之税，故生人日困，冗食日滋……"随着官员数量的激增，官俸支出也越来越多。总之，唐代后期，军费、官体支出已成为财政支出的主要款项。德宗时，沈既济曾上疏指出："天下财富损耗之大者，唯有二事，第一为兵资，第二为官俸。"大量的军费和官俸支出造成了唐后期严重的财政危机。为了解决这一问题，唐政府采取了诸多措施，如公廨钱制等。但是在当时的社会经济中，唯一保持繁荣状态并拥有显赫社会财富的，只有商业资本，因此唐政府就采取了利用商人财富的权宜之计，即通过向商人卖官以解决当时的财政问题。如唐肃宗时，"以天下用度不足，诸道得召人纳钱，给空身告名，授官勋邑号"。至德年间，朝廷竟干脆告谕商贾："如能据所有资产十分纳四助军者，便于终身优复。"这便为商贾利用经济优势投身官场提供了可乘之机。

4. 唐代士族门阀政治的衰落

士族作为中国封建地主阶级的一个阶层，存在于一定历史时期之内，有其发生、发展、鼎盛、衰亡的过程。在唐代，士族处于没落、衰亡的阶段。士族势力在唐代的江河日下，追究其原因，首先是唐前期的两次修谱牒。第一次为太宗时修氏族志，其中规定："止取今日官爵高下作等级。"但其内容仍然是着意考辨士族的真伪，不叙新贵本望。第二次为中宗显庆四年（659）重修、改称姓氏录，"以后族为第一等，其余悉以仕唐官品高下为准，凡九等"，仕唐"得九品官者，皆升士流"。姓氏录以官品高下定节级，完全打破了门阀制度。两次官修谱牒旨在崇重今朝官员，压抑旧士族，因此士族的地位有所降低。其次为755年的安史之乱。这次叛乱在政治上有力地扫荡了门阀大族，其后，藩镇势力也日益强大，有力地压制了旧士族的力量。再次，唐代科举制的发展。这主要表现在科举制越来越完备化，进士科已成为知识分子入仕的主要途径。它打破了几百年来门阀贵族垄断仕途的格局，使一般人都可以通过考试参与政权，这对士族地位的跌落也有很大影响。随着门阀士族地位的下降，他们阻挡商人入仕的作用也逐渐消失，这就为商人跻身仕途开辟了广阔的道路。

5. 唐代商人社会地位有了一定程度的提高

商人社会地位的提高，首先表现在政府对商人的态度上。唐前期，政府对商人采取了种种抑制措施，但是到了唐代后期，封建统治者考虑到财政等方面的利害关系，从而放松了对商人的限制。商人在服饰、丧葬、车乘等方面已能与庶民百姓趋于平等。在服饰方面，据《旧唐书·舆服志》记载，隋大业六年（610）诏："五品以上，通着紫袍，六品以下，兼用绯绿，骨吏以青，庶人以白，屠商以皂，士卒以黄。"此制唐初因袭不改。到了唐代末期，这一制度已有了显著的变化。《唐语林》卷七云："唐末士人之衣尚黑，故有紫绿、墨绿，追兵起，士庶之衣俱皂。"原来商人衣皂，现在士庶之衣俱皂，可见商人与庶民的服色已趋混同，这也是二者社会地位渐趋平等的表现。在丧葬和车乘方面，文宗太和六年（829）曾诏发了敕书："管吏及商贾妻，并不得乘奥车及担子：其骨吏及商贾妻女老病者，听乘座车及苇维车。"朝廷在这里把胃吏和商贾相提并论，可见二者的社会地位差别已不大。武宗会昌元年（841），御史台也奏："工商诸色人吏无官者，诸军人无职掌者，丧车魅头同用合辙车。"。御史台又把商人和军人放在同等的位置，可见政府已完全不再歧视商人。政府对商人的这种态度，更使商人有了追求封建官位的信心和勇气。其次，表现在官员对商人的态度。唐代，官员和商人交往较多，如高宗时巨商邹凤炽"曾因嫁女，邀诸朝士，往临礼席，宾客数千"。又据元镇的《估客乐》记载，估客来到长安，"先问十常侍，次求百公卿"。再据《唐语林》卷七载，兵部李员外曾与"商胡舟楫相次"，并为商人料理后事。

以上是二者之间的或经济或日常生活方面的交往，此外，二者之间甚至还存在着政治联系。据王仁裕的《开元天宝遗事》卷上《豪友》载：大贾王元宝、杨崇义、郭万金等，"各以延纳四方名士，竞于供送，朝之名僚，往往出于门下，每科场文士，往往集于数家，对人目之为'豪友'"。唐代官员抛弃了传统的瞧不起商人的观念，从而与商人进行全面的交往，这说明商人的社会地位已明显提高。而且，唐代的一些官员还对商人入仕大加支持，白居易就是其中的典型。白居易的文集中有一道《判》，判题为：得州府贡士，或市井子孙为省司所谙，申称："群萃之秀出者乎，不可限以常科。"白居易的判词为："唯贤是求，何贱之有；但恐所举失德，不可以贱废人。"官员对商人的这种态度，使商人入仕的积极性和热情更加高涨。

再次，表现在民间对商人的态度。唐代，尤其是后期，民间对商人的态度也有了极大的改变。唐后期大量农民弃农经商便是集中的表现。当时，甚至连科举落第者也选择了经商。如兰陵（今山东省苍山县）萧静之，举进士不第，"因居邺下，逐市人求什一之利"，凡数年而资用大饶，又如"明经赵瑜，鲁人，累举不第……卖药于夷门市"。并且，商人也越来越成为正面歌颂的对象。《国史补》卷中曾记药商宋清之事："人有危难，倾财助之，岁计所入，利亦百倍。"商人在这里以一种富有正义感、乐善好施的形象出现。柳宗元曾这样评价宋清："清居市不为市之道，然而居朝廷居官府居库塾，乡党以士大夫自名者，反争为之不已，悲夫。"即他认为，宋清比官场中追逐利益的士大夫更高尚。民间对商人的这种态度，使商人摆脱了世俗的禁忌和束缚，而以更轻松的心态谋取政治地位的高升。

五、商人入仕的影响

正是上面这些原因使唐代出现了大批商人入仕的现象，商人入仕虽然客观上对当时的封建身份等级制度以猛烈的冲击，并且还加速了门阀制的崩溃，但是商人入仕给社会带来的消极作用远胜于此。

1. 商人入仕使官场更加腐败

这是因为，一方面前文已论及，许多商人通过资财入仕，因而他们做官后，必然要利用权势变本加厉谋取利益，他们或经商，或贪污，或行贿受贿，或横征暴敛，这必然使官场更加混乱腐败。另一方面，在唐代，商人虽然可以进入学校接受文化教育，但商人的总体素质还不高，而政府对通过资财入仕的商人又缺乏严格的质量控制，这就使官场鱼目混珠。由此可见，商人入仕降低了官员的整体素质，从而也加重了官场的腐败。如前文提到的则天时位至左台侍御史的侯思止，竟目不识丁。素质如此之低之高官掌权，结果只会使官场混乱不堪。

2. 商人入仕加剧了阶级矛盾

商人干政，其追逐利益的本性必然使其加重对人民进行残酷剥削，财势加上权势，这更使人民处于水深火热之中，因而人民的不满情绪与日俱增，久而久之，必然也会加深阶级矛盾。

3. 商人入仕使国家冗官现象加剧，从而造成更严重的财政困难

前文已论及，商人利用资财优势，乘国家财政困难和官场混乱之际而通过诸种方式入仕，并且入仕商人数目颇多。例如商人通过捉钱制入仕，"更一二载"，就有六百多人入仕，由此可见，唐代通过此制做官的商人之多。再如景龙四年期间，也有二百商贩屠沽通过"墨较斜封"之制入仕。众多商人入仕，这就使国家的冗官现象更加严重，从而也使政府因官俸开支增加而面临更严重的财政困难。唐代出现了官员经商和商人入仕的现象，这不但是当时商品经济发展的结果，也是政治日益腐败的产物。唐之后，随着封建商品经济的越发繁荣和封建政权的日益没落，这一现象更盛更烈。

第五章

民族融合继续加强和封建经济继续发展阶段：

辽、宋、元

第一节 历史背景介绍

李唐封建王朝解体,经过五代十国(907—960 年)半个多世纪的分裂割据局面,至北宋时(960—1127 年)中原地区和南方又告统一;后来女真族进犯,汉族政权偏安江左与金对峙,是为南宋(1127—1279 年)。1206 年,成吉思汗统一蒙古各部,建立大蒙古国。先后攻灭西辽、西夏、花剌子模、金朝等政权,建立元朝(1271—1368 年)。在这几百年中,除战乱时期商品经济一时呈现萎滞之外,商业的发展总的来说大大超过过去的水平。封建政府对商业所采取的政策是:为了财政的需要,加强了对商品的专利政策,但另一方面又不能不倚重、利用商人。虽然在商业利润的分割上,官私之间时有矛盾,总的来说对于富商大贾宋政府是比较宽容的,只是在某些时候实行革新的政策措施(如王安石变法),触动了商人的利益,一般是不抑商业资本的。对于中小商人则照例压制严重,以致也引起他们的武装反抗,虽然规模比不上唐时。

一、两宋时期的政治经济概况

1. 政治概况

宋太祖赵医胤通过发动兵变夺取后周政权以后,为了防止历史重演,巩固赵宋政权的统治,采取了一系列"强干弱枝"的政策,加强中央集权。比如,在军队制度上,除了将有实力的军事将领解职厚养外,还实施"军无常帅,帅无常师"的军队管理体制,以是免落镇跋它。中央的政治统治机构上,将宰相之权 - 分为三,设中书、枢密、三间。分别主民,军、财,互不境属,相互牵制,以增强空权威力。在文官体制上,实行官、职、差遗三种,各级政府部门中，有职有权者有之，有职无权者有之，无职有权者亦有之。通过这些改革，强化了君主专制下的中央集权制，在一定程度上缓和了阶级矛盾，清除了中唐、五代以来落镇政它的局面，对维护国家的统一和安定起了重要的作用，客观上也有利于社会稳定和经济发展。不过，这些措施却导致了政府机构重叠、冗员充斥、效率低下、吏治腐败、军队的战斗力弱等消极现象，特别是对财政产生了不利的影响。

在北宋初期，尽管进行了一些改革，但内外的矛盾却一直十分尖锐。当时的外部矛盾主要来自辽、党项、西夏等少数民族武装对北方边疆的不断骚扰。虽然宋与辽订立了屈辱的"澶渊之盟"，但宋与辽、西夏之间的战争仍然时发生，给双方百姓的生产和生活都造成很大的影响。

当时的国内矛盾主要是农民与地主阶级以及代表地主阶级利益的国家的矛盾。地主阶级与农民的矛盾，表现为兼并与反兼并的斗争。在土地政策上，北宋采取"不抑兼并"[①]和"田制不立"[②]的政策，使地主兼并土地的矛盾日益突出；农民与国家的矛盾表现为农民反抗国家赋役剥削的斗争。在沉重的赋役压迫下，国内的阶级矛盾日益尖锐，各地不断爆发农民起义。在国内矛盾中，还包括统治集团内部的党派之争和官吏之间的钩心斗角，这些争斗加速了统治集团的腐败，同时也进一步加剧了与外民族的矛盾和国内的阶级矛盾。

为了缓和内外矛盾，一些有识之士开始酝酿政治改革。仁宗庆历三年（1043 年），实施了"庆历新政"，但不过一年便流产了。神宗即位后，试图改革天下积弊，实现富国强兵的抱负，于是便支持王安石实行新法，以全面革新政治、经济、军事。当然王安石的变法不是改变原来的生产关系，而是从当时的政治和经济情况出发，调整生产关系，理顺那些不符合生产力发展的生产关系，维护和巩固宋王朝的封建统治。但因触犯了官宦、势要富豪之家的利益，因而激起了他们的强烈反对，加之改革派内部出现了矛盾，所以在神宗死后，便废除了新法。这就是历史上著名的"元祐更化"。此后，哲宗亲政，

---

① 《挥麈余话》卷。

② 《宋史》卷一百七十四，《食货》之"方田""赋税"条。

虽然起用改革派，但由于统治集团内部的斗争十分激烈，新法无法得以恢复，至此，变法便完全失败了。

2. 两宋经济发展繁荣

两宋时期是中国的社会经济空前发展和繁荣的时期。

农业经济的发展。北宋时期，除靠近契丹的河东河北路因战争影响，大片土地荒芜外，其他地区的农业并没有受到影响，而且自三国两晋南北朝以来，南方和周边地区得到开发，中国经济重心南移，宋朝又是最大的受益者；两宋时，农民因地制宜，开垦了大量的圩田、淤田、沙田、架田、山田，使垦田面积大为增加。两宋重视农业生产技术的应用及推广，从而提高了劳动效率，也减轻了农民的劳动强度；两宋农民善于精耕细作，也很注意施肥；又从越南引进了早熟稻，水稻产量增加了一倍；当时，水利事业得到极大的发展。由于土地面积的增加和生产技术的提高，当时粮食的单位面积产量和总产量都有很大提高，明显超过唐代水平。

手工业经济有了显著的发展。两宋时期，不仅手工业作坊的规模和分工的程度超过了前代，而且生产技术明显提高，产品的质量、种类及数量都获得改进和提高。

商业空前繁荣。商业繁荣的标志之一是城市和市镇的发达。北宋都城开封是最繁华的城市，市内手工业作坊众多，商店、旅舍、货摊林立，营业时间大大延长，还出现了夜市和晓市。对外贸易也有了长足发展，国际贸易的大都市有广州、泉州、明州、密州和杭州，为了方便外贸管理，在这些大的国际贸易都会都设有市舶司，对外出口的货物多为绢帛、瓷器、铁器，进口货物多为牲畜、宝货，由于指南针的发明，促进了航海业的发展，宋代时，已有大规模的商船队出海贸易，同时也吸引了大食和波斯等国的商人来华进行贸易。不仅如此，宋朝在商品交换过程中，作为流通中介工具的"交子（后改名为钱引）""关子""会子"已在更大范围内发挥作用。这些"交子""关子""会子"原本是为了方便交易而流转的商业汇票，后来发展成为市场流通的货币，并成为政府搜乱百姓的工具。

3. 财政特点

受政治、经济、军事、文化等因素的影响，两宋时期的财政呈现如下特点：

（1）财政收支的急剧膨胀。为了满足政治上的需要和日益膨胀的消费欲望，宋朝的统治者在经济发展的基础上，不断运用财政工具搜刮百姓致使国家财政收支急剧膨胀。

（2）财政制度复杂、混乱、多变。北宋建立之初承袭了五代十国的混乱的财政制度，此后，这些混乱的财政制度未加梳理；两宋先后进行了多次变法，又增加了新的财政制度。叠加之下，财政制度越发混乱。

（3）工商税收入居财政总收入之半，这是此前历代所无的特殊现象。《宋史》载，真宗"皇祐（1049—1053年）中，岁课缗钱七百八十六万三千九百。嘉祐（1056—1063年）以后，弛茶禁，所历州县收算钱。至治平（1064—108年）中，岁课增六十余万，而茶税钱居四十九万八千六百"。如加上盐课收入、坑冶收、关税收入和各类苛杂收入，工商税收入的总和已超过田赋收入的总和。这种现象出现在以农立国的宋朝是十分奇特的。

（4）田赋、徭役不均，畸轻畸重现象十分严重。宋代的赋税畸轻畸重现象产生的原因是多方面的。一是因为宋代"不抑兼并"政策的实施，致使天下农田大部分被豪强势要之家所兼并，于是出现"产去而税存""有田无税，有税无田""赋租所不加者十居其七"[1]等现象。二是宋代逃避赋税的问题相当严重。地主豪强以各种名义诡避赋役，逃避赋役的名目包括诡名、挟户、侵耕、冒佃、"伪为券于形势之家，假佃户之名，以避徭役"等。三是官府法定免赋役户过多，使"命官、形势占田无限，皆得复役"[2]，致使贫困无地之民，却要负担繁重的赋税和徭役，而良田千顷之家，品官、势要之户，却不负担

---

① 《宋史》卷一百七十三，《食货》之"农田"条。

② 《宋史》卷一百七十七，《食货》之"役法"条。

赋役，甚至连僧尼也不负担赋役，所以贫困无告者往往出家为僧尼。宋代赋役的这种畸轻畸重现象，成为一切有识之士的心腹之忧，也是统治者重点关注的矛盾之一。

4. 两宋时期的工商税收

两宋时期的商税包括国内商税、国境海路关税和国境陆路关税等。

（1）国内商税

宋代商品经济相对发达，为商税收入的增加奠定了基础。商税的征收由全国1830多个商税务或商税场负责。为商税的征收制度化和规范化宋太祖建隆元年（960年）制定了《商税则例》，要求将其公布于商税务或商税场处，晓谕商民。《商税则例》规定：商民凡贩运或买卖税则所规定的征税物品，必须走官路，在所经商税务及场缴纳物品价格2%（每千钱算二十）的"过税"；在买卖交易之地缴纳3%（每千钱算三十）的"住税"；如系官府所需之物，将被"抽税"10%。经常课税的物品，征税机关要写在板上，放在官署的屋壁上，以便买卖双方共同遵守。商民逃避纳税，为官府所捕获，则没收其货物的1/3，并将没收物品的一半赏给捕获者；贩鬻而不由官路者也要罚罪。这个《商税则例》可以说是我国第一个较为正规、具有法律约束力的商税税则。

此后，宋朝对这一税则又进行过多次补充和修正，而且经常调整税率，有时提高税率，有时降低税率，如天圣二年（1025年）四月规定"旧例：诸色人将银并银器出京城门，每两税钱四十文足，金即不税，请自今每两税钱二百文省"。[1] 以后又"令户部取天下税务五年所收之数，酌多寡为制，颁诸路揭板示之，率十年一易，其增名额及多税者，并论以违制。"[2] 这道诏令，则要求参照五年内税收的平均数，设立一个较为公允的10年内不轻易变动的征

---

[1] 《宋会要》卷一万五千四百三十二，《食货》之"天圣二年四月"条。

[2] 《宋卷》一百八十五，《食货》之"商税条"。

税标准。

上述《商税则例》，实际上是纸上谈兵，在实际执行中很难贯彻，地方税务官多不遵，直到南宋仍时有发生。

两宋时，还时常随着物价的波动而调整税率。史载，南宋时，由于纸币发行过多，导致物价不稳，通货膨胀，这时国家要求在原来税则的基础上，"体度市价增损，务令适中"，以后，又强调"每半年一次，再行体度市价，依此增损施行。"① 即是要求税务部门要随着物价的波动而调整税率的幅度。

宋朝的正税，在一般情况下均有较明确的税率，而杂税就没有税率可言了。即使是正税在征收时也往往存在着随意性，法定税率是一回事，实际征收又是另一回事。过税属正规商业税，故税率的确定尚属明确，而在实际征收时就与法令大相径庭了。例如《商税则例》规定从价计征，而商税机构上榜公布的往往是从量计征，其中银与金，以两计，银每两纳 40 文足，金每两 200 文省；枋木按条计，每十条抽一条；苎麻，以斤计，等等。

一些杂税往往随过税带征，相当于过税的附加税，有时随过税附加几种杂税，特别是南宋，征收过税附加税的情况更为严重。例如，随船附征"力胜钱"，对过往行人携带货物者附征"市利钱"，等等，不一而足。更有甚者，私设税场，自行征税，"一务而分之至十数务者，谓之分额；一物而征之至十数次者，谓之回税。"② 由上观之，两宋商税的征收虽有法有则，但也是十分混乱的。

出现这种混乱的情况，原因是多方面的，其中重要之点在于宋代的税收实行总额控制制度，即中央虽然有税则，但对各税务仍然规定一个税收额度，中央考核官吏的标准之一就是看是否完成税收额定任务，这就为官吏开征杂敛提供了依据。有时国家为了缓和矛盾，不得不减少一定的征税机构和免除

① 《宋会要》卷一万五千四百三十三，《食货》之"乾道元年十二月十日"条。

② 《宋会要》卷一万五千四百三十三，《食货》之"乾道元年十二月十日"条。

部分定额。① 此外，吏治腐败，违例多取，也是重要原因之一。特别到南宋后期，官吏苛征暴敛，与日俱增，此时更无税率可言②。

（2）国境海路关税市舶课

两宋的市舶课较之唐朝有进一步发展，主要表现是：

其一，设置市舶司的城市显著增加。唐朝仅在广州设立市舶司，而两宋时期，先后在广州、杭州、明州（今浙江宁波）、密州（今山东胶县）、泉州、秀州（今上海松江）、温州、江阴等 8 个城市设立市舶司。规模最大、收入最多的市舶司属广州，杭、明二州次之。

其二，有海外贸易关系的国家和贸易的商品显著增加据史载，两宋时期曾发生贸易往来的国家或地区有朝鲜、日本、大食、古逻、暗婆占城、勃泥、麻逸、三佛齐、宾同、陇沙里、亭丹、丹眉流等国家或地区，最远到达非东海岸的弼琶啰国、中理国、层拔等国。进行贸易的商品包括金银、精粗瓷器、香药、宾铁、玛瑙、乳香、牛皮筋角、象牙等 90 余种。

其三，国家获得的财政收入更加丰厚。据史载，北宋仁宗"皇祐（1049 年）中，总岁入象犀、珠玉、香药之类，其数五十三万有余。至治平中（1064 年），又增十万。"神宗熙宁九年（1076 年）仅杭、明、广三市舶司收入与出相抵，净结余钱、粮、香、药等 20 余万缗、匹、斤、两、段、条、个、颗、脐、只粒③；到绍兴末年（1162 年），仅广州、泉州、两浙市舶司的抽解和博买所得就达 20 万缗，占到当时全国财政收入的 1/22④。由此可见，两宋时期市舶收入（包括市舶税与贸易收入）是十分可观的。

两宋对市舶课的征收分别实行抽解、禁、博买。凡外国商船到中国进行

① 《宋会要》卷一万五千四百三十三，《食货》之"绍兴二十八年十一月二十三日"条。

② 《宋会要》卷一万五千四百三十三，《食货》之"嘉定八年二月三日"条。

③ 《宋史》卷一百八十六，《食货》之"互市舶法条"。

④ 洪焕春.宋辽金夏史话 [M].北京：中国青年出版社，1995：215.

贸易，进中国港口时，要先经过市舶司抽解，然后再根据国家的规定，对有些商品实行禁榷，对有些商品实行博买，所余部分才允许商人贩卖。

抽解就是对贸易的货物进行课税。两宋时的抽解率大致分两大类，粗物十五分抽解一分，细货十分抽解一分。这个抽解率不是一成不变的，例如南宋孝宗隆兴二年（1164 年），将原来的细货十分抽其一分或粗物十五分抽一分改为细货十分抽二分，粗货一分抽一分。除提高税率外，博买数量也增加了，从而加重了舶商的负担，以致影响了海外贸易。

禁榷就是对一些特殊商品由官府全部收购，官府专卖。两宋时期一般对玳瑁、珠贝、犀象、镔铁、毡皮、珊瑚、玛瑙、乳香实行禁榷制度，即由官府统一收购，垄断买卖，民间不得私自贸易。当然，不同时期，所规定的禁榷商品，也是经常变动的。

博买是指国家对舶来商品进行全部或部分收购。博买的价格一般低于市价，所以一般的商人是不愿意官府博买的，但这种博买是属于强制性的，由不得商人。博买的货物主要为朝廷自用，余下部分由官府出售获利[①]。博买与禁榷虽都是对商品的收购，但性质是不同的，博买可能是全部收购，也可能是部分收购，禁榷是全部收购，至于在价格上是否有区别，史未明载，估计也会有差异。从史料上看，北宋强调禁榷，南宋则强调博买。

由于博买的货物要及时运往京师，故此，押运官员的补贴也不断增加。这种补贴称为脚乘赡家钱，又叫破水脚钱。据史载，旧法，细色纲只是珍珠、龙脑之类，每一纲，5000 两，其余犀象、紫矿、乳檀香之类，尽系粗色纲每纲 1万斤。凡起一纲，差衙前一名管押，支脚乘赡家钱约计 100 余贯。大观（1107 年）以后，犀、牙、紫矿之类，皆变作细色，则是旧日一纲，分为之 32 纲。多费官中脚乘赡家钱 3000 余贯。此后，随着起运货物数量的增大，给押运官员的津贴也大有增加这种费用的增加相当于提高了税收成本，减少了市舶税的收入。

---

① 《宋会要》卷一千百二十四，《职官》之"绍兴三年"条。

此外，宋朝还有"送样"、进奉制度。所谓"送样"，或称"呈样"，是指外商将货的样品送交京师有关部门审查；所谓"进奉"，是指外商向皇帝的进贡。

（3）国境陆路关税

国境陆路关税，在统一江南以前，曾对江南贸易征税平江南以后，北宋时曾与北方的辽、西北的西夏、西南各少数民族部落进行贸易征税南宋时与金也实施贸易征税。宋朝国境陆路关税的征课制度与市舶税的征课制度大体相同，只是所课之税不称抽解，而与境内陆路关税的称谓相同，即称"过税"此外，则有榷货与博买，这两项与市舶税是相同的。但因当时边关战事不休，所以边关贸易时断时续。

宋初，曾循后周之制，与江南互市，干德二年（964年），于建安、汉阳、靳口设三个榷署，由官府专营与江南的贸易，即实行禁榷制沿江百姓和制盐户，如到江南贩卖鱼、柴、屦席之物，必须由榷署给券（类似通行证许可证），才允许到江南贩卖。后来统一了江南，榷署虽存，但已失去了原来的作用。

北宋时，曾在边界设立榷务，与辽（契丹）、西夏进行贸易，并实行禁榷制，贸易的品种仅限香药、犀象等药材和茶叶，但由于战争的影响，贸易时断时续，禁榷也时断时续。

南宋时，也曾在边界设立榷务，与金进行贸易，并实行禁制。南宋时与金的贸易往来时间不长，同样是时断时续。

此外，两宋时与楚、蜀、南粤之地、与西南少数民族各部落以及西部边疆的羌人，都允许百姓自由贸易。同时，与大食、交趾等国也有贸易往来。

二、辽、金、元时期的政治经济概况

1. 辽国的政治经济概况

辽（916—1125年）是以契丹族为主体建立的王朝。作为少数民族的统治政权，虽然常年与中原地区政权交战，但在政治、经济和文化等方面，却深受中原汉文化的影响。

辽国在政治上，采用"因俗而治"的统治制度，其特点是根据不同地域，各民族不同的发展水平，而制定独特的统治制度。其内容包括部族制、奴隶制、渤海制和汉族封建制，采用南、北两套官制进行管理。

辽在世宗阮（947—950年在位）和穆宗璟（951—969年在位）统治时期，内部出现了激烈的纷争，直到景宗贤（969—982年）即位，其统治才渐渐稳定下来。辽圣宗统和二十二年（1004年），与宋真宗签订了"澶渊之盟"，使宋朝年年向辽国进贡，即"岁币"，辽宋两国从此相对安定下来。辽圣宗依靠宋国的进贡，使其经济得以发展，此时辽国达到了历史上的鼎盛时期。经过圣宗、兴宗（1031—1055年）的盛世之后，辽国开始走向衰亡。1125年，辽国为金国所灭。

辽的社会经济经历了几个不同的发展阶段，前期由于国力主要用于向外扩张，采取奴隶制的掠夺式经济，使辽初经济发展较为缓慢，甚至对某些地区经济造成破坏。直到辽圣宗时，辽朝的经济才有一个较大的发展，这无疑是封建化改革的结果。辽朝统治者管理经济的办法与政治制度相同，也采取"因俗而治"的方针。由于这一方针适应当时社会经济的发展，因此北方社会经济在这一时期处于上升阶段。从生产性质上划分，辽代经济大体可划分为三大区域：渔猎区、牧区和农业区。以渔猎为基本生产方式的是居住在潢河、土河之间的契丹族以及东北部女真等族。以畜牧业为基本生产方式的是北方草原各民族以农业为主要生产方式的是南部地区的汉族以及东部渤海人。三个地区的社会组织形态被纳入一个统一的政体之内，加速了相互之间的交流推动了辽代经济向高层次的发展。早已进入封建门槛的南部汉族地区经济，在辽代起着主导作用，带动着北边地区，使牧区、渔猎区在不同的基础上，以不同的步伐向封建经济过渡。

2. 金国的政治经济概况

金（1115—1234 年）是我国历史上继辽之后兴起的另一个少数民族政权，是以女真族为主体建立的王朝。女真族是生活在我国东北地区的一个部族，1115 年，女真贵族完颜阿骨打称帝，建立了金王朝，1125 年，金灭辽，完全控制了北方，并将矛头直指向宋朝。自太宗吴乞买开始，金国大举进攻宋，并攻占了北宋都城开封，灭掉北宋，形成了南北对峙的局面，直至金国被蒙古族灭亡。

金朝的统治，经历了奴隶制建立、奴隶制发展、奴隶制向封建制过渡、封建制确立等阶段。随着社会经济制度的变化，国家政治制度也在急剧变化太宗时，三种政治制度并存，即女真之地（称为内地）实行奴隶制统治，军事上实行猛安谋克制；原辽国统治地区（燕云十六州及以北地区）实行辽国的封建统治按汉地规制设官；原北宋统治的淮河以北地区实行汉人的封建统治，降吏、降将官封原职。海陵王取得皇位后，曾推行封建化的改革。改革的重要之点是统一全国的政治制度加强中央集权的统治。海陵王的政治改革加速了金朝向封建制的转化，促进了社会经济的发展。世宗继位之后，继续实行海陵王的国策，确立了以女真贵族为主，联合汉、契丹、海等族统治阶级的多民族的统治核心，全面采取汉人封建制的政治制度，从而完成了由奴隶制向封建制的转化，使金朝进入全盛时期。

金国在由奴隶制向封建制过渡的过程中，生产力得到迅速发展，有些部门甚至超过了辽、宋的发展水平。金国主要生产部门有农业、畜牧业、手工业和商业。在世宗时，由于社会秩序相对稳定，统治者重视农业生产，随着嫩江和松花江地区的广大土地垦辟为耕地、山区的开发、农具的显著进步和农业生产技术的提高，全国农业生产得到恢复和发展。畜牧业曾一度因战争而遭破坏，在世宗时，也逐渐得到恢复。特别是进入封建社会后，解放了大批奴隶，为农业和手工业的发展提供了劳动力。这时，纺织、矿冶、制瓷、造纸及印刷、火器制造、造船等，都较辽发达。随着同宋、西夏及北方各族经济交往的加强，商业也逐渐发展起来，大兴府、开封府、咸平府、辽阳府、相州等地，都成为较大的商业都会。密州胶西县城为海上贸易重镇。由于商品交换的发展，货币制度也有新的变化。金朝铜钱、交钞的发行量逐步增加，银开始作为货币使用金末，纸币发行紊乱，造成纸币贬值，"万贯惟易一饼"①。

金国财政的最大的特点是在女真人地区按占有奴隶、牲畜的多少征收牛具税，而不是按占有土地的多少征收田赋。这一特点反映了金国游牧民族奴隶制的统治方式。世宗以后，虽然封建制度已经确立，但这种剥削方式仍然保留了下来。至于燕云地区及淮河以北地区，仍实行原来的财政制度。

金国的后期，北方发展起来的蒙古族成为北方最强大的一支军事力量。1121年，蒙古开始了灭金的战争。1234年，金为元所灭，前后共历九帝，119年。

3. 元朝的政治经济概况

元朝是蒙古族乞颜·孛儿只斤氏贵族所建立的王朝。1206年，孛儿只斤部领袖铁木真统一蒙古高原诸部，建立蒙古汗国，自称成吉思汗。1260年，铁木真之孙忽必烈据汉地建国称汗，建元中统；至元八年（1271）改国号为"元"，至元十三年（1276年）陷南宋都城临安，至顺帝至正二十八年（1368年），元统治者北遁，元遂亡。

元朝统治者平定江南，结束了中国自天宝丧乱以来520余年的割据状态，使中国再一次由分裂而至统一。特别是平定吐蕃、云南，使那里自五代以来的纷争割据局面宣告结束，从此中国又成为地域辽阔、民族众多的统一国家。

由于幅员辽阔，也造成了元朝多层次经济同时并存的经济特点。元朝疆域的开拓，促进了交通的发展。当时全国驿站计有1383处，1400余站2②，海

---

① 《续通典》卷十三，《食货》。

② 据《元史》卷一百零一，《兵志·站赤》所载统计。

上交通更为历代之冠，国家控制的海船达 15000 余艘，航海可远达西亚、东非。当时官营手工业规模宏大，仅浙西道就"籍人匠 42 万，立局院 70 余所"[①]。私人手工业规模也很可观，庐陵永福刘宗海开办的冶炼作坊，雇工常达千人。内外贸易也有显著发展，在大都通往西域的驿道上，往来商贾，不绝于途；海路、河道官私商船往来不断；泉州、广州、上海、温州、庆元、杭州、开封、北京等大海港和商埠闻名中外。

元初，农业经济遭到严重摧残，世祖、成宗时期，农业经济稍有恢复，但一直处于停滞状态。

元朝实行蒙、汉等族地主阶级对各族人民的联合专政庞大的官僚队伍由蒙古、色目、汉人等组成，他们代表蒙古贵族和汉族地主阶级的利益对包括蒙古贫民在内的各族贫民进行残酷的经济掠夺和政治压迫。

元朝君主专制的中央集权制又有新的发展。国家设中书省、枢密院和御史台等中枢机构，分掌行政、军事和监察大权。地方分设 11 个行省，行省下设路府州县等机构，中央地方井然有序，形成颇具特色的行政管理体制，尤其是行省之设，奠定了以后的行省规模。

元朝在中原立国之后，很多方面还保留其落后的一面，如将大量的中原民户掠为官、私奴隶或农奴，将各民族百姓分为四等，即蒙古、色目汉人和南人。等级之间界限严格，政治待遇各异。

在实行中央集权制的同时，又实行封地食邑制度，军将割据一方，各自为政，衙门冗滥，十羊九牧，事不归一。

在元朝的政治经济大背景之下，元朝的财政也有其独自的特点。田赋的南北异制，就是其突出的财政特点之一。元朝不仅田赋南北异制，其他赋税也南北各异；就是同一地区，赋税制度也有很大差别。元朝赋役苛重，素有"重于粮，北重于役"之称，其实无论南北，其税粮、赋役都很繁重。

元朝财政的另一特点是商税税率偏低。为鼓励商业经济的发展，元朝统

---

① 《秋涧先生大全集》卷五十八，《大元故正议大夫浙西道宣慰使行工部尚书孙公公亮神道碑铭》。

治者制定了较低的商税税率，在商业都会，商税税率一般为三十取一，边远地区，商旅艰难，故实行六十取一的税率，每遇灾荒还常有减免。这些都体现了元朝重商的经济思想和经济政策然而，由于商业日臻繁盛，兼有统治者的巧取豪夺，所以商税税种不断增加，税额激增，成为元朝财政的重要收入之一。

盐税是元朝主要的财政收入，这也是元朝财政特点之一元朝地域辽阔，产盐之地增多，而且制盐技术也有所提高，加之统治者的残酷搜刮所以盐税猛增，国家经费的 80% 以上来自盐税，盐税也成为百姓的沉重负担。

工商税以白银为本位，以纸币缴纳，这是元朝财政的显著特点中国历史上，工商税通常以实物缴纳，或以铜钱缴纳。元朝工商税除部分品种以实物缴纳外，大部分以钞缴纳。

4. 辽、金时期的财政

辽国的财政： 辽国在得到燕云十六州以前，以畜牧渔猎为主，以剥夺奴隶的剩余劳动为财政源泉，因而没有完备的财政制度。自得燕云十六州以后，农业得到发展，手工业和商业也有了发展，这时，财政制度逐渐建立起来。

（1）田制与户籍

辽国田制比较简单，大致分三类：一、公田。辽西北沿边各地设置屯田，战时打仗，平时放牧、垦耕，积谷以供应军饷。在屯民户，力耕公田不输赋税。二、在官闲田即国家的无主荒田和公田。统和十五年（997 年）募民耕滦河旷地，十年后征租。三、私田。私田包括契丹贵族俘掠奴隶设置的投下州军占有的土地、被掠奴隶放为平民者所占有的土地、原汉地民户占有的土地。

辽国户口按民族划分，有契丹、汉人之分，按经济地位划分有奴隶主贵族、平民和奴隶之分，按缴纳赋税的状况划分为在屯户、二税户、丝蚕户、一般的税户。二税户又有投下二税户、寺院二税户之分。

统治者为聚敛赋税、均平徭役，曾多次检括土地和户口，但由于封建剥削过重，民户多隐匿逃亡，括户成绩不佳。

（2）田赋、徭役

辽国有三种赋役制度。公田在屯之民，出兵役，不向朝廷纳税，所产之粟，全部输官以充军饷，民户相当于官府农奴。在屯之民虽不纳税，但每当农时，一夫为侦候，一夫治公田，二夫给糺（jiǔ）官之役，四丁中无一人在家耕田由此可见其徭役负担是很重的。在官闲田之民，则计亩出粟，以赋公上，税率不详招募耕垦滦河荒地的民户，可免十年租赋。私田的赋税情况，各不相同。投下二税户，纳课于官，输租于主；寺院二税户，其赋税一半输官，一半输寺。汉人占有的土地则按亩出粟，但私田常被侵扰。后来，山前后未纳税户的契丹民户，迁于密云、燕乐两县，亦占田置业纳税。此外，在宜桑麻之地，聚集民户种桑麻。此类民户称丝蚕户，仅供应丝蚕，而无田租。

辽国后期，徭役苛重。圣宗时，户部副使王嘉令渤海居民造大船，将粟米运往燕地，水路艰险，多至覆没，激起渤海居民的反抗；天祚帝时，曾下令汉人富民，凡家资在300贯以上者出军士一人，自备器甲，限20日会齐，扰民滋甚。

辽国赋役不均的状况十分严重。士庶有等差，富人也可贿赂契丹贵族以逃避赋役，致使赋役几乎全由贫民负担。

此外，辽国还有职役，比如，县有驿递、马牛、旗鼓、乡正、厅隶、仓司等职役。由于责任重大，一旦出现问题，致有破产不能赔偿的，百姓患之。南院枢密使马人望，推行免役法，使民出钱免役，官自募人应役，人以为便。由此可见免役法的影响所及已不仅表现在宋朝，辽国也在采用这一措施。

（3）工商税收

辽国的工商税主要有铁、盐、酒和商税。铁课早在阿保机时就出现了。阿保机以渤海俘户在上京道饶州置长乐县，内以一千户冶铁纳贡。东京道尚州东平县有铁冶户三百，随赋贡纳，具体贡纳数额不详。至于铜、金、银等矿，均由国家专营。盐则置盐院管理酒课一般征之于投下军州。商税包括市肆之税和国境之税。投下军州的市肆之税归投下，其他市肆之税归朝廷。辽与宋朝结盟后，曾先后于边境州县设榷场，与宋朝贸易，在榷场设官，征收税款。

（4）财政支出

辽国的财政支出，包括官俸、军费、皇室支出、赏赐支出及其他支出等。官俸支出，史载，杨佶曾居相位，后来，"三请致政，许之，月给钱粟兼隶，四时遣使存问"[①]。萧惠曾对辽兴宗说："臣以戚属据要地，禄足养廉，奴婢千余不为阙乏。"[②]耶律敌烈，曾任南院大王，他"以疾致仕，加兼侍中，赐一品俸"。以上所载，说明辽国存在禄制度，但史载不详。军费支出，史载：辽国"凡诸宫卫人丁四十万八千，骑军十万一千"[③]，但由于军队平时屯垦，战时由军兵自备武器、马匹、盔甲，国家只供应粮草，财政直接用于战费的主要犒赏军士。皇室支出主，包括修筑宫室和宫室日常生活费用，主要取之皇室拥有的宫分户，但大规模支出如宫室建筑则要随时抽调奴隶和民夫应役。赏赐支出，除对军队赏赐外，还有对大臣、功臣、外国使臣及高龄老人的赏赐，赐予颇丰。辽国财政支出中，还有修筑道路桥梁、水利工程建设、文化教育、救灾济民等支出，但所占比重不大。

（5）财政管理

辽国官制，中央分北、南二院。北院主管契丹本族宫帐部族、属国之政，南院主管汉人州县、租赋、军马之事。南北二院各设大王，以主管财赋。财政机构在中央设有户部，五京中还设有专管某一财政事务的官职，如上京有盐铁使司，东京有户部使司，中京有度支使司，南京有三司使司、转运使司，西京有计司地方设有刺史、县令等，均有财政管理职责。

金国的财政：金国财政的最大特点是在女真人地区按占有奴隶、牲畜的

---

①　《辽史》卷八十一，《杨佶》。

②　《辽史》卷八十八，《耶律敌烈》。

③　《辽史》卷三十，《营卫志》。

多少征收牛具税，而不是按占有土地的多少征收田赋。这一特点反映了金国游牧民族奴隶制的统治方式。至于燕云地区及淮河以北地区，仍实行原来的财政制度。

（1）田制与户籍

金国田制包括官田、私田两类。官田来自两个方面，其一，女真初入中原，军队大肆掠虏，百姓流亡，耕地夷为旷土，成为官田；其二，女真人移入中原之初，即将大量民田括为官田，此后又不断拘刷土地，使官田数量不断膨胀。这些官田或转变为牧场，或租给汉人佃种而收租，或授给奴隶主。昌明三年（1192年，南京、陕西两路，计有牧地99200余顷。贞祐五年（1217年）河南租地计有2万顷，南京路官田民耕者99000余顷。私田是指汉人占有的耕地，金朝将私田分为九等，分等纳税。

金国对女真居民实行受田制度，受田的多少，以占有牧畜和奴隶的多少为依据。凡占有耕牛一具（三头）、民口（包括奴隶与女真平民25口者，受田四顷四亩，占田不得超过40牛具，即耕地160余顷、民口1000、耕牛10头。对女真奴隶主贵族授给肥田沃土，而贫苦平民则拨给瘠田薄土。实际上女真奴隶主贵族并不受授田限制，他们通过各种途径，如豪夺民田，多占官田，冒占官田，以兼并大量土地。

由于官田被奴隶主贵族冒占和大片土地被兼并，使国家赋税收入急剧减少。在这种情况下，金国统治者多次实行括田和通检推排，以清查土地核实财产，增加赋税收。

金国户籍制度规定，将民户分为正户与杂户两类。正户是女真人，杂户包括汉人、契丹人、渤海人。正户服兵役，但赋税负担较轻，杂户则负担繁重的赋税与徭役田制和户口是金朝征收赋税的基础。

（2）田赋与徭役

①田赋

金国的田赋制度是，公田输租，私田输税。对私田征收田赋，实行两税法。

其制是：私田按土质分九等，安等输税。平均起来，夏税亩取 3 合秋税亩取 5 升，又纳秸一束，每束 15 斤。夏税以 6 月至 8 月为缴纳日期，秋税以 10 月至 12 月为缴纳日期。每期分三限，即初、中、末三限。州 300 里外缓一个月期限。输税距离远者，有减免的照顾。距离 300 里外，每石减 5 升。以后每超过 300 里，每石递减 5 升。

女真猛安（300 户）、谋克（3000 户）纳牛具税。牛具税始征于太宗天会三年（1125 年），当时乍成丰收，太宗下诏每一牛具纳粟一石，由每一谋克设置仓库贮存，以备灾荒。天会四年（1126 年），又下诏内地诸路，每牛一具，纳粟五斗，为定制猛安谋克户的土地因是官府受田，所以牛具税实质上具有地租性质。

汉人赋税负担按规定即较女真人沉重得多，实际执行时比制度规定之数更有加重。因为，第一，田赋制度虽然规定按田地九等纳赋，实际征收时，并无等次之分，均按上等征税。第二，官吏在征收田赋时，贪暴昏乱，与奸为市，大斗浮收现象十分严重。第三，抑配之弊严重。百姓以赋役繁重，不免逃亡，而逃亡户的赋税，均摊派给未逃亡之户，致使未逃之户，赋增数倍。史载："（叶县）自兴兵，户减三之一，田不毛者万七千亩有奇，其岁入七万石如故。"[1] 由此看来，每亩所征并非五升三合（夏秋两税），而是将近六斗第四，尚有女真豪强强占汉人土地，仍由汉人输税等弊端，这都是人民难以承受的负担。

②徭役

金国的徭役有兵役与夫役两种。兵役初由女真人承担，后来汉人、契丹人也承担兵役。金国的兵役负担十分繁重，不少人久戍在外，甚至有 10 年不归者，还要自备衣服等物。夫役是指临时征调的民夫徭役，如治黄河，营建宫室，修筑城墙，运输官物，围场打猎，等等，都征调民夫服役。由于官府频繁役使，民不堪其苦，往往全家外逃，或者出家为僧道，以避重役。至于

---

① 《金史》卷一百二十六，《文艺》之《刘从益》。

有官职的品官之家，则享受免役特权，按物力出钱而不服役。那些纳粟补官而官阶不够荫其子孙的进纳官、各司吏人、译使、系籍学生、医学生等，也享有免一身之役的优待。

（3）工商税及杂税

①盐、茶、酒、矿等课

金国对手工业产品的税课有十项，即盐、酒、曲、茶、醋、香、矾、丹、锡、铁盐课，仿北宋之钞引法。官府置库，以造钞引。商人贩盐，按引缴价，领得钞引，凭钞引到盐场领盐贩销。盐引的批发，由盐司主管，盐引的缴销由各州县负责。金代盐课，每石课盐150斤，为正课；另加盐耗22斤半。盐课均由汉人负担，猛安户不负担盐课，其所辖贫民及富人奴婢，皆给盐，离盐场远者，还可计口授值。

茶课，用茶引法，买引者纳钱或折物，每斤为一袋,600文，后减为300文。此后，因耗财过甚，于是限定品级引茶，初限七品以上方允许饮茶，后定亲王、公主及现任五品以上官。所蓄之茶，只能自用，不得出卖或送人。

酒课，初禁私酿，而由官府招酒户酿酒。世宗大定二十七年（1189年），改行曲课，许民酤酒。

金银，矿允许民间开采，官征产品的1/20。由抽分官负责抽分征税。此后又行包税制。世宗年间取消坑冶税。

此外，金朝对制瓷实行抽分制，百姓经营瓷窑，官府派官抽分。

②商税

商税由商税务司负责征收和管理。商税务司设在中都，各地设商税务院。世宗大定二十年（1180年）定商税法。税法规定：凡金银百分征一，其他货物百分取三此后，商税税率不断提高，金章宗年间规定小商贩贸易，货物征钱，税率为4%，金银征3%中都商税税额，世宗时为164000多贯，章宗承安初增加到204000余贯。

此外，有国境贸易征税。金与宋在分界线上置场，凡11处，金与夏在分界线上置榷场凡 3 处，在休战期间，双方通过榷场易货物，并设官征税，成为金朝的重要收。大定时，金国四州榷场，每年收税钱 5 万余贯。秦州西子城场，大定时每年收税万余贯，章宗年间增加到 12 万贯。

③杂税

金国尚有许多繁苛的杂税，其中主要有：

物力钱。依民户私有的田园、邸舍、车辆、牲畜、树木的价值和收藏金银的多少征取税钱。此项征收，叫物力钱。民户自己居住的宅院不征，猛安、谋克户和监户、官户在住所外置田宅则征。遇有临时差役，即按物力钱之多少均摊。

铺马钱。国家设驿递铺，驿递铺所需养马之费，向民间征收，称铺马钱。

军需钱。世宗南征时，每年需军费一千万贯，官府只备二百万贯，不足部分向官户、民户征收。此后各地军将，无限制地以军需钱名义勒索百姓，成为人民的沉重负担。

免役钱。此钱沿袭北宋之制，州县按百姓物力多寡征收税钱雇募司吏与弓手称免役钱。世宗年间罢征弓手钱，司吏钱照征。

黄河夫钱。金朝统治时期，黄河经常泛滥成灾，政府屡次征调黄河堤坝夫役，以后就以治河名义向百姓征钱，故名"黄河夫钱"，亦称"河夫钱"。

预借。世宗初年，朝廷经费不足，始行预借租税，金后期更屡见不鲜。

三、元朝的赋役

在元朝的政治经济背景下，元朝的赋税收入有其独自的特点。具体表现在：其一，赋税制度差异化。元朝不仅田赋南北异制，其他赋税也南北各异。其二，商税税率偏低。为鼓励商业经济的发展，元朝统治者制定了较低的商税税率，促进商业日臻繁盛，商税税种不断增加，税额激增，成为元朝财政的重要收入之一。其三，盐税成为元朝主要的财政收入。国家经费的 80% 以上来自盐税，盐税也成为百姓的沉重负担。其四，工商税以白银为本位，以纸币缴纳。元朝国家发行纸币，工商税大部分以纸币缴纳。但由于过量增发纸币以弥补财政不足，引致通货膨胀，物价上涨，百姓以物易物进行交易，纸币制度遂被破坏。

1. 田制和户籍

（1）田制

元代的田地，主要分为两类，即民田和官田。民田绝大部分为地主和蒙古贵族所占有，平民百姓占有的土地甚少，而且常有被兼并之虞；官田包括皇亲、贵戚的食邑，作为官俸补充的职田，作为学校师生禄廪的学田，赐给寺道观的寺田和供作军粮的屯田。屯田又有军屯、民屯之别。民田征税，官田收租。因元朝土地管理混乱故终元之际，无完整的土地统计数字。

元朝建立以后，土地兼并日趋严重，统治者多次下诏，令豪富、诸王勿得兼并，同时下令富民减租以佃[1]。

（2）户籍

元代的户籍制度十分繁杂，为历代所仅见。元朝盛时有户1400余万，口5980余万2[2]。统治者将全国人口按民族分为4等，即蒙古、色目（西域各民族的统称）、汉人（原金地的汉族）、南人（原南宋统治下的汉人及其他少数民族）；根据职业上的区别，分为军户、站户、匠户、僧道户、儒人户、种田户等多种根据社会地位分成官户、民户、驱丁户等；按籍户的先后分元管户、交参户、漏籍户、协济户等；按科差负担程度分丝银全科户、减半课户、止纳丝户、摊丝户，等等。每户等的政治待遇不同，赋役负担差异很大。

---

① 《元典章》卷三、卷二十五，《通制条格》卷十六，《元史》本纪·卷四十三之"至正十四年"条。

② 孙文学：《中国财政历史资料选编》，第七辑，13—14页，北京：中国财政经济出版社，1988。

（3）赋役册籍

为了便于对土地、户口的控制和赋役的征发，元代建立了一套赋役册籍。据史书记载，元至正二年（1342年）的浙江余姚州就曾登记过多种册籍，有水不越簿和鱼鳞图册，以掌握地籍，确定赋等；有鼠尾册，以确定户等，以备科差。其后，至正十年秋浙东廉访使董守悫在浙东均役，同样有鱼鳞册、乌由契和鼠尾册，来握以掌握土地、户口并依此征收田赋和科差。国家就是凭借这些册籍控制土地、户口，征发田赋、徭役。

（4）经理之法

元代实行经理之法，旨在括隐田，增赋税。世祖之初，曾多次进行括田，履亩征税。至延祐元年（1314年）用铁木迭儿奏议，实行经理法。首先张榜，晓谕百姓，限四十天内，将其家所有田产田赋，自己向官府呈报，如有作弊者，许人告发，告发得实，或杖或流，所隐田产没官。这种经理办法，虽然清理出部分田产，增加了田赋收入，但由于期限促迫，官吏贪苛用事，富民黠吏并缘为奸，往往以无作有，虚报于官，致使民不聊生。

2. 田赋

元代的田赋，有税粮，有科差。税粮行之于江北地区叫作丁税、地税，行之于江南叫夏税、秋税；科差在江北有丝料、包银、俸钞，在江南有包银和户钞。

（1）丁税、地税

丁税、地税制度始于太宗。太宗八年（1236年），"乃定科征之法，令诸路验民户成丁之数，每丁岁科粟一石，驱丁五升，新户丁驱各半之，老幼不与"。其地税，"上田亩税三升半，中田三升，下田二升，水田五升"[①]。世祖至元十七年，对这个规定又加调整，新调整的税制是："全科户丁税，每丁粟三

---

① 《元文类》卷五十七，《杂著·中书令耶律公（楚材）神道碑》。

石，驱丁粟一石，地税每亩粟三升。减半科户丁税，每丁粟一石。新收交参户，第一年五斗，第二年七斗五升，第三年一石二斗五升，第四年一石五斗，第五年一石七斗五升，第六年入丁税（即每丁三石）协济户丁税，每丁粟一石，地税每亩粟三升"①。丁税、地税之制渐臻完备。

（2）夏税、秋税

成宗元贞二年（1296年），始定江南夏税秋粮之制当时规定："秋税止命输租，夏税则输以木棉布绢丝绵等物。其所输之数，视粮以为差粮一石或输钞三贯、二贯、一贯，或一贯五百文、一贯七百文。"② 征收的办法是，根据土地肥瘠的程度，人口的多寡，取其平均数而征，折输的物品，按时价高低折算。种制度有些地区没有按照实行，例如，湖广行省就没有征收夏税，而收征门摊课钞，每户一贯二钱，较夏税增钞五万锭。此税的税额，湖广为"亩取三升"③。其他各地相差不会太远。后来各代，又续有提高，例如至大二年（1309年）曾令江南民岁收粮满五万石以上者，每石输粮五升于官。所输之粮一半入京师，以养御士，一半留本地，以备荒年延祐七年（1320年）又增两淮、荆、湖、江南的田赋，斗加二升。可见，江南的田赋制度名为统一，实则各地相差悬殊，畸轻畸重，元统治者只为求得收入，并未关心百姓的负担是否公平。

元制官田只课秋税，不征夏税。但官田租额很高，如大德十年（1306年）太和岭屯田，"人给地五十亩，岁输粮三十石"，相当于每亩征租六斗。

元朝征收的税粮，每年约一千二百余万石，其中又以江浙、河南两省纳粮最多，江浙行省纳粮有时竟占总数的三分之一以上。

（3）科差

元代的科差包括丝料、包银和俸钞、户钞。

---

① 《元史》卷九十三，《食货》。

② 《元史》卷九十三，《食货》。

③ 《元文类》卷五十七，《杂著·湖广行省左丞（阿里海牙）神道碑》。

丝料，包括纳官正丝和五户丝两部分。纳官正丝（也叫系官丝）是国家取之于民，纳入国库的那部分丝料；五户丝是国家取之于民，转送给食邑诸王的那部分丝线、颜色等。丝料制度始行于太宗八年（1236 年），其制，纳官正丝：每二户出丝一斤，输于官府；五户丝：每五户出丝一斤，输于食邑于本地的诸王勋臣，称"本位"。世祖时，重定户籍科差条例，因户等不同，科差也不相同，如元管户内丝银全科系官户，全科系官五户丝户，每户纳丝一斤六两四线。全科系官户所纳的丝线，全部缴给国家，全科系官五户丝户所纳的丝线，将其中的一斤交给国家，其中的六两四线攒至五户满二斤时付给"本位"。由此可知，世祖时百姓的丝料负担已提高一倍。至成宗大德六年（1307 年），摊丝户由原来的摊丝四斤提高到五斤八两。

包银，又称包垛银。太宗时初行于真定一路，以济一时之需；后又推行于中原各地包银初行时，令中原汉民户出银六两；宪宗五年（1255 年）减为四两，其中二两征银，二两折收丝绢颜色等物；世祖建元中统，改征银为如数征钞，钞二两斥银一两，故比原征又减一半。世祖平江南以后，包银之制又推行到江南，但制不可考，据《元典章》载，仁宗延祐七年（1320 年）规定：江南"开解库铺席、行船做买卖，有经营殷实户，计依腹里百姓在前科差包银例：每一户额纳包银二两，折至元钞一十贯本官司验各家物力高下，品搭均科"①。至泰定间，因天灾免除江南包银顺帝至元三年（1337 年）立船户提举司十处，提领二十处，并定船户科差，船一千料（料，载重计量单位。每重一石为一料）以上者，岁纳钞六锭，以下递减。

包银原只征于汉民，自仁宗延祐七年（1320 年）四月始对散居郡县的回回户征课包银，户科二两。

俸钞。始于世祖至元四年（1267 年）。当时，国家颁行官俸制度，为支付内外官吏俸，令纳包银户每四两增纳一两，以钞折纳，故名俸钞。可见，俸

_____

① 《元典章》卷二十一，《户部》之"钱粮收征课包银"条。

钞实际是包银的附加。成宗大德六年（1302 年）调整俸钞，原无俸钞负担的止纳丝户，增钞一两，原包银户俸钞由一两减为二钱五分①。

户钞。户钞是行之于江南的税目。世祖平江南以后令将部分土地和民户拨赐给诸王、公主、勋臣，作为食邑。食邑民户纳钞以供封君享用，名为"户钞"至元二十年（1283 年）正月规定，在一万户田租中，输钞百锭，准中原五户丝数，平均每户输钞五钱②。成宗即位，以纸币贬值，每户增为二贯，合万户为钞二万贯，折四百锭，所赠之数不赋于民，而由国家补足③，其实最终负担者仍是贫苦百姓。户钞与中原户丝一样，不入国家财政，而入封君私囊。

（4）田赋的附加、预征、豁免及输纳

元朝田赋在正税之外，有附加，有额外苛敛，也有预征。田赋附加，元代规定，民田税粮每石带鼠耗三升，分例四升，共七升，其中一升供作仓库官吏的费用，余者与正粮一同存储；官田则带纳民田的一半。除附加外，官吏往往额外加征，有"赋一征十"者、有"十加二"者，丁税、地税并征，甚至十倍于正粮，百被迫逃亡，而逃亡户的田赋又摊给未逃之户，人民的赋税负担很重。至于预征，在元代不属常见。政和元年 11 年，皇室诸王争夺皇位，供亿不足，于是令折输明年田租。

元朝的输纳、收受制度，史载在世祖即已完备。当时规定："随路近仓输粟，远仓每粟一石，折纳轻赍钞二两。富户输远仓，下户输近仓"，"每石带纳鼠耗三升，分例四升。"输纳的期限、税粮与科差不同。就是税粮，也因地差别，缴纳期限也不一致，一般分为上、中、下三限。

元盛行包税制，田粮的输纳多由富户、势要之家包揽，贫民多受包税者的盘剥至元十七年（1280 年）曾规定"权势之徒结揽（即包纳）税石者罪之，

---

① 《元史》卷九十三，《食货》之"科差"条。

② 《元史》卷十二，世祖之"至元二十年正月辛西"条。

③ 《元史》卷十八，成宗之"至元三十一年正月庚子"条。

仍令倍输其数"。同时规定，不准仓库官吏"飞钞作弊"，否则"置诸法"①。科差按户等高下课征，夫役则以贫富为差，先富强，后贫弱，贫富相差无几，则按丁先多丁，后少丁，挨次科派。

诸如此类的规定，不过虚具形式，在实际执行中，包揽税石、官吏与势要之家串通一气剥削细民的现象，终元不绝，越演越烈。

田赋的豁免，包括税粮的豁免和科差的豁免。关于税粮的豁免，元制，军、站户给予四顷地的免税权，超过四顷，按例纳税，老幼免课。僧、道、商人、官吏等户，虽不予豁免，但国家法令对这些人的约束力不大，他们常常用各种方式逃避税粮。关于科差的豁免，元制对儒、僧、道、也里可温（天主教士）、答失蛮（伊斯兰教士）、军、站等户均予豁免。此外，如遇为歉，皇帝登基或巡幸，也有减免照顾。这种减免，实际上，老百姓受益甚微。

（5）畜牧税

元朝畜牧税（即羊马抽分）最早见于史者在太宗元年（1229 年）八月，当时规定蒙古民有马百者输牝马一，牛百者输牸牛一，羊百者输羊一。成宗元贞二年（1296 年），扩大至所有养马牛羊之家了。元征收的畜牧税主要是供养皇室。每年征收多少马牛羊，史载不详。

3. 徭役

元代的徭役，包括兵役、职役、杂泛差役三大类。

（1）元代的兵役

元代的兵役制度主要实行军户制。所谓军户制，即签发有丁之家，立为军籍，世代为兵，称为军户；以军户之丁出兵役，即为军户制。只有当军卒不足，而又急需用兵时，才实行募兵制。募兵是一种权宜之计。

元朝的军户制实行于 1210 年，成吉思汗建立蒙古国后，急于进取中原，

---

① 《元史》卷九十三，《食货》之"税粮"条。

根据降将郭宝玉的献策,规定:凡蒙古、色目部落"家有男子,十五以上,七十以下,无众寡尽签为兵"。蒙古族人,编为蒙古军;色目人,编为探马赤军。以后平金得中原,又征汉人为兵,充当军户的,或按贫富程度来出,或按男丁多少来出,或按户口多少来出,在用兵之际,如兵员不足,商贾、匠户也要充当军户。

元代规定,军卒充役期间所需一切费用,均由军户自理,所以军户虽有四顷地的免税权,但由于兵役繁重,有的军户家出三四丁,农田尽废仍要出杂役、科差;有的军户贫乏,得不到放免,不得不典卖田产,甚至鬻妻子儿女以充役;有的军户之丁远边镇,十几年不得放还,而老死行伍;有的军户之丁戍者未还,代者当发,前后相仍,困苦日甚。诸如此类,都使军户往往不能自存,纷纷破产逃亡。为缓和这种局势,元统治者曾实行士兵轮番休息的更番制度,以济贫乏,备行装;减免军户的税粮、科差杂役,减轻军户负担;对久戍边镇的士兵赐以钞、粮等物资,周济贫困军户;放免贫困军户,易之以富实之户为军户等。这些措施,都不过是权宜之计,不能根本改变军户的困苦境遇。

(2)职役

职役是为保证国家需要而向民户征发的专业性徭役。元朝的职役是对宋代职役的承继,又与宋代有很大不同。其种类较宋代为繁,制度也有很大差异。

站役。站役是专为国家邮传驿递服务的特种徭役,充当站役的民户称站户,负责供应邮传、驿递、过往使臣的饮食和其所用马匹、牛只、船轿、车等交通工具的诸项费用,负责供养各地进献的珍禽异兽,并提供运送工具。元规定站役由中上户承担,但中上户往往设法诡避,多由贫下户充役。由于负担太重,自元中期以后,国家驿站规模逐渐缩小。

匠役。匠役是专为国家制造军器及各种手工业制品的徭役充当匠役之户叫匠户,又分为系官匠户、军匠户和民匠户。系官匠户类似官奴在官营手工作坊中从事各种工役造作。军匠户是为官府制造各种武器的匠户,隶军籍。

民匠户可自由造作，但常被官府签发人工局营造。匠户为官役使时，官府按月发给口粮和工费，但标准很低，又可免丝钞、四顷地的税粮和杂泛差役，故其境遇要稍好于站户和民户。

马步弓手。马步弓手是维持地方治安的武装巡警，"职巡警，专捕获"。所属军械器杖均由自己备办。马步弓手由包银户差充，每百户中有一户充役，充役之户免纳自身税银，所免部分由其余九十九户均摊。

主首、里正、社长和库子。元制乡设里正，都设主管，社有社长，坊有坊正。主首的职责是催办钱粮，里正、坊正、主管和社长则负责管理本里、都、社、坊的居民，督课农桑。按规定这些职役应由税粮在一石以上的富户，依富裕程度为序依次轮流承担，但富实之家，往往买通官府，诡避赋役，赋役负担又落在贫难下户身上。

祗候、曳剌、牢子。祗候、曳剌、牢子均属路、府、州、县等官衙中的杂职公差。腹里各级官衙的祗候、曳剌、牢子由包银户差充，江南由税粮三石或二石之下一石以上之户差充。充役户于腹里者免包银，在江南者免税粮，所免之数，由未役者均摊。

（3）杂泛差役

杂泛差役是临时征调的夫役或银、钞、车、马等钱、物。凡筑城、修路、修治水利、营造官衙私第，运送粮草，无不随时派役，甚至搬运官吏私物，也向百姓派差、派役。这种杂役没有固定时日，也不付报酬，即使付给报酬，也为数甚微，不敷旅途之资。加以不时征发，占用大量民力，给人民生产、生活带来巨大痛苦。

（4）雇役、代役、助役和免役

雇役是指本人出资雇人代役。元朝兵役的雇役只限于军户丁单而财力充实的人户。丁多人家不得佣雇。军官亦不得雇。职役的雇役，元至正年间行于浙右一带。

代役是指军人身死而无亲丁者，可以少壮驱丁替代服役，或兄弟代役。

助役始于世祖之时，后在英宗至治三年（1323 年）四月推行助役法所谓助役法即官府派使臣考察应税田亩，按一定比率从应税田亩中拿出田亩若干，由应役人掌管，以田亩的收入充役费。泰定帝初年规定，江南民户有田一顷以上者，于输税外，每顷量出助役之田，由里正掌握，以这部分田地的收入作为助役之用寺观田土，除去在宋时旧有土田，凡新增之田亩，验其多寡，出田助役。这种办法，又称助役粮。

元朝的免役一般是指杂泛差役及和雇、和买之役，而且免役范围极广，如鹰坊扑猎户、控鹤系军户、儒人户、僧、道、也里可温、答失蛮等户均免杂泛差役、和雇和买之役，有时军户、站户、匠户也免杂泛差役、和雇和买之役。至于诸王、贵戚及官豪势要之家，要在豁免之列。此外，也有灾免，但百姓受惠不大。

4. 和籴、和买与和雇

和籴原意是官府以平价向百姓购买粮食，但实际上是国家强制向百姓征购粮食元朝的和籴，包括市籴粮、盐折草两类。市籴粮即国家出钞购买百姓的粮食国家规定以高于市价十分之一的价格征购粮食，或以盐易粟，称为募民粮盐折草，是指国家在五月付给百姓盐，草熟时，以草抵盐价，规定以二斤盐抵一束草，草每束重十斤。这种办法都是强制性的，不论愿意与否，都要卖给，而官储往往少付钞或不给钞。

和买是指国家出资，向百姓购买所需之物，如马匹布帛之类。但在实行过程中，强制向百姓购买，而成为变相的赋税。和买名义上国家付款，实际上"分文价钞并不支给"，有的则"不随其所有而强取其所无"，百姓不得不"多方寻买，以供官司"。和籴、和买，均属不等价交换，实质是非赋之赋。

和雇是指国家出钱，强制征雇民力，用于运送官粮物赴边塞。由于雇资微薄，官支价钱，十不及二三，不敷之数，令民自行赔补，和雇实质上是非役之役。

第二节 政商关系分析

一、北宋前期对商人的宽容和商人势力的膨胀

汉唐在初期都取消过关津之税，盐铁等主要商品都允许私营。北宋却不同，它延续唐后期和五代的做法，保留了商税和商品专卖制度，但北宋前后政策比之前代还是有所放宽，因此商人势力就有很大的增长，已能通过各种关系，揳入封建政府内部，使商业政策朝着有利于商人利益的方向变动。

1. 北宋初期的恤商政策

《宋史·食货志》说："自唐室藩镇多便宜从事，擅其征利。以及五季诸国，益务掊聚财货以自赡，故征算尤繁。"赵宋开国，号称"仁政"，但也并没有把商税废除，只是下令做些减省、订立税则而已。如宋太祖受禅，即诏："所在不得苛留行旅，赍装非有货币当算者，无得发箧搜索"；又诏："榜商务则例于务门，无得擅改增损及创收。"在统一战争中，"所下之国，必诏蠲省，屡敕官吏，毋事烦苛、规羡余以邀恩宠"。赵宋政权，财政支出巨大，自唐后期以来在国家财政中所占位置日渐提高的商税，已无法取消。太宗淳化二年（991 年）诏中说："关市之租，其来旧矣。用度所出，未遑削除。征算之条当从宽简。宜令诸路转运佪以部内州军市征所算之名品，共参酌裁减以利细民。"这就反映了宋初统治者局部改良的政策思想。

但是北宋统治者总算把五代时纷乱苛杂的税做了整顿而使之制度化了。当时的商税则例规定：商税正税分过税、住税两种，过税是通过税，税率为百分之二，住税是住卖税，税率为百分之三。在全国各地设置名叫税务（大

或税场（小）的机构，征收税钱。北宋鉴于唐末藩镇割据之祸，实行中央集权，在经济上尽量把财权收归于中央，商税收入除支付地方经费外，全数上解朝廷，大的税务且"专置官监临"，"以朝臣监州税"，"此盖收方镇利权之渐"。虽然逢关过卡要缴百分之二的税，然由中央政府规定制度，派员监督，比之唐末五代的各地自己收税，毫无章法，对于商人来说，自然要好得多了。

宋初征收商税，虽然其"名物各随地宜而不一焉"，但北宋政府一再规定"除商旅货币外，其贩夫贩妇，细碎交易，并不得收其税"，"两浙诸州纸扇芒鞋及细碎物，皆勿税"，令柴薪渡河津者勿税，又免农器收税。同时规定："当税各物，令有司件析揭榜、颁行天下"，使征收者与完纳者皆有准绳。到北宋中叶，仁宗也还屡下减税之令。这些做法，对于中小商人来说，也能减轻一些负担，还不仅仅是在于争取富商大贾对新政权的支持而已。

正由于宋初商税征收有则、细碎品物免税，不抄腰包，不拘行旅，限制了官吏勒索之弊，免得商民不胜其苛扰之苦，所以被认为是采取了"恤商"的政策，"诚便商惠民之举，而堪为后世治国者取法"，更有人称之为"薄税敛"，"采取轻税方针"。这些都未免过誉。不过在国用所资、商税必须保留（否则要加重农民的赋税）的情况下，这也确实可算搞得比较不错了，客观上有利于促进商品的正常流通，而消除（或减少）流通过程中不必要的人为障碍。自然，在另一方面这也便于富商大贾进一步扩展自己的经济力量。国家统一，商税又不很重，他们的买卖比五代时更好做了，赚的钱也就更多了。

2. 从官商共利到官商争利的商品专卖制度

北宋政府的"冗官""冗兵""冗费"十分突出，其财政来源除了靠商税支撑之外，更重要的是得自商品的专利收入。从宋初起就对几个主要商品如盐、茶、矾、酒等实行专卖制度。其中尤以盐茶的专卖变化最多，同商人的关系也最复杂。

北宋盐的专卖具体做法因地而异。大部分地区—其中主要是东南诸路，采用直接专卖的官般（官般，即官运官卖法），一部分地区是推行官收商销的间接专卖制；只有少数地区曾有一时允许商收商销，自由贸易。官般官卖要差役乡户担任运输，对人民骚扰很厉害；产地附近私盐价廉易得，官盐卖不掉，就强迫摊派。其流弊很多，也是由来已久的老问题了。官卖收入大部分归州县，作为地方经费，因此对北宋中央政府来说，同它关系密切、时刻关心的事，不在于官般官卖，而在于官收商销。因为官收商销当时采取"入中法"，入中的收入是归中央政府直接掌握的。所谓"入中法"，就是大盐商在京师汴梁的"榷货务"（管理盐茶和进口商品的总贸易机构）入中（入纳）金银钱币，榷货务发给一种叫"交引"的证券，商人凭此到产地取盐（要勘对交引的存底），可在规定的"行盐"地区内自由运销。但不能越界销盐，更不能销于由官府自卖盐的禁榷地区。在北宋初前期，官般官卖占主要比重。

茶叶与盐不同，大部分是官收商销。除了淮南实行官卖和四川广南不实行专卖（听民间买卖，但茶不能出境）以外，其他地区都实行通过商人运销的间接专卖制。具体做法也是采取"入中，宋政府在淮南设"山场"，管理"园户"生产（私营），并收买茶叶，售于商人；另外在交通要道设榷货分务，主管淮南以外其他产地的茶叶的收纳和发售工作。园户生产的茶，部分缴租和自愿折缴他税（"折税茶"），少量留给自食（自食茶），其余全以低价卖给官府，私卖要判重罪；在缴售数量上要负担百分之二十至三十五的损耗；对官府预付的本钱"要出百分之二十的利息，官府以高出原价倍余至数倍的价格，把茶转卖给大茶商商人也在京师货务缴钱，凭"交引"到山场或榷货分务去提货，在官卖以外的地区去出售。销茶时也和销盐一样，都要再缴纳过税和住税。

北宋政府之所以要对盐（小部分）、茶（大部分）实行官收商销，无非是由于"兴利广则上难专，必与下共之，然后流通而不滞。"[1] 既然茶盐的流通不能不"仰巨商"，那就不得不让给他们一部分利润。封建国家和巨商之间基本

---

[1] 欧阳修语，见《欧阳文忠公全集》卷四五《通进司上书》。

利益虽然一致，但在利润数额分配的多少上双方也必然要发生矛盾，矛盾的突出是在"沿边入中"的新办法实行一段时间以后。

北宋的特点是没有完全实现全国的统一，在北方和西北有辽和西夏与之对立。宋辽之间在宋初时经常发生战争，此后，宋和西夏之间也屡有军事冲突。为了支持战争，支持战后的屯兵防守商品的专卖办法就做了相应的变动——由京师入中金银币变为边塞入中刍粮，这是军事因素对商业政策发生的重大影响。

塞下入中（或称沿边入中）最初行于河东河北太宗"雍熙二年（985年）三月令河东北商人如要折博茶盐，令所在纳粮，赴京请领交引，盖边郡入纳算请，始见于此"；"雍熙后以用兵乏馈饷，令商人输刍粟塞下，增其值，令江淮荆湖给以颗末盐"[①]。可见边塞入中是在雍熙年间宋辽战争期间开始实行的。当时一方面是"飞刍挽粟"，边境需要大量的粮食、刍草和其他军需用品，政府开支和运输都感到困难；另一方面是盐茶堆积如山，存量丰富，要找出路宣泄。就在这种情况下，北宋政府决定仿刘晏以绢易盐的做法，决定实行沿边入中的制度，号召商人运粮草木材等到边塞，根据入中的货物，考虑道路远近，在价格上给予优待，按所折代价，出给交引（凭证），以盐（解池盐和江淮盐）茶（后来还有矾和进口的香药犀角象牙等物）以及东南缗钱来抵付，允许商人在商销地区内运销茶盐。另外，在京师也设置"折中仓"，号召商人运粮到仓，优给代价，凭交引去兑换茶盐，折中之法与塞下入粟相同。宋与西夏失和后，边塞入中之法推广到陕西，由商人粮草军需品于沿边，发给交引，凭以换取盐茶。沿边入中法在实行的初期，保证了军需供应，推销了积压茶盐，节省了商品交换中大量的现钱（铜、铁钱）往来搬运，对官府和商人都是有利的。在这个时候，官、商双方相互利用的一面还占主导地位。

---

① 《文献通考·征榷考》。

可是日久生弊，沿边入中法到后来（宋中叶）愈益暴露出它的问题。这主要是由于沿边的官吏为了招徕入中，为了与商人分肥，故意高估入中物资的价格。史称"猾商贪吏，表里为奸，至入橡木二，估钱千，给盐一大席，为盐二百二十斤"，"米斗七百，甚者千钱"，说明了情况的严重。"刍粟之直，大约虚估居十之八"，茶盐的价格就相对降低，其支出的数量就大大增加。有时一斗大麦竟要支出价值一贯二百五十四文的茶叶，真是"边籴才及五十万，而东南三百六十余万茶利尽归商贾"，"虚费池盐"亦"不可胜计"。"商利益博，国用日耗"，封建政府觉得吃亏了，一场官、商（大商人）之间剧烈的利润争夺战就展开了。

从政府利益出发的官员都主张废除沿边入中的制度。如仁宗天圣元年（1023 年）宋政府在三司使李谘的建议下，曾改变边地入中的旧办法，行"现钱法"：商人以现钱购茶，沿边所需粮草由官府自己以现钱和籴。又行"贴射法"：商人出钱直接向园户买茶，官府坐收进销差价，不再支付茶本，目的都是要避免入中虚估之弊。盐在行入中法后商销范围渐次扩大，到仁宗庆历时不少地区又由入中改行官卖，把商人排除出去。饱尝"交引法"入中虚估甜头的富商大贾，自然不甘心其厚利就此丧失，他们勾结部分官僚贵族（有些官僚贵族本身是经商的），纷纷起来反对，制造种种借口，力主恢复旧法，使仁宗在"怨谤蜂起"面前转而"疑变法之弊"。茶盐法就经常在摇摆不定之中，尤其是茶法争论得更是厉害，在几十年中翻来覆去地变了十来次，随着各派官僚的上台下台而变动。代表大商人利益的官员孙爽取代李谘后，处处为商人着想，不但河北恢复入中，而且给予优待，茶价一下子减低了百分之十五，还"以为利薄"。这样一来，"虚估之弊"又类往昔，"五年之间河北入中虚费缗钱五百六十八万"。北宋的大商人，已足以通过他们的代理人来左右政府的政策了。也有知名人士象范仲淹那样的改革派，认为"茶盐商税之入，但分减商贾之利耳。行于商贾未甚有害也。……不取之于山泽及商贾，须取之农，与其害农，孰若取之于商贾"，又认为"先省国用，国用有余，当先宽赋税，然后及商贾"①。但这些主张只能引起代表大商人利益的同僚们的强烈反对,连欧阳修也说"夺商之谋益深而为国之利益损",好像商人的厚利是天然动不得的。

其实茶盐的厚利大部分是由特权商人,而不是由入中的茶盐商人所得。原来在入中制度下主要有三种商人在活动:一种是沿边入中粮草的商人;一种是应"交引"制度而生,在京师开设"交引铺"的做证券买卖的商人,他们隶名于榷货务,以财产为抵押是特许商人;还有一种是京师有行业组织的茶盐商人和粮食商人("行商")。入中的商人如果是汴京的"行商"——"南商",经交引铺作保(恐商人冒名支请钱物),就可到榷货务去领钱物或搜取茶引盐引,奔赴指定地点按指定数量提货;如不是汴京行商而只是北方的土著商人——"北商"(实际上入中商人大都是北商),就不能直接到榷货务去,必须忍受贱价,把交引卖给交引铺,再由交引铺卖给京师行商,这是交引铺和汴京行商的封建特权,他们同官僚贵戚关系密切,因此取得了封建政府的法律保障,在政治上、经济上都比北商占有优势。左右、影响政府政策的正是汴京的商人,特别是开设交引铺的大商人。至于"非尽行商,多其土人"的入中商人,既不知利之厚只售二三千钱。"由是虚估之利皆入豪商巨贾。"②"有时十万钱的交引薄,且急于售钱,得券则迫不及待地转鬻,获利无几而入中者以利薄不趋,边备日蹙。"要扭转入中减少的趋势,在局势紧张时,边境上再提高虚估价格。如此恶性循环,真弄得北宋政府头痛万分。

从宋太宗到仁宗(改法以前)二十年中茶盐法的不稳定,就是官、商之间、商商之间分赃不均争吵迭起的反映。正如叶清臣所说的:"皆商吏协计,倒持利权,幸在更张,倍求其羡,富人豪族,坐以贾赢。"③这样的政策是"刳剥园

① 沈括:《梦溪笔谈》卷十二,《官政》。
② 《宋史·食货志·茶》。
③ 《宋史·食货志·茶》。

户，资奉商人”的政策，是“薄贩下估，日皆朘削”的政策（叶清臣语），倒霉的是小生产者、中小商贩和广大消费者（吃的茶盐质次价高）。富商大贾“坐而权国利，法每一变，则一岁之间所损数百万”（欧阳修语）。政府在利润的争夺中反而居于劣势，历므实际说明茶盐等专卖政策是官商分利与争利的政策，而不是什么“重农抑商”政策的继续。

面对这重重矛盾，北宋政府觉得过去的“法弊辄改”，“俱非善策”，不得不考虑改弦易辙，对茶盐法做较大的修订。首先是盐法的改变，仁宗庆历八年（1048 年），采纳陕西路制置解盐使范祥的建议，对解池盐实行钞盐法。钞盐法是一种就场专卖制，与原先不同的是停止沿边入中粮草等物，商人买盐一律就边郡缴纳现钱，由政府在价格上给以优惠，计钱给券，名为盐钞，而不叫交引。商人持钞赴解池就场验券，按数取盐（一钞四贯八百交，支盐二百斤），在钞内所载的地区内销盐。前时改行的官卖法予以废除，盐钞的发行根据盐产量而定，出入有节，防止滥发，商人有钞就有盐抵付，“无守支之苦”，做法是稳健的。钞盐法既革除了入中粮草的“虚估”之弊，又解除了官卖、官运时的“运辇”之役，并使食盐得以顺畅流通，盐利收入比实行此法前有所增加，得来的钱基本上应付了沿边粮草籴买的支出（得钱以实塞下）。钞盐法实行后，“黠商贪贾，无所侥幸”，他们当然是“悉所不乐”，反对的声浪嚣然而起。宋政府派包拯下去调查，包拯调查回来也认为钞盐法很好，不应“轻信横议”，盐法改革终于在极大的阻力下推行下去[1]。范祥盐法效法刘晏的精神，可与刘晏的盐法相媲。史称他的做法“后人不能易，小有增损，人辄不便”，在宋代范祥的盐政是办得最好的。

钞盐法实行后的第十一年，仁宗嘉祐四年（1059 年），宋政府索性对茶叶取消专卖（官卖和入中），实行“通商”（福建除外）。茶叶在专卖时园户因为所受的剥削太重，有“不是种茶，而是种祸”之谚。他们常把好茶、真茶

---

[1]　《宋史·食货志·盐》。

隐藏起来卖给私茶贩，次茶、伪茶卖给官府，私茶畅销，官茶"所在陈积"，无人过问，甚至变成"朽壤"，"弃而焚之"，而无力买引无力入中的中小商贩就纷纷进行非法的贩茶贸易。在这种情况下，私贩盛行，官府忙于缉捕，私贩苦于压迫，受刑者每年不止数万，有的茶贩就和农民一起进行反抗。北宋政府也觉得专卖再搞下去"获利至少，为弊甚大"，从统治者本身的利益着想，不如开放通商，可以坐收茶利，使茶叶"通流而不滞""通商"的做法是：彻底废除沿边入中粮草兑换茶叶或以现钱购买茶叶交引的制度，把原来的茶课收入减轻后均摊到园户身上，谓之"租钱"（年约三十七万贯），园户缴租后可自由卖茶。对商贾贩茶则征收茶叶的专税（另外还要如一般商品缴住税过税），叫作"征算"（年约八十余万贯）。园户不再向官府预借本钱，山场制度取消，商人直接向园户买茶，不受官府干涉[1]。实行通商法后，宋政府节省了实行山场制度的一笔巨额开支；可不再为商人的抬价入中而大嚷"虚估之弊蠹耗县官"，茶利收入也比临改通商之前略有回增（通商前净入一百零九万四千余贯，通商后年收入一百一十七万五千余贯），经济上并不吃亏。园户负担的茶租比过去的茶叶租税减轻（七八万贯），且可不出官本的利息，还免除官府的低价抑买和官吏的勒索。小本经营无力买引的中小商人也可以公开地进行合法贸易，用不着从事私贩、冒茶货没收甚至丢掉性命的危险。可以说由专卖而改行通商，也正是中小商人同封建政府长期斗争（私贩）而政府对其实行让步的政策。受到限制的只是某些有既得利益的富商大贾，他们无法像过去那样，凭着交引，垄断茶货，操纵茶价；更无法像入中时那样大搞虚估，大做其交引的投机买卖了（交引铺的担保特权已告废除）。当然在一般的茶叶贸易中，解除茶禁对一般的富商大贾还是很有利的，茶利的部分还是归他们所得的但比较而言通商的实行客观上对促进当时茶叶的生产和正常的流通还是有它一定的积极意义的，所以说"自此茶不为民害

---

[1] 《宋史·食货志·茶》。

者六七十载"。

在盐茶之外不妨附带谈一下矾的专卖。矾是铸铜、印染所必需的。五代设务置吏，北宋因之，实行专卖，由镬户制矾，除纳税外，全部由官府收买，私卖矾如私售茶法，刑罚极严。仁宗天圣时晋、慈州矾曾包给大商人煎制，"四分输一人官，余则官市之"，后又改由官府自煎自卖，以收厚利（庆历时）；无为军矾场由兵匠煎炼，官置务鬻矾，允许商人向官购矾转销，仍禁私矾。不久，因河东矾多，后许商人中金帛刍粟购买河东路矾（有矾交引）。但刍粟虚估价高，商人利于入中。麟州粟一斗实值百钱，虚估增至三百六十。官府售矾一驮（一百四十斤）价钱二万一千五百，才易粟六石，而已费本钱（给镬户）六千。国家徒有榷矾之名，其实无利。嘉祐六年（1061 年）罢入中刍粟，改为纳现钱购矾，自是"啇贾不得专其利矣"[1]。在矾这一商品上官府同商人的矛盾斗争也相当激烈。

北宋政府通过商品专卖政策获得大量的收入，但由于富商大贾势力强大，政府的专卖利益不断受到冲击，商人在朝中的代理人不断建议皇帝放宽政策，给他们以更大的贸易自由。正因为如此，北宋政府的专卖收入是持续减少的，商业利润很多落入大商人的荷包里。据张方平计算，真宗景德时（1004—1007 年）天下岁收啇税钱四百五十余万贯，酒课一百二十八万贯，盐课三百五十五万余贯。仁宗庆历五年（1045 年）城乡商税钱一千九百七十五万余贯，酒课一千七百一十万余贯，盐课七百十五万贯[2]。四十年中由于商业的发展，商税钱增加了三倍多，由于酒类专卖的加强，酒利也增加了三倍，唯独食盐，因商销的范围扩大，以及入中虚估等因素，盐课只翻了一番，大大落后于一般商品以及另一种专卖商品——酒。茶，更是突出。太宗时东南六路茶利收入一年可达三百万贯，或更多（三百九十万贯），仁宗景祐元年（1034

---

①　《宋史·食货》。

②　张方平：《乐全集》卷二四《论国计事》。

年）即减至一百五十万贯，嘉祐四年通商前只有一百万贯多一点，仅及太宗时的三分之一。这就是富商大贾对专卖制度冲击的结果。专卖收入的公退和私进，是衡量北宋前期富商大贾力量增长的很有概括性的数量指标。

3. 商人加紧兼并土地活动

北宋前期在商税上实行"恤商"政策，在商品专卖上又步步放宽限制，富商大贾得到优越的条件，以惊人的速度，积累起他们的巨额财富，汴京是"富商大贾所聚"。真宗时，宰相王旦说："京城资产百万者至多，十万而上，比比皆是。"百万是指百万贯，即有十亿的家产；十万而上是家资过亿钱，这种富人汉代还不算多，唐时有所增加，到宋时已很普通了。在京师以外，商人们积累三、五万贯以至三五十万贯的货币，从而"驾驭州郡，颇为豪横"，这样的人物也不在少数。大商人冲击专卖政策，以攫商利，而且破坏商税政策，从偷、漏税收中再占便宜。他们之所以能很快地发财，也因为善于勾结官僚，得到庇护，官僚之所以保护商人，则是因为商人可分钱给他，或帮他经营商业，增殖资产。不少官僚就是亦官亦商者，"不耻贾贩，与民争利"，贩茶、销盐、卖酒、运木材，无不插上一手，经商已成为一般官员的副业。官府与商人利润争夺之激烈，商人之难以对付，就因为其中很多人本来就具有政府内部官僚的身份。

商人既有大量的货币，又有贱买贵卖高利盘剥的惯用伎俩，他们就在土地兼并中大肆活动，从而拥有无数的"田畴邸第"，成为大商人兼大地主 ——地主阶级中的一种保守腐朽的势力。

自从唐代实行两税法后，均田制已告崩溃，政府已不再有授田之说，土地买卖再也没有限制。在五代的后周和宋代的初期，统治者慑于唐末农民起义的威力，为了缓和阶级矛盾，诱使农民发展生产，都曾把荒地、官地的土地所有权让渡给耕者，以为"永业"；对于文武官员，为了换取他们对本朝的支持，也承认了他们对土地的所有权。土地所有权既已完全属于私人，私人对土地的买卖转移，政府就不能再加过问、再加干预了。只要田亩能如数登账，按亩征税就算惬意了。这样，土地的兼并就有了前代所未有的方便条件。而且，北宋开国"与大夫共治天下"，对土地兼并更采取前代所未有的纵容态度，这就是当时所说的本朝"不抑兼并"。其理论是"富者连田阡陌，为国守财。缓急盗贼窃发，边境扰动，兼并之财乐于输纳，皆我之物"[①]。因为定下了这个基本国策之故，宋代建国不多久，土地兼并之风就已趋炽烈。在大官僚利用政治权势兼并土地的同时，富商大贾在这方面也不甘落后，有的人是商业资本与高利贷相结合，"束贫民于穀中""豪民多贷钱贫民，重取其息，岁偿不逮，即平人田产"，这些豪民中间很多是商人，更有的是官僚、地主商人的三结合，如宰相王之父王祐，"频领牧守，能殖货，所至有田宅，家累万金"，就是当时的一个典型。

土地剧烈兼并的结果，一方面造成"富者有弥望之田，贫者无卓锥之地"的贫富严重对立的局面。大土地所有者占有大量土地而仅纳田租二十分之一或三十分之二，全国垦田的六分之一强是免纳租税的；此外还有隐田漏税，未可计数（《文献通考》说免税漏税共占垦田的十分之六七）田赋不均，国家的财政负担大都加重到农民的身上，甚至贫民土地被兼并后，"产去税存"，税额还推不出去，这种不合理的现象更加速了农民的破产，使半破产和破产了的农民更活不下去。另一方面，大地主大商人的兼并土地，使得经济政治力量薄弱的中小地主容易趋于没落、下降；他们也感到有被兼并的威胁，同大地主大商人之间也是有矛盾的。在土地兼并把阶级矛盾推向日益尖锐化的时候，他们中间有些人就与大地主大商人产生日益严重的分歧，而会提出抑制兼并的要求。由于大商人是土地兼并的主力之一，土地兼并同商业资本关系紧密，要抑制兼并，就必须抑制商人，抑制兼并的资本的积累。在这里不仅有代表封建国家利益的集团同大商人对商业利润的争夺，而且也包含了同作为兼并力量的商业资本在土地问题上不断发生的矛盾冲突，有更大的社会

---

① 王明清：《挥麈后录余话》卷一。

意义的兼并与反兼并的斗争，已日渐凌驾于过去单纯为分割商业利润所做的斗争之上。不抑兼并，不抑商人，已被更多的人视为不适当了。从纵容转向抑制，北宋政府对商人的政策开始出现了转变的新兆头。

4. 科举制下商人向上层社会流动

直到唐代，法律不仅规定："工商之家，不得预于仕"，且"凡官人身及同居大功以上亲，自执工商，家专其业，皆不得入仕。"商人被严格拒斥于读书做官之外。宋代，这情况发生了根本性的转变，宋初实行的科举制对商人在事实上已经没有多少禁锢。特别到了英宗年间朝廷更是下诏："工商杂类，有奇才异行、卓然不群者，亦许解送。"等于说国家从法律上、制度上承认了商人的入仕权。至此，科举制度成了普通民众实现向上流动的阶梯及重要管道，苏辙于熙宁二年（1069 年）上书言："凡今农工商贾之家，未有不舍其旧而为士者也。"只要能"诵文书，习程课"，商人也可读书做官。

科举入仕向普通民众开放，实际上是国家把政治权力这一社会稀缺资源从贵族官僚手中向下移动的结果。应该说，商人是这一权力转移中受益较大的群体。因为虽然科举制表面上为全体民众开辟了一条竞争性的社会升迁渠道，但这样一种从"血而优则仕"，到"学而优则仕"人才选拔方式的转变，进一步凸显了教育在社会地位取得中具有的传承功能，即出身透过教育而影响社会地位的获取，如父辈拥有较多的财富，可以提供给下.一代比一般贫寒家庭更好的教育，下一代自然具备比贫寒家庭出身的人更多获取较高社会地位的概率。虽然在这一地位达致过程中，更多地还将取决于个人的资质、努力程度等，但无可否认，经济基础是获取良好教育的.前提。特别是这种以科举应试为目标的漫长教育，如果家庭没有相当的经济实力是难以承担的。尽管宋王朝为士人应举提供了免费膳宿的官学，宋代史籍上也有读书人依靠富人资助中举的事例，但毕竟是少数，更多人只能依靠自己的家庭供养，所以，占有财富而没有特权的商人，在科举竞争中的确比其他贫寒家庭出生者具有更强的优势，他们可以利用手中的大量财富为自身和下代弟子提供良好的教育，进而蟾宫折桂，成功地实现整个商人家庭的社会流动。

二、元代对商政策的转变

中国传统的经济思想多属封闭型，历代汉族王朝都实行"重农抑商"的经济政策，一味强调农业，忽略工商业，从而束缚了工商业和贸易的发展，致使工商业一直处于被动发展之中。相反，元朝推行的是与汉族传统相悖的"不抑商"政策，实行开明的经济管理，对商人采取保护和鼓励政策，主要表现在三个方面：

第一，保护商贾安全。

元朝初期，社会秩序尚未恢复，以致"盗贼充斥，商贾不能行"[1]，为了改变这种状况，政府采取种种安全措施，规定：商旅所至，"官给饮食，遣兵防卫"。"州郡失盗不获者，以官物偿之"。凡商旅往来要道及止宿处所，地方官均设置巡防弓手。"自泉州至杭州立海站十五，站置船五艘、水军二百，专运番夷贡物及商贩奇货，且防御海道"[2]。伊本·白图泰在其游记中对此有很高的评价："对商旅来说，中国地区是最美好最安全的地方。一个单身旅客，虽携带大量财物，行程九个月己尽可放心。"[3]除此之外，政府还对商贾资财明令保护，严禁拘雇商舟，"所拘商舡，其悉还给"。《元史·刑法志》亦规定："诸漕运官，辄拘括水路舟车，沮滞商旅者，禁之。"

第二，救济商贾困难。

蒙古帝国初期就有帮助商贾解决困难，扶持小商贩扩大经营，增加渔利

① 苏天爵.元名臣事略·中书耶律文正王（卷五）[M].文渊阁四库本：P549.
② 宋濂.元史·卷十五·世祖纪十二 [M].北京：中华书局，1976：320.
③ 马金鹏译.伊本·白图泰游记 [M].银川：宁夏人民出版社，2000.

等措施。如在窝阔台合罕时期，就曾动用国库来解决商贾资金不足，并给予政府贷款来鼓励经营斡脱买卖。对宫廷买进商人的货物也给予较高的价格，以免其受损失。《史集》有载，合罕有旨，无论要价多少，都按十加一付款。有一次，陛下的一些负责人说，没有必要按十加一地多付，因为货物的原价已高过同类货物的价格。合罕说道："与官家交易，获利多些才对商人有利，因为他们必然对你们、必者赤们有些开支。我这是在为你们的大圆面包付钱，免得他们从朕处受损失而去。"① 到元朝，政府对因战争阻隔的商旅，或"给资归之"②，或"视商旅有贫丧其资，滞不能东者，召以其所有畜来，无问几何蹄，畜给一石。"又如在上都，官吏买商旅货物，不付给价款，商人归家不得，至有饥寒而死者，政府便"出钞四百万贯偿之"。③ 除了救济商贾外，政府还对商贾不能收回的高利贷用官款来代偿，不使高利贷者受损失。《元史·史天泽传》载："时政繁赋重，贷钱于西北贾人以代输，……民不能给。（史）天泽奏请官为偿一本一息而止。"

第三，减轻商税，鼓励经商。

元代商税本来就轻，规定"三十取一"，在此基础上，为了鼓励商人到边远地区经商，元政府对商税不断减低。如"至元二十年（1283 年）七月，敕上都商税六十分取一，二十二年（1285 年）五月，又减上都税课，于一百两中取七钱半。"有时甚至对过往上都、和林等地经商之人，给予"置而不征"的免税政策，大大刺激了商人经商的积极性。

除此之外，元政府还给予商贾一些特殊的优待。如给商贾以持玺书、佩虎符、乘驿马的权利。《元史·武宗纪一》载："回回商人持玺书，佩虎符，乘

---

① ［波斯］拉斯特. 史集·第二卷 [M]. 余大钧译. 北京：商务印书馆，1985：94.

② 姚燧. 牧庵集 [M]. 文渊阁四库本. 卷十九《参知政事贾公神道碑》P601.

③ 马金鹏译. 伊本·白图泰游记·卷一四二《彻里帖木儿传》[M]. 银川：宁夏人民出版社，2000：3404.

驿马，名求珍异，既而以一豹二献，复邀回赐，似此甚众。"免除西域商贾杂泛差役。据《秋涧集》载：中都路"回回人户自壬子年元籍并中统四年续抄，计二千九百五十三户，于内多系富商大贾，势要兼并之家，其兴贩营运，百色侵夺民利，并无分毫差役。"许多官僚贵族经商也有免税特权。如燕铁木耳邸舍商货有免税的明令。阿老瓦丁、马合谋、亦速福等捧着圣旨做买卖，"不该纳税"。元统治者为了借助宗教麻醉人民，特优待僧侣。规定其庄佃、田地、水土、碾磨、解典库、铺席、浴堂、船只、竹苇、醋曲等，土地免租，商贩免税，一切杂泛差役不承当，这种记载屡见于史书。

1. 元代的"重商主义"

元代的"重商"，很大程度上与蒙古统治者因草原社会生产结构和经济特性而产生的价值取向有关。与成熟的自给自足的农耕经济相比，古代蒙古族的游牧经济是一种生产部类单一的不完全经济，一部分的生活必需品特别是一些奢侈品自己不能生产。在氏族部落阶段和早期国家时期，尚未走出单一经济的游牧文明，如欲满足对畜产品之外其他物资的需求，一方面要借助战争掠夺，另一方面就是依靠贸易交换。游牧民族对交换的需求远高于农耕民族，而商人在游牧社会中的地位亦远高于中原汉地。这一点在蒙古兴起的各个阶段的许多重要事件中都体现出来。

铁木真创业初期，还未统一草原之时，其亲信集团中就有了商人的身影。1203 年，铁木真在一次战斗中失败，部下被打散，身边只剩下 19 个人追随他撤退到蒙古克鲁伦河下游一条小支流班朱尼河，饥寒交迫下杀了一匹野马充饥，班朱尼河水量不够，只能挤污泥中的浑水喝。困窘中的铁木真举手仰天向 19 人发誓："将来我大业成，定与你们同甘苦，违此言者如此污水"[①]。这就是蒙元史上有名的"班朱尼河誓约"。在场的 19 人被称作"饮浑水功臣"。

---

① 《元史》卷一二〇《札八儿火者传》，中华书局标点本，第 2960 页。

据学者考证，在这些元人文献中被誉为"佐命元勋"的饮水功臣中，就有一个叫"哈散"的回回商人。之后还有田姓回鹘商人，商贩巨万，往来于山东、河北，极力鼓动成吉思汗南侵。1218 年，受成吉思汗之命，一支由 450 名商人组成的商团前往中亚伊斯兰教大国花剌子模，在其边境被花剌子模边将掠财屠杀。暴怒之下的成吉思汗决意复仇，由此开启了震动世界的第一波蒙古大规模西征。关于此次西征的起因，一般人认为具有偶然性，但俄国也有学者认为是蓄谋已久的，商人利益集团是其发动的重要推手。西征结束后，被任命代表大汗总督被征服的中亚事务的，也是回族商人出身的牙剌瓦赤。

2. 元代商人可以在朝中做高官

元代商人朝中做高官，或高官经商牟利是官商勾结的重要表现形式。如前述牙剌瓦赤，后调至中原成为最高政务长官并掌管天下财富。元世祖时的回回权臣阿合马，以理财受宠于忽必烈，权倾天下。他"挟宰相权，为商贾，以网罗天下大利"[1]，其子为"胡贾"，依仗父势官至中书右丞。接替阿合马掌财权的卢世荣，据载"以商贩所获之资"贿赂阿合马而入掌朝柄。他设立的一个经营国家钱谷的机关，"所司官吏，以善贾者为之"[2]。元廷在京城还常设耆老五十名，"皆富商托此庇役"[3]。河南人姚仲实，原为理财官，弃官从商，"行之十年，累赀巨万"，进而出入宫廷，与皇室来往密切。元统治者对能出资贡献的富商予以优待，对官员经商除了要求他们纳税，也不禁止。侨居中国的阿拉伯人蒲寿庚世代海商，南宋时提举市舶司，实际掌控宋代海上贸易，元灭宋后归元，以行省长官身份招揽海外各国互市。元世祖时，原为海盗、降元后负责朝廷沿海海运的朱清、张瑄，利用职权，"田园宅馆遍天下，

---

① 《元史》卷二〇五《阿合马传》，中华书局标点本，第 4560 页。
② 《元史》卷一六八《陈天祥传》，中华书局标点本，第 3944 页。
③ 朱德润《中政院使买公世德之碑铭》，《存复斋文集》卷一，涵芬楼秘集本。

库藏仓庾相望，巨艘大舶帆交诸番夷中"①。回族人沙不丁先后执掌市舶司、泉府司、致用院等海上贸易管理部门，家中拥有大量海船用以赢利。这种贵族、高官和巨商互为一体的现象在元代都不是个案。

---

① 陶宗仪《南村辍耕录》卷五《朱张》，中华书局《元明史料笔记》本，1997 年版，第 64 页。

第三节　正反案例阐述

一、士商兼营或弃儒从商

按照儒家传统，古代士大夫的经典价值理念是以道自任的，"士志于道，而耻恶衣恶食者，未足与议也"。士就应该"谋道不谋食"，"忧道不忧贫"，"穷不失义，达不离道"，无论是"穷"还是"达"，都不能迫于衣食去从事货殖经营之事。然而，这一经典价值理念却在宋代文人士大夫身上发生了动摇。宋人岳珂《桯史》中有这样一段记述：

东阳陈同父资高学奇，跌宕不羁。常与客言，昔有一士，邻于富家，贫而屡空，每羡其邻之乐。旦日，衣冠谒而请焉。富翁告之曰："致富不易也。子归斋三日，而后予告子以其故。"如言复谒，乃命待于屏间，设高几，纳师资之势，揖而进之，曰："大凡致富之道，当先去其五贼。五贼不除，富不可致。"请问其目，曰："即世之所谓仁、义、礼、智、信是也。"士卢胡而退。

这是一则颇具价值与讽刺意味的文献史料，上述记载的这个士人因羡慕邻家富人富有之乐，两次屈尊登门拜见富人，专门就如何发家致富一事毕恭毕敬地向富人请教，以往士人高高在上的社会优越感在这个富人面前已经丧失殆尽。它说明，文士们长期固守的"君子不言钱"的价值观念已经动摇和瓦解，其灵魂深处已由传统的羞于言钱开始大胆地向追求商业利润转变。

与宋代文人士大夫对商业利益的重视相适应，有宋一代的文人士大夫不仅一改仕宦瞧不起经商的文化心态，而且在实际生活中一反此前对商业的冷漠与鄙视，纷纷置身于商贾经商营利的活动中，士商之间的职业联系日趋加强。当时面对全社会普遍存在的货殖逐利之风，许多文人学士"口谈道义，而身为沽贩"，他们在研习儒业的同时，也积极加入了货殖经营的队伍，从事于各种各样的商业交易。"自非坚节之士，莫不慕之"，士商兼营成为一种普遍的社会现象。对此不乏史料记载。如"故都向有吴生者，专以偏僻之术为业，江湖推为巨擘。居朝天门，开大茶肆，无赖少年竞登其门"。而胡生由于"以钉铰为业"，以至于"远近号为胡钉铰"。有的士人为了生计，或"卖药自给"，或"鬻酒醋为生"。而有的士人"狃于厚利，或以贩盐为事"。更有甚者，有不少举人在赴京赶考之际带上当地特产，于往返途中进行货卖，以赚取差价利润。如宋徽宗时，吴兴县六名士子"入京师赴省试，共买纱一百匹，一仆负之"。而蜀士因为经商，竟然考试迟到："凡廷试，唯蜀士到杭最迟，每展日以待。会有言：'蜀士嗜利，多引商货押船，致留滞关津'"。一些还顾些颜面的文人学士，则凭借自己的诗文书画等特长，"惟以笔耕自给"，从事诸如卖诗、鬻文、相字以及卖画等类的交易活动。如诗人朱少游，"在街市间立卓卖诗，以精敏得名"。有宋一代，由于社会经济和科学技术的发展、繁荣，造纸业和印刷业进入了迅速发展的黄金时期，这就使得大量的图书得以印制发行，从而导致了宋代书市贸易的繁盛。从文献史料记载看，当时从事图书经营活动的，大多为文人学士，甚至有的士人倾尽家庭资财，投资于书市经营，以贩书、鬻书为业。如宋代笔记《道山清话》记载说，"近时印书盛行，而鬻书者往往皆士人，躬自负儋。有一士人尽掊其家所有，约百余千，买书，将以入京"。"有鬻书者"由于能及时抓住商机，"颇获厚利"。

当然，文人士大夫从事货殖经营，并非宋代才出现的社会现象，而是早已有之，但皆未如宋代那样普遍和兴盛，那样突出和深入。整个两宋时期，不仅那些未入仕的士人加入了经商队伍，就连那些由士而仕的士大夫也不顾政府官员不得经商的禁令，几乎都加入了货殖经营的队伍之中，"自非朝廷侍从之列，食口稍众，未有不兼农商之利而能充其养者也"；"官大者往往交赂遗、营资产，以负贪污之毁；官小者，贩鬻、乞丐，无所不为。夫士已尝毁廉耻以负累于世矣"。这方面的史料俯拾即是，举不胜举。如《宋史?赵普传》记载，宋初宰相赵普为政期间，一方面他"能以天下为己任"，另一方面他又广为货殖，"营邸店规利"。真宗时曾任权知开封府的慎从吉，"家富于财，尤能治生，多作负贩器僦赁，以至鬻棺椟于市"。仁宗朝宰臣夏竦，倾心于经商贸易，"邸店最广"。神宗朝京东、河北路提举盐税王伯瑜，大肆从事"商贩逐利"活动，他利用"奏事赴阙及出巡至近畿"之机，"贩京东、河北帛入京师，复以京师帛贾于滨、棣（州）间，往往与公人、秤子交市"，其家还置备数台织机，亲自织造布帛货卖赢利。徽宗朝御史中丞何执中，在京师开封"广殖资产，邸店之多，甲于京师"，仅房钱一项，"日掠百二十贯"。乔行简在相位，则"专以商贩为急务，温、台盐商数百群，有士子为诗曰：'知君果是调羹手，傅说当年无许多'"。宰相沈该"顷在蜀部买贱卖贵，舟车络绎，不舍昼夜"，蜀人因此"不以官名之，但曰'沈本'，盖方言以商贾为本也"。孝宗时知台州唐仲友，更是广泛经营商业，如他在家乡婺州开有经营匹帛的"彩帛铺"，"高价买到暗花罗并瓜子、春罗三四百匹，及红花数百斤，本州收买紫草千百斤，日逐拘系染户在宅堂及公库变染红紫"，所染布帛除留作自用外，"其余所染到真红紫物帛，并发归婺州本家彩帛铺货卖"。他还在家乡"开张鱼鲞铺"，"有客人贩到鲞鲑一船，凡数百箩，更不容本州人户货买，并自低价贩般，归本家出卖，并差本州兵级搬运。其他海味，悉皆称是，至今逐时贩运不绝"；还在家乡开有经营书籍的书坊，他自到台州任职以来，"关集刊字工匠在小厅侧雕小字赋集，每集二千道。刊板既成，搬运归本家书坊货卖。……又乘势雕造花板，印染斑襕之属凡数十片，发归本家彩帛铺，充染帛用"。因修造兵器，唐仲友还"前后发买牛羊皮穿甲及生丝打弓弩铉"，所买生丝，除用作弓弩制造外，"并发归本家彩帛铺机织货卖"。陈亮也承认自己在"为士"的同时，也在兼营商业，虽然旦年经商没有站稳脚跟，但入仕后经过几年的商业拼搏，陈亮"已交易得京口房子，更买得一两处芦地，便为江上之人矣"。由于陈亮善于经营，加之其"奴仆射日生之利，子弟为岁晏之谋"，由早年出身困穷的一介寒士，一跃而发展为"身名俱沈，置而不论；衣食才足，示以无求"的富户了。尽管自宋初以来，宋政府不断采取措施，打击官员兴贩牟利行为，但士大夫经商逐利的势头有增无减，有的官员甚至达到十分猖獗的程度。如南宋时期，长江沿线"巨舶西下，舳舻相衔，稛载客货，安然如山，问之则无非士大夫之舟也"。

二、商向士人阶层靠拢

心理学的理论告诉我们，人的需求是按照从低层次向高层次方向发展的。依照美国著名心理学家、人本心理学重要奠基人亚伯拉罕？马斯洛《动机与人格》一书中的需求层次论，人们在满足了生理需求亦即物质生活后，就要向高层次的需要追求，比如安全需要、归属需要、爱的需要、自尊的需要、自我实现的需要。作为社会关系中的人，自我价值的实现就是要提高自己的社会地位和政治地位。在德国著名社会学家马克斯·韦伯的社会分层理论中，韦伯是用财富（经济地位）、权力（政治地位）和声望（社会地位）三项指标来考察和衡量一个人社会地位的。中国古代社会"是一个以政治分层而非经济分层为主体的社会，即社会地位区分的主线在于政治权力，而财富收入则变为从属于政治权力的因素"，因此在中国古代社会，尽管商人的经济实力雄厚，但在政治上一直处于贱者的尴尬境地，尤其是由于传统重农轻商政策的流行，商人一直缺少与经济实力相对称的社会地位和政治地位，"富可敌贵"很难在政治和社会现实中变为可能。这基本上是宋代以前广大的商人阶层所面临的一种境况。然而历史演进至宋代，随着商品货币经济的发展，商人经济势力的膨胀，宋代商人也在拼命地向士阶层靠拢，以改变自己贱者的社会形象，提高自己的社会地位，从而得到世人的尊重。《湘山野录》卷下有这样一段记载：

> 石曼卿一日谓秘演曰："馆俸清薄不得痛饮，且僚友？之殆遍，奈何？"演曰："非久引一酒主人奉谒，不可不见。"不数日，引一纳粟牛监簿者，高赀好义，宅在朱家曲，为薪炭市评，别第在繁台寺西，房缗日数十千。长谓演曰："某虽薄有涯产，而身迹尘贱，难近清贵。慕师交游尽馆殿名士，或游奉有阙，无怯示及。"演因是携之以谒曼卿，便令置官醪十担为贽。列酝于庭，演为传刺。

这位纳粟牛监簿所谓的"虽薄有涯产，而身迹尘贱，难近清贵。慕师交游尽馆殿名士，或游奉有阙，无怯示及"之言，无疑是在向世人诉说自己经济势力与政治地位不对等的愤懑心态，以及对馆殿名士等所谓"贵者"的仰慕心理，表达出了商人对处于"四民"之首的士人阶层社会政治地位的向往。

漆侠先生在谈到商业资本和高利贷资本对宋代社会的影响时曾说，宋代的"商业资本和高利贷资本的代表人物……对地主阶级特别是这个阶级的代表人物——官僚士大夫，总是啧啧称羡、不胜向往之至的，总是想方设法挤进官僚士大夫群中，借以改变自己的门第，巩固自己的经济地位"。应当说，这是合乎历史实情的公允之论。翻检文献资料不难发现，有宋一代，商人总是在想尽各种办法向处于"四民"之首的士人阶层靠拢，以提高自己的政治地位和社会地位。

宋代商人向士阶层靠拢的方式和途径是多种多样的，其主要方式和途径有如下几种：

其一，附庸文雅，与士人交往。这种文化行为在宋代商人身上表现得比较突出和普遍。如宋代商人吴伯俞，在"治生而赀益奇赢"后，便"构屋买书，延四方之才士"，以便让其子"从之游"。宋人罗绣在《宜春传信录》中则记载说："彭则为巨贾，置产甚厚。喜儒学，为其子延接师友，不问其费。尝以羡余买国子监书两本。一本藏于家，一本纳于州学。"在宋代，类似吴伯俞、彭则这样的例子很多。不能否认，吴伯俞、彭则买书藏书以及为子延接师友之行为，与其"喜儒学"和附庸文雅的文化心态是密不可分的，但不能否认，这也是宋代商人借此与士人交往、拉近与士人关系的一种方式和手段。事实证明，宋代商人通过附庸文雅、与士人交往，也确实达到了改善士商关系的目的，而且商人从中受益匪浅。像名倾朝野的大学士苏轼，在当时是商人们纷纷交往的对象，其诗、词、文、书、画，乃至他的大名，都为商人们孜孜以求。据宋人叶梦得《避暑录话》记载，宋徽宗宣和初年，墨商潘衡卖墨于江西，"自言尝为子瞻造墨海上，得其秘法，故人争趋之"，潘衡"竟以子瞻故，售墨价数倍于前"。宋代商人的这种文化行为，无论是出于附庸文雅的心理也好，抑或是为了借名家的招牌炫耀烘托自家的商品以吸引顾客也好，实际效果上却加强了士商之间的联系，为士商情感融通和关系的改善搭建了一座桥梁。所以在宋代，文士们也积极参与到商人的经营活动之中，帮助商人促销产品。如曾供职于翰林图画院的宋代著名画家张择端，其传世画作《清明上河图》，就以各种形式的广告为商家渲染商业氛围。而苏轼知杭州时，则为一制扇商家的滞销扇写字作画促销。宋人何薳在《春渚纪闻》卷6中是这样记载的：

（苏轼）先生临钱塘日，有陈诉负绫绢钱二万不偿者。公呼至询之，云："某家以制扇为业，适父死，而又自今春已来，连雨天寒，所制不售，非故负之也。"公熟视久之，曰："姑取汝所制扇来，吾当为汝发市也。"须臾扇至，公取白团夹绢二十扇，就判笔作行书草圣及枯木竹石，顷刻而尽。即以付之曰："出外速偿所负也。"其人抱扇泣谢而出。始逾府门，而好事者争以千钱取一扇，所持立尽，后至而不得者，至懊恨不胜而去。遂尽偿所逋，一郡称嗟，至有泣下者。

为了让以制扇为业的商家及时还清所欠二万缍绢钱，苏轼竟亲自为制扇商家的滞销扇写行书草圣及枯木竹石画，帮助商家进行促销，这段史料本身就向我们传达出宋代士商关系改善与融通的文化信息。

其二，读书仕进或弃商从儒。这是宋代商人向文人士大夫阶层靠拢、借以提高社会地位的主要方式与手段。有关这方面的文献记载很多，如潞州人张仲宾，"自言其祖本居襄源县，十五六岁时尤为儿戏，父母诲责之，即自奋治生，曰：'外邑不足有立。'迁于州。三年，其资为州之第一人。又曰：'一州何足道哉！'又三年，豪于一路。又曰：'为富家而止耶？'因尽买国子监书，筑学馆，延四方名士，与子孙讲学"，教子读书仕进。结果他的孙辈中有三人科举及第，"从孙仲容、仲宾同登科，仲安次榜登甲科"。"晚年家颇丰富"的曹州市井商人于令仪，"择子侄之秀者，起学室，延名儒以掖之。子伋侄杰、仿举进士第，今为南曹令族"。"启大肆，货缣帛，交易豪盛，为一郡之甲"的鄂州富商武邦宁，养育二子，"使长子干蛊"，而让次子康民"读书为士人"。再如宋代天圣年间进士孙锡，"世为广陵富姓"，有兵部兄弟五人，其曾祖孙钊、祖父孙易从、父亲孙再荣"皆弗仕"。"其季妇有子寡，欲分财，以义譬解不得，乃悉推田宅与诸兄弟，脱身携公居建安军扬子，故今为真州人。诸兄弟后破产，而兵部居扬子，又卒为富姓。为公千里迎师，立学舍，市书至六七千卷。公感励奋激，诵习忘寝食。年十九举进士开封第二，坐同保匿服罢，而再举又第二。当是时，以文学称天下。及仕，号为忠厚正直"。而有的商人为了跻进贵者行列，干脆弃商从儒。这样的事例亦不乏史料记述。像黄汝翼先祖"富闻于乡"，而其父"不以殖为赖，教子读书，汝翼用以得进士科，为亲党荣"。再像"徙居饶城"的余干县帽匠吴翁，由于"日与诸生接，观其济济，心慕焉"，遂"教子任钧读书"。元人脱脱等编撰的《宋史》中还有这样一段记述：

许骧字允升，世家蓟州。祖信，父唐，世以财雄边郡。后唐之季，唐知契丹将扰边，白其父曰："今国政废弛，狄人必乘衅而动，则朔、易之地，民罹其灾。苟不即去，且为所虏矣。"信以资产富殖，不乐他徙，唐遂潜赍百金而南。未几，晋祖革命，果以燕蓟略契丹，唐归路遂绝。尝拥商赀于汴、洛间，见进士缀行而出，窃叹曰："生子当令如此！"因不复行商，卜居睢阳，娶李氏女，生骧，风骨秀异。唐曰："成吾志矣！"

郡人戚同文以经术聚徒，唐携骧诣之，且曰："唐顷者不辞父母，死有余恨，今拜先生，即吾父矣。又自念不学，思教子以兴宗绪，此子虽幼，愿先生成之。"骧十三，能属文，善词赋。唐不识字，而罄家产为骧交当时秀彦。

资产雄厚、"拥商赀于汴、洛间"的大商贾许唐，因羡慕科举中第的士子，竟然舍弃所从事的商业，卜居睢阳，与妻子生儿育子，然后罄其家产为子许骧拜师从学，其所作所为无非是应科举之需，让后代子孙通过读书学习跻身于士人行列，然后科举中第，由士而仕，跻身于贵者的行列。

如前所论，宋代适应门阀士族崩溃的社会现实，对选官用人的科举制度进行了改革，打破了前代工商之子不得参加科举的门第限制，允许"工商杂类人内有奇才异行、卓然不群者"参加科举考试，这不仅为商人子弟由商而仕提供了现实机遇，同时也促使读书仕进和弃商从儒的商人家庭大量出现。因此有宋一代，商人弃商从儒或劝子读书仕进成为一种普遍存在的社会现象，而绝非个别案例，难怪苏辙在《上皇帝书》中发出过这样的感叹："凡今农二商贾之家，未有不舍其旧而为士者也。"也难怪清人沈垚将"天下之士多出于商"视为自宋代以来社会变迁之大势。

其三，与士人联姻。前已述及，受商品经济势力的诱惑，宋人的婚姻择偶观念发生了变化：婚姻不重"阀阅"重财礼，"将娶妇，先问资装之厚薄；将嫁女，先问聘财之多少"这种嫁娶论钱财的社会风气，已经影响到宋代社会的各个阶层，成为一种相当普遍的社会现象。商人为了改变自己的门第，提高社会地位，更是主动与士人联姻，他们以金钱做后盾"榜下捉婿"。对此，宋人朱彧《萍州可谈》卷 1 这样记载说：

> 本朝贵人家选婿，于科场年，择过省士人，不问阴阳吉凶及其家世，谓之"榜下捉婿"。亦有缗钱，谓之"系捉钱"。……近岁富商庸俗与厚藏者嫁女，亦于榜下捉婿，厚捉钱以饵士人，使之俯就，一婿至千余缗。

在金钱财富的诱惑下，那些登科入第的文人雅士也丧失了原来固守的气节操守，甘愿与商人联姻。如前引宋人丁骘在《请禁绝登科进士论财娶妻》上疏中所说的"近年进士登科，娶妻论财，全乖礼义。……市井驵侩，出捐千金，则贸贸而来，安以就之"。

宋代商人向士阶层靠拢的方式和途径是多种多样的，高楠、宋燕鹏先生在《宋代富民融入士人社会的途径》一文中认为，宋代农、工、商阶层中的富民想方设法与士人建立联系，其主要方式有藏书、办学、助士助学、游学等，对此该文进行了具体而系统的论述，此不赘述。

清人沈垚在《费席山先生七十双寿序》中有云："宋太祖乃尽收天下之利权归于官，于是士大夫始必兼农桑之业，方得赡家，一切与古异矣。仕者既与小民争利，未仕又必先有农桑之业方得给朝夕，以专事进取，于是货殖之事益急，商贾之势益重。非父兄先营事业于前，子弟即无由读书以致身通显。是故古者四民分，后世四民不分。古者士之子恒为士，后世商之子方能为士。此宋、元、明以来变迁之大较也。天下之士多出于商，则纤啬之风日益甚。然而睦姻任恤之风往往难见于士大夫，而转见于商贾，何也？则以天下之势偏重在商，凡豪杰有智略之人多出焉。其业则商贾也，其人则豪杰也。为豪杰则洞悉天下之物情，故能为人所不为，不忍人所忍。是故为士者转益纤啬，为商者转敦古谊。此又世道风俗之大较也。"由上论述不难看出，时至宋代，士商之间的联系日渐加强并且相互融通、相互转化，士人经营商业，商人向士人靠拢，士商之间的职业屏障不再难以逾越，"士、农、工、商，各守其业，不可迁也"的局面已在改变。

三、元代的官商：斡脱商人

"斡脱"是突厥语"合伙"的音译，本是中亚色目人商团的名称。由于蒙古兴起之时就和商人结成了密切的关系，蒙古贵族的财富需求除了借助不断地扩张战争，也相当仰仗商团。从成吉思汗时起，大汗、诸王、公主、后妃就都各自形成了自己的斡脱。皇室贵族们提供本金，由斡脱商人们代表贵族出外经营。元朝汉人对斡脱的含义解释是"斡脱，谓转运官钱，散本求利之名也"，又称斡脱为"见赍圣旨、令旨，随处做买卖之人"[①]。很明显，斡脱就是典型的官商。斡脱商人们除了营商，还在贵族支持下大发高利贷，贵族则从中坐收高额息银。这种高利贷被称为"斡脱钱"。

元朝建立前的蒙古国时期，斡脱钱的利率之高令人咋舌，达到100%。如借本金银1锭（相当于银50两），来年就为2锭，第三年息转本再生息，增为4锭，10年后就达到1024锭的巨额。这种按几何级数累进翻番的模式类似于母羊生羔，故被当时人称作"羊羔儿息"。蒙古国时斡脱钱除了向借贷之人发放，还往往强行施加到民间。蒙古汗廷规定，斡脱商人如被盗或被抢劫，一年之内不能破案者，由当地居民代偿；如不能及时偿还，就作为斡脱钱债务，令此地纳羊羔儿息。这种横飞而来的债祸使许多地方民户甚至一些地方官吏破产，陷入典卖妻小还不足以偿债的境地，造成民间极大恐慌。1240年，窝阔台不得不下诏以朝廷官钱代还民间欠下的斡脱钱债，同时取消各地官民代偿斡脱失盗损失的规定，并令不论欠债多久，全部利息最终不得超过本金的一倍。

元朝建立后，斡脱的特权仍继续存在。朝廷为这些官商设立专门的户籍，

---

① 徐元瑞《习吏幼学指南》，《居家必用事类全集》辛集，北京图书馆古籍珍本丛刊第61册。

称为"斡脱户"。元世祖时先后设立了诸位下（诸王属下）斡脱总管府、朝廷斡脱总管府、斡脱所、地方斡脱局等专管机构。斡脱商人的权限和经营范围不断扩大，也发展到海外如南洋、印度等地。斡脱商人后台极硬，他们得到特殊的庇护，享有种种特权。斡脱户享受与僧、道等神职人员同等或类似的优待，常常不当差役。他们手持圣旨、令旨，可以使用原本仅供官员和使臣用的驿站铺马，路途可以得到官方供给的饮食。他们有的携带军器，或有官军护卫，货物可以减免课税；有的行船鸣锣击鼓，不依河道开闸时间强行通过，甚至殴打守闸人员。还假公济私，时常夹带私人和私款发额外横财。元朝仍然存在追逼斡脱钱债对人民危害甚大的现象。元成宗时，一个妃子和一个宗王在杭州路追斡脱债，并无负债人名数和负债钱数，只指出三个债务人的名字，这三人转而将 140 余户都说成债户，空口无凭，强行追索，造成极大骚扰。这类事屡有发生。斡脱高利贷商业是元朝官府、皇室和贵族剥削收入的重要来源，也是造成元代尖锐社会矛盾的根源之一。

第四节　若干评论启示

一、北宋商人的历史作用

北宋时，随着社会生产力的提高和商品经济的发展，以及商人势力的发展壮大，商人对社会的影响力也逐渐增强，并对当时社会政治、经济和文化产生了重要的影响。

首先，从政治上看：由于商人财富势力的强大，"积贫积弱"的北宋政府对豪商巨贾的依赖加深，使北宋官僚、地主、商人三位一体化，共同成为封建统治的支柱。

北宋时，饮茶之风盛行，人民对茶叶的需求量极多。宋代茶叶产地基本全集中在秦岭、淮河以南，销售市场则主要是汴京等大中城镇，特别是西部周边少数民族，产地和销地距离遥远，决定了茶叶流通的特点是长途贩运。经营茶叶贸易成为商人们发财致富的主要手段。但北宋政府对茶叶实行垄断专卖，商人不甘心失去赢利的机会，势必与北宋政府争夺茶利。在榷茶制度下，商人与北宋政府争夺茶利的最有力的武器就是走私。由于官茶卖价过高，质量低劣，造成了消费者对官茶的抵制，再加上当时商品经济活跃，封建国家无论怎样都不会切断茶叶商品生产者与市场之间的联系，这就为商人走私提供了舞台。正如王安石说"夫夺民之所甘而使不得食，则严刑峻法有不能止者，故鞭扑流徙之罪未尝少驰，而贩私市者亦未尝绝于道路也。"又如天圣二年屯田员外郎高觌报告："诸州军捕得私茶，每岁不下三二万斤，并是正色好茶。"

北宋前在东南榷茶的几百年间，国家所获茶利一直呈下降趋势。景德元年，担任三司使的丁谓就发出了人称"至论"的慨叹："边籴极五十万，而东南三百六十余万茶利尽归商贾。""岁才得息钱三万余缗，而官吏廪给不与焉。""蕲州市茶本钱，视镇戎军粟直，仅亡本钱三之一，所得不偿。"当时北宋与辽、西夏等国长期战争，导致国势极度衰弱，茶利成为北宋政府支付战争的重要费用。商人对茶利的过分争夺，使北宋政府和商人们在茶叶垄断贸易的利润分配上展开斗争。可是在商品经济和商业资本日益发展的历史条件下，封建政权不能不依靠商人，不能不利用商人为封建统治服务，故就有茶法的历次变更。"建国以来，法弊辄改。载详改法之由，非有为过之实，皆商人协计，倒持利权，幸在更张，倍求奇羡，富人豪族坐以贾赢，薄贩下估日皆朘削。"所以，商人在与官府争夺茶利斗争过程中的退让，反映了北宋政府对豪富巨贾的依赖。商人利用自身经济优势，成为封建统治的支柱，北宋政府在推行经济政策时不得不依靠这股社会力量。

其次，从经济上看：北宋商人对促进北宋经济发展起了极大的推动作用。主要体现有以下两点：

北宋商人在促进商品流通、联系城乡经济方面有积极作用。

商品经济的环节主要是：生产、消费、分配、交换。换言之，交换也即商品的流通，联系着商品的生产和消费，因而交换对整个社会的扩大再生产和社会正常发展起重要作用。

宋代粮食上市量超过前代，产米最多的地区是两浙，其次是江南。这些地方的稻米需要运销外地。经济作物中，茶的年产量达两千余万斤，上市量远超过前代。上述上市产品并非全由商人运销，但需要商人运销部分在增加。城市中民间手工业的发展，在相当程度内需要商人运销其产品及原料。城市日用必需品的消费除大量粮食外，柴炭等物也往往需经商人运销。所以从这个层面来讲，宋代商人在商品流通方面起着不可忽视的作用。而且与普通民众生活息息相关的布帛、粮食等基本生活必需品，在流通中也越来越占据主要地位。正如宋代李焘所说："夫行商坐贾，通货殖财四民之心一也，其有无交易，不过服食、起用、粟米、财蓄、丝麻、布帛之类。"

更值得一提的是，在宋代商品流通频繁，贸易往来兴盛的背景下，宋代商人发行了世界上最早的纸币——"交子"。"宋真宗时，以川、陕地区商人便于贸易流通，减少铁钱运输的困难，由益州十六家富商联合起来发行了'交子'。"交子用纸印造，填写钱数，并由发行的铺户押字后付给交纳现钱的人，可用于流通，也可兑取现钱，对市场交易非常有利。

所以，无论是普通民众需求的粮食、布帛，还是日用必需品，通过商人的贩运都得到很大的满足。从中可以看出商人在流通财货、沟通城乡方面都起了重要作用。

第二，北宋商人促进了民间对外贸易的繁荣发展，增加了国家的财政收入。北宋政府为了增加国家的收入，非常重视发展对外贸易。"开基之岁，首定商税则例，自后累朝守为家法。"当时，由于西夏的兴起，传统的"丝绸之路"被阻，因而就特别重视开拓海上贸易，加之造船技术的进步也促进了海外贸易的发展。为了增加财政收入，自宋初开始，"宋政府就在广州、杭州、明州、泉州、密州等地陆续设置'市舶司'专门管理海外贸易，对外贸易的国家主要是阿拉伯、印度、伊朗、南洋各国。此外，对朝鲜、日本也有海外贸易。"尤其在北宋与高丽的对外贸易中，商人的活动表现出极大的积极性。据《高丽史》统计，在 1012 至 1192 年的 181 年间，北宋商人到高丽的活动共计 117次。每次少则数名，多则 300 余名，共计 4548 人次。另外，北宋商人在高丽也受到很大的重视，1055 年二月"寒食节"，高丽政府"飨北宋叶德宠等 87人于娱宾馆，黄拯等 150 人于迎宾馆，黄助等 48 人于清河馆。"一次就招待200 多名。所以，北宋商人与高丽的民间贸易的发展，进一步促进了北宋政府的对外贸易，而且对北宋政府的财政收入也起了极大的作用。

最后，在文化的传播与交流方面。北宋商人通过对外贸易的方式，以物质交流为载体，对促进中国与海外各国和地区的文化交流作出不可磨灭的贡献。

北宋时，海商数量之多是空前的，"北宋海商运销海外的货物以瓷器、米、麦、漆器、丝织品、凉席、草席、铁、铝、锡、酒、中草药、书籍等为大宗。"

其中那些精致刻印的宋朝书籍的外销，对传播我国文化意义深远，让海外人士更多地了解中国，提高了北宋在国际上的声誉。同样，"北宋海商也从海外各国运回了大批硫黄、木材、香料、木棉布、吉贝花、腊、糖霜、书籍等。"这些货物输入我国，使北宋人民从外国的文化中吸取营养，对促进我国经济、科技、文化的发展有深远意义。除此以外，在宋代人民中也流传着关于海外各国情况的一些著作，"如宋徽宗时朱彧撰《萍洲可谈》，孝宗时，周去非撰《岭外代答》，理宗初赵汝适撰《诸蕃志》，其中很多内容毫无疑义是海商提供的，这些著作的流传，开阔了宋朝人的眼界，增长了宋朝人的知识，其影响是很深远的。"以上对外贸易中，商人无可厚非地扮演了一个重要角色，客观上促进了中国与亚非各国和地区的经济文化交流。

从以上的论述中，我们可以看到，在宋代，商人作为一个重要势力阶层兴起，无论在商品流通过程中，还是在海外贸易中，都起到了积极作用，尽到了他们对社会应尽的责任和义务，而且对北宋社会经济的发展起到了极大的推动作用，这是我们应该值得肯定的方面。但是不可否认商人势力兴起后，他们与封建官僚、地主势力相互影响，相互转化，权势与钱财的结合，对宋及后世经济的发展也产生了深刻的影响，而且伴随商业的发展及商人社会地位的提高，商人对封建国家的政治干预已成为一个突出的社会问题，所以在商人干政过程中所出现的下列情况就不可避免：

其一，商人和封建官僚、地主势力相互勾结，势必造成了对忠臣良将的残害和排挤。宋仁宗天圣年间"开封富民陈氏杀佣作者，而诬以自经死，事觉，辄逃匿不获，判官御史李应言指其豪横结权要，请严捕之。（天圣六年二月）壬辰，出应言知河阳，而事遂缓"。

其二，商人与封建官僚们之间互通阴谋，严重干扰了国家大政方针的正常颁布和顺利实施。北宋末年，林摅为开封府尹时，有人借商人的钱，好长时间才去还，结果商人认为钱已经贬值，不接受，此人告到林摅前，林摅派人问蔡京，蔡京大惊失色说："方议之，未决也。"钱法更改的法令未公布，而商人已经知道，可见商人与朝廷内部官员相互勾结，干扰了国家钱法的更改和推行。

以上两段材料中我们可以看到，商人与官员相互勾结，鱼肉百姓，排挤和陷害忠良、通谋干扰国家大政方针。况且当时的北宋本来就处于内忧外患之中，政治一直都比较混乱，再加上商人干政，无疑大大加剧了本已十分混乱的局面。所以北宋政治混乱，商人应负有一定的责任。商人阶层势力兴起后，成为宋代社会各阶层中的一个重要组成部分，对于他们的作用，我们要给其以客观的评价，不可否认商人身上明显存在着嗜利如命、与官僚相互勾结、残酷剥削和压榨劳动人民、消费者。但同时我们更应看到其积极的一面，他们顺应历史的发展，按照社会分工做了一些有益的必要的事情。尤其他们对于促进社会生产、商品流通、满足普通民众的需求、为中国与世界的文化交流做出巨大贡献，负起了作为一个新兴阶层对社会应尽的责任与义务，因此，可以这样说，在促进宋代社会经济和文化的发展中，也有商人阶层贡献的一份力量，这是非常重要，也是值得肯定的。

二、斡脱商业与元代社会的关系

斡脱商人在元代是一支特殊的商业团队，由于他们的活动常常与政府联系紧密，所以他们往往挂上官商的头衔，而他们所服务的对象也往往是针对蒙古王公贵族的。但是，商业的对象是市场，所以，在斡脱商人从事商业活动时必然要与社会各阶层发生关系。由于斡脱商人巨大的商业活动能力，使得他们在元代社会关系中占据着非常重要的地位，对元代社会的很多方面都产生了很重要的影响。

1. 斡脱商业与元代统治阶层的关系

斡脱商业在前西汉时期已经获得了比较迅速的发展，斡脱商人的地位在蒙古国也举足轻重，正如萧启庆先生对斡脱商人与蒙古政权的评价所说，斡脱商人和蒙古贵族是金权和政权的结合，而蒙古国的建立正是这两种势力结合的结果。简而言之，斡脱商人为蒙古政权提供的经济支持是蒙古国建立的必要条件之一。进入元代以后，斡脱商业仍然获得了很大的发展，而且斡脱商业几乎贯穿于整个元代历史，斡脱商业与统治阶级建立起了紧密的关系。

斡脱商业在元代有两个最为明显的特征：一、斡脱商人登上政治舞台，亦官亦商；二、斡脱商业走上官府化的道路。斡脱商人在蒙古国时期主要是以经济活动为中心的，为蒙古贵族谋取财富，在这个过程中，自身的经济实力也得到壮大，更为重要的是博得了统治阶级的好感和信任，为其登上政治舞台成为元朝的统治阶层打下了坚实的基础。色目商人被统治者重用可以追溯到成吉思汗时期，回族在蒙古西征以前已经加入蒙古统治阶层，在成吉思汗与十九位功臣同饮班朱尼河水之时，其中有三位来自西域，此外，还有回纥富商镇海也得到重用。可见，在成吉思汗创立蒙古国之时，在其身边已经有很多西域人，随着成吉思汗西征的结束，中亚的花剌子模国被征服，东西方的商道在经历了几百年的人为阻断之后再次被开通，加之蒙古统治者大规模地修建驿站、驰道，使得交通更加的便利，而且蒙古统治者还颁布各种法律并派遣军队以保障商人的安全。这些措施大大地激励了前来经商的西域商人，成吉思汗征服中亚地区以后，先后有几十万的西域人来到中国，而这其中有相当数量的商人。斡脱商人抓住蒙古贵族对财富贪婪的本性，利用自己善于理财和贾货的才能来献媚他们，从而获得更好的发展。在窝阔台汗时，回族商人奥都剌合蛮以商入仕，扑买赋税，推行斡脱钱，权势很大，把持朝政，后被贵由汗诛杀。进入元朝以后，斡脱商人以商入仕的情况更为的普遍。

商人在获得一定的政治地位后，利用手中的权力，以公谋私，亦官亦商，阿老瓦丁、马合谋、亦速福等捧着圣旨做买卖，"不该纳税"。占据最多的资源，使财富集中于少数人之手，造成了社会财富分配的极为不公平。

2. 斡脱商业对元代民间社会的影响

高利贷伴随商品经济的产生而出现，是商品经济的产物。提及高利贷，一般都有种谈虎色变的感觉。其实，高利贷的出现是商品经济发展的产物，它在一定时期有助于社会经济的发展。高利贷与社会环境有密切的关系，当社会动乱、自然灾害严重的时候它就会迅速滋生，往往会使本来就糟糕的经济雪上加霜而当社会稳定、人民安居乐业的时候，高利贷又能在一定程度上促进经济的较快发展。高利贷在我国出现商品经济以来一直都存在着，并不是元代所独有的。比如，宋代由于商品经济发达，高利贷现象也比较普遍。王安石变法中的青苗法就和高利贷有关，从青苗法当中规定的半年以二分为率，一年的利息是五分，可以看出宋代高利贷的利息也是相当高的，这是政府改革后所规定的利率，民间的利率可想而知。因此，对待元代的高利贷问题，我们应该认识到高利贷存在于我国专制王朝的各个时期，不要夸大元代的高利贷问题。当然，元代的高利贷确实是比较特殊的一个时期，因为斡脱高利贷确为元代所特有的。

3. 斡脱商人在元末的去向之推测

斡脱商人作为一支庞大的商业团队，具有很强的经济实力和社会地位，在整个元代的经济和政治舞台上都占据着十分重要的地位。他们的存在和发展是建立在政权的扶植之下的。随着元末统治的腐朽，蒙古贵族的统治力越来越薄弱，加之元文宗时候打击回族，从中央到地方，曾被回族把持的许多官府部门都没有了回族人的身影。元文宗是在两都之战时击败以倒剌沙为首的上都集团后取得政权的，他上台后就对回族势力进行了清洗。倒剌沙及其兄知枢密院事马某沙、乌伯都剌都被除掉，回族在中央的势力被彻底击碎。

随着回族把持元代朝政在元文宗时期的结束，标志着斡脱商人这个商业团体逐渐地走向覆灭。斡脱商人在丧失了统治者及其回族官僚的支持之后，他们将何去何从呢，本节拟就这一问题试做简单推测。斡脱商人虽然经历了一次严重的挫折，但是，并没有一下子就消失，而是逐步退出历史舞台。在元末农民起义时，泉州地区就爆发了有名的亦思巴奚暴乱。亦思巴奚是由泉州的以波斯人为主的色目人组成的"义兵"，他们借助元末动乱的局势，元政府无暇顾及的情况下发动了叛乱，曾一度割据泉州、兴华地区。

第六章

统一的多民族国家巩固和封建社会逐步衰落阶段：

明、清

第一节　历史背景介绍

明代尤其是明中叶以后，是中国封建社会经济发展比较充分的历史时期。说明这一事实的是，它的商品生产有了更大发展。例如，棉花种植，"遍布天下，地无南北皆宜之，人无贫富皆赖之，其利视丝枲盖百倍焉"。江南的"蚕桑织绣之技，衣食海内"。由于江南丝织业的兴旺，植桑便成为商品生产而迅速扩大开来，"大约良地一亩，可得桑八十个（每个二十斤）"。至于广东、福建、台湾等地方的甘蔗种植也更为普遍，如广东的东莞、番禺等县，"一望若芦苇"。在经济作物发展的地区，因粮食作物减少而不能不由外地买入食粮。像经济作物种植比较发达的福建，就由江浙等地购进米粮。输出食粮地区的农民自然也发生变化，即他们所种粮食的一部分是为了出卖。这种变化虽然微弱，但也表明农业商品化程度日趋加大农业生产的商品化所引起的连锁反应，则是城市人口增加，手工业作为商品生产也得到了前所未有的发展，使社会分工更加明朗化，一些农产品的加工发展成为独立的手工业。"以机为田，以梭为耒"的城镇逐渐出现了。正如张瀚在《松窗梦语》中所说："今天下财货聚于京师，而半产于东南，故百工技艺之人，亦多出于东南，江右为伙，浙、直次之，闽粤又次之西北多有之，然皆衣食于疆土，而奔走于四方者亦鲜矣。"由于商品经济的刺激，一些家务劳动走出了家门，成为手工业中的新兴行业，譬如毡袜鞋店等。"松江旧无袜店"，也"绝无鞋店与蒲鞋店"。但是，自"万历以来"，袜店及鞋店，蒲鞋店，"广设诸肆"。这说明，明代的封建经济出现了某种程度的解体。

商品生产的发展，推动了商业的活跃，这又导致了资本主义萌芽的诞生，明代中叶资本主义生产关系的出现并非偶然，而有其产生的经济基础资本主义萌芽破土而出的明显特征，即在某些手工业部门出现了占有生产资料的有产者和专靠出卖自己劳动力的无产者。前者剥削后者。如在苏州就有"机户出资，织工出力"的事。在这里，"大户张机为生，小户趁织为活"。每晨起，小户百数人嗷嗷相聚立庙口，听大户呼织，日取分金为饔飧计。大户一日之机不织则束手小户一日不就人织则腹枵，两者相资为生计矣。可见，在明中叶以后，不雇佣劳动明显出现，而且有了劳动市场。

总之，明代商品经济的发展，资本主义萌芽的出现，雄辩地证明，明代的社会经济已进展到又一个新的高度，应是中国封建社会经济史上的第三个鼎盛时期当然，这个高度与历史上各个时期，尤其是宋代的社会经济发展，有着因果联系。同时运应当指出，中国封建社会经济史上的第四个也是最后一个盛世，则是清康熙至乾隆时期。

可以说中国封建经济史上，明清时代无疑是一个重要的转折时期。

在明朝、清朝时期，中国出现了 3 个最有名、最有实力的商帮，分别是晋商、徽商、潮商。下面以徽商和晋商两个为例，进行详细介绍。

一、徽商发展史回顾

1. 徽商发展史

徽商，是古徽州一带商人的总称。古徽州大致位于今天安徽、江西和浙江三省交界，歙县、休宁县、婺源县、黟县、祁门县和绩溪县合围区域。徽州在古代又被命名为"新安郡"，因此，徽州商人又被称为"新安商人"。东晋时期已经有徽人经商的记载，著名徽学专家叶显恩先生，引用《晋书》卷二十八写道："'蒜会轼令娟妓作新安人歌舞离别之辞，其声悲切，'显见当时徽州人经商的离别情意已经写入歌谣，其经商活动已经为时人所知。"……到了隋唐，祁门县的茶市开始兴盛，徽州茶商逐渐被世人熟知，南宋时期祁门县茶商已积累了雄厚的资本，出现了以程氏（程承津、程承海）兄弟为代表的大富商，两兄弟冈致富有名被合称为"程十万"。

到了元末明初,徽商开始利用高利贷牟取暴利,以大富商江嘉为代表的歙县徽商富甲一方。依托雄厚的资本,徽商开始与上层政治势力打交道,资助元末战乱中的诸侯,如朱元璋、陈友谅、张士诚等,为后期"政商密切交往"打下了良好的基础。明代中叶至清代乾隆末年,徽商整体发展呈现出一片繁荣之象。明代成化年间,徽商把握机遇打入盐业市场获得垄断经营权,并取代晋商成为盐业市场上的"霸主",从而迎来了第一次兴盛期。伴随着徽州盐商的快速崛起,徽州茶商、木商、典商也相继在历史舞台上崭露头角。明末清初,经过战争的浩劫,徽商经历了大规模衰败。"清承明制"后,徽商东山再起,与明代相比,其经营范围更广,甚至遍及日本、东南亚各国和葡萄牙等地,成为名副其实的"天下第一商帮"。清代乾隆末年以后,皇权专制统治积重难返,社会矛盾日益尖锐,兵燹不断。为巩固统治,统治阶级一方面极力压榨商人,收取苛捐杂税;另一方面,大力推行改革,尤其是盐政的改革,让徽商彻底失去垄断优势。清朝末年,国外资本大量倾销中国,徽商最后的商业市场也被外商蚕食殆尽。此后,徽商一蹶不振,逐渐退出历史的舞台。

2. 徽商的群体特征

（1）经营有道

在创业之初,徽商通过经营多种产品的批发和长途贩运积累原始资本。随着经营规模逐渐扩大,一些徽商开始涉足生产领域,合工商于一身,边生产、边售卖,并在商业经营过程中,注重人才的培养。许多徽商的事业久盛不衰,虽不乏亲情纽带的凝聚和以德服人的柔性手段,但一般都同时有严格的用人管理制度和规章。徽商讲究商业道德,古代徽商把儒家思想中的"信""义""仁""礼""智"作为最高的道德准则来规范和约束自己,强调以诚待人、以信接物、义利兼顾。

（2）贾而好儒

徽商之所以被称为"儒商",是因为他们在经商过程中总是不忘记读书学习，常读儒家经典，因而有"贾而好儒"的鲜明特点。自古以来，徽州地区都十分重视文化教育，入仕的文化氛同一直很浓厚。在徽人看来，"做官是人生的第一选择，经商则为第二选择"。因此，在众多商帮中，徽商子弟登科及第的人数最多。徽人好读书的文化氛同为他们经商提供了诸多便利，除了增强他们的"经商理性"并形成"儒道经商"的商业道德外，还使他们熟练地掌握"官方语言"，能够较好地与官府打交道，为与统治阶级建立良好关系奠定了基础。

表 1 顺治二年到嘉庆十年两淮山、陕、徽籍商人子弟科第人数

属地	进士	举人	贡生	合计
徽州	85	116	55	256
陕西	11	25	9	45
山西	6	11	5	22

数据来源：嘉庆年间《两淮盐法志》

（3）宗亲传承

徽商宗亲观念极强，特别注重团队协作，这种"乡谊观念"和"宗亲意识"，使徽商彼此之间有着强烈的相互依存理念，往往会以众帮众、相互提携。徽商由一开始的独立个体发展成为"徽州商帮"，靠的就是血缘宗亲和地缘关系的纽带作用。正如徽学研究者陈学文所述，"徽商亦多凭着宗族的血缘和地缘纽带，将宗族子弟纳入经商的群体中，成为得力助手，也是其事业成功的因素之一。"每个地方的徽商通常会通过建立徽州会馆、同业公所等加强交流合作，一定程度上强化了徽商内部的凝聚力，也有利于排挤其他商帮和拓展市场。

二、晋商发展史回顾

1. 晋商发展史

自两宋以降，中国古代社会逐渐步入成熟时期，工商经济渐趋成熟，政府基本放弃了对民间市场的强化管制，落后的坊市制度被废除，商业体系日趋完善，传统以小农耕织为主的自然经济模式逐渐与工商业相结合。明代之后，民间社会的商业开始了真正的勃兴，市镇经济呈井喷式发展；农村商业也由零星的农副产品越来越多地转化为专业化的商品生产与大宗贸易，农业和手工业产品商品化程度不断加深；商业不再只局限于流通领域，而是逐渐与生产以及自由的雇佣劳动相结合，商人资本以多种形式参与生产过程，如向小生产者预购、投资开厂、充当包买商等。市场的拓展、商品交换的急剧增长必然为人民提供了更多的经商机会和盈利的空间。在商业高额利润的刺激之下，加之农业人口早已高度饱和，社会各阶层人士都纷纷试图通过经商实现富足。与此同时，随着商人财富的增长以及在社会中日益发挥着不可替代的作用，明王朝废除了前代一贯的"工商杂色不可授予官职"之类对于商人政治地位的绝对限制，转而准许商人科举入仕、上书言事，抑或是通过捐纳官职进入官场。由此商人阶层开始真正介入政治并掌握了一定的话语权，从而在政策制定和实施中考虑到他们的商业利益，传统等级秩序森严的"四民社会"等级被打破，士大夫与商人大量合流并逐渐形成了庞大的市民与绅商阶层，曾经流传千百年之久的抑商政治文化出现了相当大的松动。

明代商业的发展较之前代真正的突破性意义就在于地域性商人集团——商帮的出现。自明代起始，由于商品经济日渐繁荣，商人已经不仅仅是以单个商业资本零星分散地运作，而是结队成帮，趋向集团化发展。他们为了维护自己的经济利益，巩固商业阵地和在某些行业中的重要地位，往往利用同乡同业的关系，彼此联合、互相扶助，形成了一个个纵横连接、网络贯通的地域性商人集团。商帮的出现是中国历史上的一件具有划时代意义的大事，各大商帮成了驰骋于商界的一支支劲旅，极大地促进了明代乃至清代城市经济的发展和基层市镇贸易的深度繁荣。更为关键的是，商帮财雄势大，其商贸经营逐渐与禁榷专营以及其他国家事项相结合，并在一定程度上成了政府与皇室的代理人，他们凭借着强大的经济实力上结朝廷官府，下扼民间市场，主宰了整个国家的经济命脉，甚至有一定的能力影响国家的大政方针，使之朝有利于本地域商人集团的方向倾斜。可以认为中国古代社会中的商人至此方才作为一个独立的社会阶层正式成型。在明清两代活跃于全国的十大商帮之中，山西商帮——晋商则堪称其中翘楚，他们多财善贾，富甲天下，在中国历史上谱写了辉煌的篇章。

（1）明代盐政与晋商的崛起

历史制度主义认为，制度实际上就是某一历史进程的具体遗产。晋商作为商帮的崛起则与明朝初期的政治环境直接相关。明代立国之初政治生态相对清明，统治者为了尽力弥补元末天下纷争给人民带来的灾难，不断变化着统治方略，以回应由农业、商业以及城镇化所创造的良机——诸如创立新的商税、放松对市场的控制、在边疆创造新的财富，等等。此时农耕社会的各类传统经济模式已经逐渐难以应对新时代与日俱增的种种挑战，而商业却日益发挥出其"懋迁有无"的重要作用，不仅民间需要，整个国家和政府亦需要商人为其服务，如茶户生产的官茶，灶户生产的官盐都要依靠商人的运销，政府所需要的大量民间物资，如边镇的军饷，地方土贡产品的运输，也必须依赖商人的转运。所以明王朝不得不将商人纳入国家政治的范畴，给予商人一定的地位，同时在一定程度上对其开放了部分禁榷商品专卖权，也基本放弃了对市场交易和物价的全面控制。这对于商业的发展来说无疑是绝好的历史机遇，商人得以借助国家的相关政策和制度扩充自己的经济实力，甚至有机会进入一向壁垒森严的国家禁榷专营体系获得巨额垄断暴利。晋商就是在这样的时代背景下，以明朝初年中央政府用以配合北部边镇军事需求的官盐行销政策——"开中制"的实施为契机而兴起的。

然而我们必须承认，明王朝的大一统仅仅是中国历史上曾经一再上演的改朝换代而已，并非意味着各种宏观意义上的旧制度被彻底淘汰，作为正式制度的君主政治及其各种相关制度仍然主宰着九州万民，这就意味着作为非正式制度的依附型政商关系赖以生存的制度环境依然存在。从表面上看，明代立国之后对商人阶层的重视程度比之前代的确有所提高，然而这只是统治者应对商品经济发展所作出的局部政策调整，国家权力控制商业的手段反而更为巧妙，商品经济尽管获得了长足发展，但依旧是小农经济的附庸，仍然无法撼动专制王朝基本的政治经济格局。如前所述，在君主政治全面宰制商业的中国古代社会，商业的繁荣与权力的支持和保护密切相关。晋商在整个明代的发展始终体现出对政治权力的强烈依附色彩，他们积极向国家政治靠拢，一面将自己的商贸经营活动与国家的各项特殊政治、经济需求绑定在了一起，借政权之势扩充经济实力，成了政府特许的买办商人；另一面则构筑起坚固的官商同盟，为自己的商贸事业保驾护航，增强经营活动中有形或无形的竞争力。

（2）明初官盐行销制度的改革与创新

历代中原王朝面对的最大外部威胁就是来自北部或西部草原上的游牧民族政权，这些少数民族通常有着强大的军事动员力量，时常有觊觎中原的政治野心。而明王朝也正是如此，终其一代都与元蒙残余势力有着矛盾和冲突。自朱元璋建立统治之后，并没有完全统一元王朝所统治的地区，实际上其有效的统治范围只是万里长城和辽东柳条边以南的中原地带。而退居漠北的蒙元残余势力则屡屡伺机南下，甚至一度兵至通州、威胁京师，成为明王朝的严重边患。为保障边境安全，明王朝一边整修万里长城，同时沿长城一线相继设立了九大边防重镇并派驻重兵守御。这九大边镇史称"九边"，其中每一边镇又下辖众多卫所。

明王朝长年对九边重镇的苦心经营实际意味着在华北诸省的北部以及长城沿线一带形成了一片巨大的军政消费地域，九边军费是明王朝从始至终最大的财政负担。经济学家侯家驹对此考证说："九镇于隆庆四年，年例银超过280万两，与之对应的是隆庆元年国家岁入仅219万余两，尚不足应付九边饷银。此后边饷更是逐年递增，到了万历二十三年，九镇边饷增至357万两"。

《万历会典》中也记载称仅大同镇及诸卫所就屯驻官军 13. 5 万多人，骡马等牲畜 5 万余匹，年需屯粮近百万石，草料近二百万束，而屯粮仅占定额需粮的十分之一左右。这些还仅是军饷和粮草开支，若再加上这些军需物资的运输以及筑城、采购武器装备、练兵等费用，则更是一个天文数字，让中央财政不堪重负。为了最大程度保障这一系列军事体制和边防将士的粮草等军需物资，明政府主要采取三项措施，即边境屯田、民运粮饷以及"开中制"。屯田主要是军事屯垦，边镇驻军除一部分戍守备战之外，其余由政府划拨空闲荒地，配给耕牛、农具、种子等生产资料进行垦殖；民运粮饷包括粮草、银两、物资等，主要由华北者省民众输纳，九镇之中宣府和大同两镇的军需物资皆由山西提供。对于前两项政策而言，都有着非常显著的弊端，首先是北方边镇地区都处于高寒少雨地带，粮食产量很低，仅依靠屯田根本无法保证近百万军队的军需粮草供给。其次，民运粮饷兼具额外征赋和极强的劳役性质，在明代运力低下的历史条件下，往返数千里运输粮草等物资，需要消耗大量时间和财力，这对整个华北地区的民众而言都是一项沉重负担。尤其是山西本就属于土瘠民贫的缺粮省份，如此征派劳役更是令省内人民不堪忍受。为了节省民力、安定民心，洪武三年明政府开始推行一种用官盐特别运销权来招揽商人向边镇运输军需物资的制度，以此作为屯田和民运粮草的补充，史称"开中制"，至此盐法边政，相辅而行。

"开中制"完全脱胎自北宋雍熙年间的"折中法"盐政，是有明一代盐法和边政的主体。具体来说，开中制的过程分为如下几个步骤：第一步是中央政府应边镇请求出榜招募商人，榜示输纳粮草的具体地点，并确保商人所需输纳粮草的数额与对应的盐运司的盐引数额相匹配。第二步是商人向指定边镇或边仓交纳粮草之后，边镇官府根据商人所运送粮草的数量确定其应支取的盐引数目并签发勘合和底簿，再将此二者分别发给商人和有关地区的盐政部门。第三步是商人持勘合向规定的盐运司或盐课提举司申请盐引，盐政机关将勘合与底簿对照无误后发给商人盐引作为贩盐许可证。最后商人凭盐引到指定盐场取盐，再自行运至政府规定的行盐区域贩卖。若伪造盐引即被视作私盐，将遭到政府的严惩。"开中制"的要义有三：其一是招商于各边镇或边仓所纳粮米的数量，同政府所规定的各盐场的盐引数目存在相应的比价关系。其二是政府所支给的盐引数目是对商人转运费用的补偿，视商人输送粮草路程远近不同而定。其三是"开中制"的实行依赖于明代盐政中对行盐区域的严格划分。由于中国疆域庞大，各产盐区所产食盐的质量、成本、运输条件都有很大差异，在生产力落后的古代王朝，对全国盐政实行整体协调管理几乎是不可能的。所以明代与之前历朝类似，政府给每个产盐区都划定了行盐疆界，通常与省界一致，犯界行盐与私盐一样要治以重罪。于是官盐专卖必然被划分为几个不同的区域，彼此之间没有竞争，以保障盐商运销的独占性利润。

（3）"开中制"对晋商的巨大助力

诺斯认为，制度是经济发展的关键变量，晋商则正是由明初"开中制"盐政的直接推动下兴起的。如前所述自管仲以降，历代王朝都将盐业视作国家的经济命脉并将其垄断专营作为基本国策，明代也不例外。"开中制"盐政较之前代盐政由国家全面控制食盐产销的进步之处在于政府适度收缩经营范围，仅对产业最顶端的生产和批发环节进行管制，保证最大限度地控制食盐货源和定价权，同时基本退出了行政管理难度巨大、利润分散且不易控制的产业下游的流通和销售领域，转而利用民间商人代行运销业务。如此商人能够替政府承担食盐运输和零售过程中的风险，同时政府的垄断利润又几乎不会降低。这种全新的官盐专卖制度是一种官商结合形态下的国家授权经营制度，同时也可以视作一种政府的购买行为，即政府利用国家所控制的食盐专卖权作为支付手段，向商人或民众购买粮草军饷等物资的运输服务。尽管唐宋时期的食盐禁榷制度也曾实行过类似"开中制"的招商专卖模式，比如唐代的刘晏招商行盐与北宋的"折中制""钞引制"，但它们所实行的时间与范围都相当有限，国家盐政的主体仍然是政府垄断产销。"开中制"的实行标志着古代王朝的盐政真正意义上将禁榷专营与招商特许结合起来并成了在全国范围内长期推行的制度。

由于食盐这一商品在中国古代王朝的极端特殊性，其贸易完全是垄断性质的，商人一旦从政府手中获得了食盐的专卖权，就可以直接无视市场和竞争而获得巨额垄断暴利。同时，地处北疆、极临边地的山西在开中制的政策条件下无疑具有极其优越的地理区位优势，九边之中山西独占其二，为偏关和大同，其中尤其是大同内迫京畿、外控夷狄，为中原门户，又与另一重镇宣府相邻，堪称九边之首。由于大同、宣府位置相近又驻军最多，所需军饷供给必然极多，商人向其报中纳粮所换盐引数目必然最大。加之山西南部以运城为中心的河东盐池自古就是国家产盐重地，又有较好的农业生产条件，自然随之成了边关粮储、输粮中盐基地。山西商民大多就地利之便，长期在九边之大同镇、宣府镇和山西镇三关（偏头关、雁门关、倒马关）这几处边仓纳粮中盐，其所对应的则主要是河东、淮浙以及长芦三大盐场的盐引，而这几大盐场的产量一直居于全国各大食盐产区前列。据《明史·食货志》中的统计：洪武时期两淮和两浙的盐运司，每年办理 400 斤的大盐引共为 57.24 万余引，占全国发行总盐引数的一半有余。

由于最初商人参与开中制的门槛很低，他们从事的只是简单的收粮和运输事业，基本只需收集一定数量的粮草以及具备人力和牛马车挽一类交通运输工具即可，并不需要大量的资本。所以开中制推行之后，山西商民籍地利之便，捷足先登，大肆收粮贩盐，很快就积资巨富并横行天下。明代官员对山西商人踊跃参与纳粮中盐的记载不胜枚举。万历朝延绥巡抚涂宗浚称："延绥镇兵马云集，全赖商人接济军需，每年有定额，往往召集山西商人，领认淮、浙二盐，输粮于各堡仓给引，然后前去江南盐运使司，领盐发卖，大获其利"10 自永乐初年直至明代中叶，明政府为了更好地吸引商人参与开中，屡屡减少需缴纳的粮草数额，或是增加每道盐引中所包含食盐的斤两，即所谓的"加引"，以此保障商人的利益。据嘉靖时期官员胡松记载："夫一引得白银六钱，积而千引，则可坐致六百金，万引则可得六千金"，开中行盐的暴利程度由此可见一斑。

为了最大程度规避长途运输军需物资可能遇到的各种风险，同时减少人力资源的巨大消耗，山珏商人逐渐开始在边境地区自己雇人垦种荒地进行农业生产，以及从事各种与军政相关的副业，在这种情况下商屯应运而生。清代魏源等人对边镇商屯的情况记载称："永乐中，令商于各边纳米二斗五升或粟四斗，给淮盐一引，于是山陕富商大贾自出财力，招游民垦田，日久熟而年谷屡丰"。商屯与开中相辅相成，从事开中行盐的山西商人通常又是边境地区坐拥大量田土的大地主和大粮商，他们既是大宗官盐的转运商，又几乎垄断了边地驻军粮饷物资的供给，产业资本与商业资本辗转变化，繁殖累积，财势无可阻挡。总之，通过参与开中制以及投入商屯，山西商人成了整个明代边饷制度中纳粮中盐的主体，河东、两淮、两浙的盐引中的大部分为他们所控制。以长芦盐政为例，明代整个长芦盐场的五大行盐区域中就有宣大、泽潞、平阳、蒲州四大区域基本处于山西盐商的控制范围之内。毫无疑问正是开中制成就了山西盐商的兴起，是为中国历史上势力最大的地域性商人群体晋商之始。

（4）从"折色制"到"纲盐制"——晋商垄断官盐贸易

"开中制"的实质是一种国家为解决边防需求的招商行为，而边防军需必然不仅限于粮草，特别是战事吃紧之时，政府还曾纳马、纳铁、纳茶等物资换取官盐运销。可以说几乎所有边镇所需的物资都能换作盐引，以此吸引商人参与其中。到了明朝中叶之后，随着商品经济的不断发展，全国的赋役逐渐实现了白银化，受正统朝田赋改为折色政策的影响，开中纳粮的旧制逐渐呈现出折色纳银的趋势。与此同时，由于朝廷并没有对边镇驻军、地方官府与各盐政机构这两大对应部门进行有效协调，导致盐法日渐混乱，开中制经过一百余年的发展随之暴露出大量问题，主要集中在四个方面：第一，商人实行报中支盐所需时间过长，完整流程往往需要二到三年时间，加之各级官吏在实际操作中总是营私舞弊，横加勒索，对于资本薄弱的中小商人来说，纳粮开中的难度日渐增大。第二，朝廷盐法不振，盐官失政成为普遍现象，导致盐引滥发，商人无法按时按量支取官盐。史载许多山西商人自永乐中期开始就持盐引守候支盐，却祖孙相代而不得，只能纷纷破产逃亡。第三，由于官盐运销的极端暴利，"开中制"日益出现了权贵化的趋势，官商勾结程度不断加深。两淮、两浙等重要产盐区的盐引被权贵大量霸占，盐引买卖成为常态，原来政府固定的行盐区域被打破。第四，私盐现象屡禁不止，景泰朝之后，官府制盐的灶户与盐商之间私相售卖余盐实际已经被政府所默许，开中制的基础遭到了严重破坏。

在这样的情形之下，盐商内部日益分化为边地纳粮或纳银的边商与在内地两淮、两浙等盐场买卖盐引的内商，而这些内商中除了常年在内地倒卖盐引或行盐销售的山西商人外，其余大部分来自晋商同时期崛起另一大地域性商人集团——徽商。正是在徽商集团的大力推动之下，弘治五年，户部尚书叶淇将"开中制"改进为"折色制"，由商人在边镇纳粮或纳银换取盐引改为在各省的盐运司和盐课提举司纳银换引。折色制的推行使一贯凭借开中纳粮换取盐引的山西盐商丧失了固有的地理优势，而地处内陆两淮盐场地区的徽州商人集团则乘势而起，从此明代官盐贸易出现了晋徽两大商帮争雄的局面。为了极力保持官盐运销中的垄断地位，已经因开中制而积资巨富的山西盐商们纷纷南下进军两淮盐场，他们积极办理迁居、入籍手续，在淮盐的大本营扬州扎下大营，与徽商分庭抗礼。史料中有大量关于明代中叶之后山西盐商寓居两淮地区经营盐业的记载，其中最有名的要数嘉靖朝名士王世贞曾记述严嵩之子严世藩论天下富豪，将资产 50 万两以上者列为第一等，全国仅有 17 家权贵够此资格，其中山西盐商有三家，徽州盐商只有两家。万历《扬州府志》中也记载到："扬州，水国也……聚四方之民，新都最，山右次之"；"西北商徙家于淮，以便盐"。另据晋商史专家黄鉴晖考证，明代寄籍扬州的山西盐商有姓名可查的就有 23 人之多。

晋、徽两大盐商集团的利益博弈促使明王朝进一步对官盐运销制度进行改革。万历四十五年，明政府开始实行"盐政纲法"，又称"纲盐制"。所谓盐政纲法，是朝廷为了梳理积压的盐引以及打击私盐而特别优待合法盐商，承认其对盐引的垄断。其具体措施是把盐商分为十个纲，按纲编造纲册并登记商人姓名后发给各商人作为"窝本"，未领有窝本者即被视为非法，不得从事官盐运销。名列纲册者几乎都是徽商和晋商这两大商帮中拥有巨额资本的大商人，他们运销食盐的权力与资格以世袭的形式确定下来，这种局面一直持续到清代道光年间政府全面取消食盐禁榷制度以后。纲盐制的实质是由资本雄厚的富商大贾包揽承运官盐并上纳榷银，只有持有窝本的纲商才有国家认可的行盐资格，这些纲商还拥有相应的对于纲盐运销的处分权，如转让、继承等。

纲盐制的实行标志着中国历史上的食盐禁榷制度进入了一个全新的阶段，形成了一种国有和民营双垄断的格局，一面是国家垄断食盐的所有权，另一面是权贵商人集团通过政府的特许授权垄断官盐在民间市场流通中的全部业务。从此盐商成了纲商，特许经营与准入资质紧密结合，由此整个明代中后期的食盐产业完全形成了一种政商结合、官商一体的形态，再也非普通商人能够涉足。这种纲商控制官盐行销的制度被后世的清王朝全面继承，并继而在扬州盐商集团中创设了"总商制"，由盐商中资本最雄厚者出任总商并控制和管理其他盐商，具有半官方的性质。从开中制发展到纲盐制的过程是官盐的承销逐渐由普通的个体商人转变为有政治背景的权贵商人集团的过程，在这个官商集团逐步垄断官盐运销环节的过程中，中小商人的发展机会日渐渺茫，而晋商之名真正被叫响，也正是得自于这些垄断国家盐课的山西纲商，他们是真正意义上的第一代晋商。明人谢肇淛所著《五杂俎》一书中称："富室之称雄者，江南则推新安，江北则推山右……山右其富甚于新安"。可见在明代中后期，山西盐商集团就已经有了海内最富的盛名。

（5）山西政商巨族 —— 官盐贸易的权贵化

在官盐行销所带来的巨额垄断利润的刺激之下，自从明初"开中制"全面实行以来，有明一代的官僚大臣、内廷宦官，甚至还有部分皇亲国戚，他们完全置朝廷禁令和国家法度于不顾，千方百计地设法贩盐渔利。明代中叶之后盐政彻底败坏，权豪势要公开插手开中行盐，大肆霸占盐引并高价倒卖，甚至鬻卖私盐的现象愈演愈烈。本来是政府用以解决边防军需的"开中制"盐政几乎彻底蜕变成了统治集团借以分肥的工具，盐引的分配以及支取官盐数目的多少基本是根据其权势的大小为基础。在这样的政治环境之下，财雄势大的山西商人敏锐地意识到必须将家族势力的触角伸向高层政坛，构筑政商联袂的权贵商业格局，才能切实巩固自己在盐引分配中的既得利益，源源不断地获取垄断利润，于是他们在河东、两淮等食盐产地兴建专供盐商子弟读书的"运学"，着力培养族人科举入仕。同时晋商积极推动政府改革科举制度，使其子弟后辈得以凭借"商籍"的名义附籍于行盐经商的省份参与科考，这是普通百姓乃至官宦人家都无法享受的一种特权。清人记载明代山西盐商附籍扬州科举入仕称："明中盐法行，山陕之商集至。山西之阎、李，科第历二百余年"。余英时也考证："万历中期定立商籍，山西盐商子弟得以附入扬州府学报考生员，这是晋商在政治方面所取得的极大优势"。在百余年持之以恒的不懈努力之下。及至嘉靖、万历年间，山西盐商集团中出现了横跨政商两界，对当时山西乃至全国政局都有一定影响力的王崇古和张四维两大官商巨族。

2. 晋商兴衰历程概观

晋商真正形成地域性商人集团是在明初的洪武、永乐年间。当时明政府设置九边重镇以备蒙元南侵，全国近半税收都散在崇山峻岭中的长城屯兵一线，旷日持久的常态性军费支出致使国家财政困窘，政府对此创设"开中法"盐政，用政策杠杆撬动民间资本参与到国家严控下的官盐运销体系中。晋商凭借背靠晋北几大边防重镇与坐拥晋南河东盐池的巨大的利优势，大量开展极具垄断性质的"纳粮、换引、支盐"的贸易活动，很快便形成了规模化效应。明代中叶之后，晋商在长期控制河东、长芦等重要盐场的同时又借"俺答封贡"之机逐渐独占了与蒙古、女真等少数民族政权的茶马互市，由主营盐业、粮食贸易转变成了经营百货行销贩运的跨地域商业集团。

明清易代之际，农民起义风起云涌，山西全面遭受了战火的荡涤，大部分在省内置产经营的晋商惨遭战争的荼毒。尽管时局不济，但仍有许多经营边贸的山西商人凭借过人的战略眼光，将筹码押在了声势日盛的关外后金政权身上，他们通过边镇马市与其互通贸易，向其提供紧俏物资，甚至还为其传递、输送情报，在客观上为清廷入主中原做出了一定贡献。顺治时期，晋商中有八大家族因功被封为"皇商"并入籍内务府，专门主持皇家的贸易事业以充实内帑，他们携皇权之无上威势进行着一系列政治色彩极强的商业活动，包括北上蒙古开展军贸，东渡日本贩运洋铜，在东北采挖人参等，成为显赫一时的政商豪族。

步入清代中叶之后，中国传统社会全面成熟，商品经济日趋活跃，新的商路大量开拓，商人在国家中的角色与作用愈加突出。在盛世繁荣之下，晋商充分利用清王朝对蒙古、新疆等广阔边疆地区的一系列军政战略布局，一步步向内亚腹地乃至欧洲进军，将商业版图拓展至极盛，他们手持清政府对蒙、俄贸易特别签发的许可证，几乎独占了辽阔的蒙古草原市场。同时，晋商又以恰克图"一口通商"的市场模式为依托，通过骆驼、牛马一类最原始的运输方式，走出了一条横跨亚欧大陆，北至俄罗斯，南抵武夷山的"茶叶之路"。

直至晚清时期，晋商依靠其独创的、极具前瞻性的票号金融事业承揽了清政府的税银调配、战争赔款、藩库周转等一系列官银的经营存兑业务，几乎是以民间商人的身份发挥着国家财政的部分职能。然而好景不长，在清末中国近代化的时代剧变中，晋商无力从急剧衰败的国内市场以及日益分崩离析的中俄、中蒙国际市场中全身而退，同时惨遭清政府与帝国主义势力的联合绞杀，从而全面走向衰败。从另一个角度来看，晋商在不断谋求开拓市场的同时也格外重视家族政治势力的经营，培养族中子弟科举做官，构筑政治保护伞，以求更好地为其商贸经营事业保驾护航。从明代中叶开始，山西盐商集团就利用雄厚的财力和日益强大的社会实力不断推动政府改革科举制度，使其子弟后辈得以凭借"商籍"的名义附籍于行盐经商的省份参与科考。在常年持之以恒的不懈努力之下，嘉靖、万历年间，晋商中出现了横跨政商两界，对当时山西一省乃至全国政局都有相当影响力的王崇古和张四维两大官商巨族。到了清代，由于政府给予商人及其后代参加科举的政策条件更为优惠，以及逐渐开放了对有产者纳资拜爵的各种限制，晋商由此全面向官场渗透，他们将捐买官衔与业儒仕进充分结合起来，积极构筑一种政商联袂的格局。清末山西富商云集的晋中地区，许多商人的宅院门墙上都挂有"大夫第""武德第"一类彰显官员身份的牌匾，而广为后世所知的乔家、常家等晋商大族则更是持续数代商、学、仕三者并重，成了真正意义上的儒商家族。

第二节 政商关系分析

一、徽商——依附皇权

1. 徽商依附皇权的主要策略

封建社会后期，中央集权逐渐走向顶峰，皇权成为至上的权力。而各级官僚作为皇权的附庸和代表，同样拥有较高的政治地位，掌握着诸多资源。正因如此，徽商才会千方百计巴结迎合他们。徽商对皇权的依附表现有以下五个方面。

（1）结交权贵。徽州人之所以能行商天下，善于结交朋友是一个很重要的因素。对徽商而言，与皇权集团的交友联谊已不是简单的商业行为，而是披上了政治外衣的钱权交易。官员大都手握重权，自然成为被徽商"围猎"的对象。而官僚阶级对徽商的这种"友好"自然是"无法抗拒"，甚至有些帝王都愿意与徽商为友。徽商在这方面出手十分阔绰，如徽商凌和贵"自达官绅士即氓庶无不以礼相待，与地方长史过从款恰"，徽商江禹治"当路巨公迄四方才智十顾与缔纳"，等等。每有王侯将相到达徽商活动区域，徽商中的大商人便要挥霍巨资为其"接风洗尘"；每逢官僚生日，徽商亦将携巨资为其祝寿；甚至到了商业低谷期，徽商也不惜赔上血本讨好手握重权的官员，以期借助政治势力东山再起。

（2）重金买官。徽商与皇权阶级趋同的最高境界是成为皇权集团中的一员——以为官之名行经商之实的官商，而最便捷的途径便是"以富求贵"。卖官鬻爵历朝历代皆有之，明清时期则更盛，这一现象与商人重金求官不无关系。徽商中最为著名的"红顶商人"胡雪岩，便是因为"捐输"和辅助左宗棠有功，而被清廷封为从二品官员，名噪一时。类似例子在徽州宗谱、族谱和有关地方志中屡见不鲜。另据嘉庆年间的《两淮盐法志》记载，顺治二年到嘉庆十年，徽籍商人子弟为京官者达 26 人，在地方当官者 74 人，并有武职者 1 人。

（3）送女联姻。在古代徽州，谈婚论嫁十分注重"门第"，商人更是如此。徽州地方志有不少关于徽商与官僚之间联姻的记载，一些大商人和时任官僚之间的姻亲例子比比皆是。在利益面前，徽商视政商联姻为攀附官员的重要方式，千方百计寻求与官员或者皇亲国戚联姻的机会，这种联姻多数情况下是通过徽商的女儿成为官员妾室的方式实现的。通过联姻，徽商与皇权官僚阶级建立了利益捆绑关系，徽商可依托官员的势力进一步扩大商业版图，并持续巩固商业地位。

（4）行贿寻租。徽商的优势在于富有，不吝重资行贿官员自然成为其笼络官员的首选方式。徽商贿赂达官权贵者甚多，《意同文略》中描述徽商巴结官员的情况："官以商之富而朘之，商以官之可以护己而豢之，在京之缙绅，过往之名士，无不结纳，甚至联姻阁臣，排抑言路，占取鼎甲，凡力之能致此者，皆以贿取之。"明清时期，贪污腐败较为严重，"十年清知府，十万雪花银"便是生动的写照。徽商行贿权贵的一种重要方式就是帮助官员"洗钱"——官员将贪污所获赃款交由徽商运营坐收厚利，这种钱权交易使得徽商与皇权官僚势力之间的利益捆绑关系更加牢固。

（5）为君分忧。徽商在意识形态上"忠君"思想根深蒂固，始终与皇权势力站在一起。首先，徽商的"捐输"很大一部分是用于战事、赈灾等国家之急，如清朝统一台湾期间，徽商捐输超过三千万两白银，中国当时国民收入约为 278.1272 万两白银，人均 7.4 两可见徽商的贡献之大。其次，农民战争期间，徽商始终支持皇权势力镇压农民军，他们不仅大量捐输、出谋划策，甚至弃贾从戎，譬如：章韬为明军抵御张献忠出点子；张梦玺加入明军抵抗李自成的农民军；朱有升策划并参与对太平军的围追堵截；等等。这些做法拉近了政商之间的距离，有助于徽商依附皇权官僚势力而共生。

（6）资助寒门。徽商不仅善于用金钱结交在任官员，而且乐于与普通士子交往，甚至不吝巨资。徽商对寒门士子总是慷慨资助，不仅邀请他们到徽州会馆接受免费教育，更是为其进京赶考买单，以期士子中试成为朝廷官员后即便不能"涌泉相报"，起码也能"占其余润"。很多正史和人物传记中都有徽商与普通士子交往的记载，如康熙年间的《徽州府志》就记载了歙县商人黄绮对赖姓寒门士子的帮助。徽商视这些士子为将来的官员，把解囊行为当作商业"投资"，这是徽商在栽培政治势力发展商业经济上做到极致的表现。

2. 徽商依附皇权的收益

徽商通过依附皇权而得势，得势之后又凭借这张特殊的政商关系网施展种种正当的和不正当的手段，从而攫取巨额利润。

贱买贵卖积累资本。贱买贵卖是商人原始资本积累的最直接方式，"商祖"白圭就认为"夫良商不与人争买卖之贾，而谨司时。时贱而买，虽贵已贱矣；时贵而卖，虽贱已贵矣"。徽商"乃挟赀治鹾淮阴间，善察盈缩，与时低昂，以累奇赢致饶裕"，不仅很好地传承了这一经营理念，并且在实践中结合依附皇权的优势将贱买贵卖做到了极致。明巾叶以后，政府开始征收金花银，迫使老百姓不得不在粮食收获的季节售卖粮食换取货币以备不时之需，微商乘机压低价格收购，待到粮食紧缺时再以高价卖给政府或老百姓赚取差价。通过这种方式，徽商积累了大量的原始资本，为进入两淮盐场做足了准备。

排挤同行抢占市场。徽商进驻两淮后，凭借地理优势和皇权势力的"保护伞"作用，在两淮盐场稳住阵脚，并逐渐在国内商业市场上称霸。随着徽商势力的不断增强，不断排挤其他商帮在淮扬地区的经营权，迫使擅长长途贩运的山陕商人撤出了两淮盐场，并迅速挤压浙商的食盐销售空间。除了在盐业经营上打击同行外，微商还充分利用政治优势和宗族优势，不断抢占典当市场。如"当时南京的当铺总有五百家，福建铺本小，取利三分四分。徽州铺本大，取利一分二分三分。均之有益贫民"。通过采取这种策略，徽商成功排挤了福建典商，并最终雄霸南京的典市。

垄断经营大发横财。明朝推行"开中折色制"和"纲法制"后，徽商通过依附皇权势力，开启了近两百年对两淮盐业的垄断经营历程。两淮盐场是当时中国最大的盐场，是全国各大商帮争相进驻的"香饽饽"。徽商获得经营专权后，大发垄断横财，并相继实现了对典、木、茶的垄断经营。凭借盐业经营积累的财富和官场人脉，在康熙年间至乾隆年间的一百多年里，江南地区的木材业几乎被徽商垄断，"徽州木商在杭州势力更为强大，成立了徽商木业公所，处理木业相关事宜"。"清代乾隆末年，中外贸易出现巨额顺差，在出口的商品中，由徽商垄断经营的绿茶位居第一。"

二、晋商——权力经济模式

1. 皇权专制与权力经济的形成

站在政治的维度上纵观中国古代王朝史，我们不难发现，从先秦直至明清，历代君主政治总是徘徊在皇权高度集中、权力异化程度不断加剧、政治生态日益恶化、社会思想文化徘徊不前的历史悲剧之中。中国古代社会始终无法摆脱王权主义的政治阴魂。在政治权力的层面，皇帝位于国家权力结构的中枢，拥有至高无上的现实政治权力，皇权几乎不受任何来自制度或组织的制约，帝王意志通常也即国家意志；在社会政治关系的层面，皇帝独揽对臣民的土地、财产乃至人身的统属权和支配权，几乎对社会资源形成独家垄断的局面；在人与自然关系的层面，皇帝处于至为崇高的地位并与神权合而为一，既代表人类与天对话，也代表天意治理人间；在权力与思想文化的层面，君王常与圣贤通义，皇帝代表了绝对的真理，成为人的认识上的终极裁决者，统辖着人们的思想意识与精神世界；在宗法社会结构的层面，皇权与父权相通，皇帝具有天下最大的父家长身份，皇权是父权的政治保障，普遍的父权是皇权的社会基础，此即孟德斯鸠所论："天子之一身，兼宪法、国家、王者三大物，一姓之兴，则亿兆为之臣妾。"以专制皇权为核心的政治权力在中国古代社会中始终体现为一种具有普遍性和统率性的社会法则，其兼具经济管理、社会治理、行政执法、道德裁判等一系列职能，同时带有极为强烈的超经济强制色彩，在体制的层面深刻地影响着国家经济的运行模式。

鉴于皇帝以及勋戚贵族、官僚仕宦等权势阶层牢固地控制着对广土众民的统治权，因此在全社会的利益分配和利益选择之中，政治利益，即君主利益、王朝利益和官家利益是压倒一切的，占有绝对优势。这种"全能主义"的国家——政府形态意味着以皇权为核心的公权力可以肆意侵入社会的各个领域，同时对民众的个人生活进行干预和控制。从本质上说，权力是一种强势的政治资源，它充满了扩张的能量，而历史也雄辩地证明，防止权力的异化是一个亘古不变的难题，绝对的权力几乎不会放过任何一个专断的机会。因此，在中国古代社会公权力实际成为配置资源的唯一手段并且几乎不存在任何刚性制度制约的历史条件下，权力的排他性造就了其垄断性，国民经济的运行势必被烙上深刻的权力烙印。

正如司马迁所说，"天下熙熙皆为利来，天下攘攘皆为利往。"在追逐权力、争夺社会资源的背后是人们自利、求富的本性。诚然，中国古代绝大多数思想家和统治者都普遍反对财富和奢欲，但无可否认的是，逐利自为的精神实际上早已成为了统治阶级乃至全社会的普遍指导原则。特别是在皇权及其蘖生出的庞大官僚机构毫无节制、无限扩张的权力欲和财富欲之下，所谓政府官员不得经商这一类律法禁令与儒家道德教化中对士人重道义而轻财利的规训几乎形同废纸，权力、商业、财富三者在中国古代社会中一向都具有高度的互通性。

自秦汉以来，历代王朝以皇帝为首的统治集团一方面致力于维护、巩固其统治地位，另一方面则极力满足自身穷奢极欲的利益诉求，大都力图在不伤及作为"民本"的小农经济基础的前提下对市场经济进行全面的组织、干预和管制，其目的无非是通过商业来榨取更多的捐税。然而，历史现实却总是与帝王将相的原初设想背道而驰，这种极具乌托邦色彩的统制经济理想不仅从未实现过，反而往往异化成为一种赤裸裸的与民争利行为。由于君主政治始终不曾放松对国家与民众经济生活的管制与操纵，政府事实上成了全部经济社会资源的占有者与支配者，其不仅垄断各类基础资源以及一切民生所必需的要素，更是垄断着至为关键的政策资源。权力与利益总是密切相连，在贵族、官僚掌捏并利用对社会资源以及信息的控制权的情况下，他们必然拥有比民间普通工商业者绝对领先的获利机会，而且管制越多，信息越不透明，他们牟取暴利的机会也就越大。因之权势阶级凭借更大的资源占用权纷纷强行进入并垄断市场，他们大肆攫取国民财富并独占市场利益，金权政治、权力经济成为他们的一种常规性的牟利手段，从而彻底把国家和人民带向了一条通往奴役之路。

2. 权力经济体制下商人的寻租行为

"在一个政治支配经济的社会中，衡量经济效率的标准在于，经济制度在多大程度上保证了政治权力无限的统治地位"。在专制体制下，政府通常垄断社会全部资源，每一个社会人自然就成了权力的需求者或消费者，而权力的需求与供给又会形成权力市场，其中充斥着大量的权力交易行为，其交易结果则体现为垄断利润，致使整个社会中租金泛滥，寻租活动加剧。对此美国学者艾克曼认为："在资源配置过程中，如果官员拥有足够的垄断权力，并且可以通过拖延批准或干脆扣留不给来提高资源的稀缺程度，那么即便是那些够资格的人有时也会甘愿行贿"。如前所述，在天下利权完全为皇权所独占，同时极度缺乏权力制约机制的中国古代社会，政府一方面通过扭曲市场、抑制竞争，造成人为资源稀缺的方式创造租源，另一方面则大量出租权力，收取高额租金。作为理性的经济人，商人为了降低交易成本、规避经营风险、解决信息不对称和外部决策内部化以生存和致富，寻租无疑是最为有效的方式。

明儒王夫之透彻地指出，无论是何朝代，官商之间总能找到密切的利益共同点。"贾人者，暴君污吏所极进而宠之者也。暴君非贾人无以供其声色之玩，污吏非贾人无以供其不急之求"。从一方面来说，由于中国古代社会法制极端缺失，权力恶性膨胀，商人无论从事何种经营，政府的保护和支持都是必不可少的。在官僚的庇护之下，商人的生意可以更为安全有利，他们能够任意营私舞弊、逃避税役，规避国家常规的监管，甚至通过与政府合作的方式牟取利益，从而尽可能减少制度成本，降低商业风险。另一方面，商人为了寻求政治权力的保护又必须将其经营所得的相当一部分财富投献给大小官僚甚或是皇帝本人，这也完美地迎合了贪贿成风、潜规则盛行的官场中官员们的现实需求。如此既可增加官员的灰色收入，又可以包庇其不法所得，减少政治风险，所以官员们几乎无一不热衷于向商人提供各种方便和庇佑。由此可见，中国古代社会中政与商两极尽管从表面上看地位悬殊，泾渭分明，而实际上却有着相当一致的利益诉求，是以官商勾结的现象史不绝书，自古以来就是商借官势，官享商利，权力与资本相互寻租，并呈现出愈演愈烈的趋势，晋商同样位居此列。

商人进行寻租活动具有两个层面的意义，首先是为了在专制王朝的种种重税和虐政之下保全自己的财产，这也是他们拼命向政治权力靠拢并争取成为其附庸最直接也是最根本的目的。由于皇权的至上性和绝对独占性，皇帝除了垄断社会资源之外还理所当然地拥有最高赋税征收权，通过各种超经济强制的手段，实际控制并享有全国的财富，并且在剥夺臣民个人财富时有着绝对的道德威势。明儒黄宗羲对此认为，"人君视天下为莫大之产业"。在中国传统文化中基本没有权利与义务相对称的概念，政府征税毫无与民众博弈、协商、契约一类平等性质，更多体现为一种国家暴力行为，统治者化天下之大公为一己之大私，可以任意竭天下之资财以奉其政，臣民百姓只能无条件服从。换言之，由于皇帝自身就是公共性的代表，人民的私有财产在统治权力面前实际并不具备合法性，自然也就不可能形成有效的个人产权，进而取得正常的法人地位。产权是一种以法律规定和保障为基础，行为人对自己的财产拥有独立的占有、支配、使用、转让等权利，而近现代市场经济制度也正是建立在产权明晰的基础之上。此即经济学家布坎南所论："对于权利的要求和保证，必须先于市场经济过程所体现的简单和复杂的交换"。而美国学者康芒斯也认为："只要统治者对臣民的生命财产有任意处置的权力，就不可能存在什么不可侵犯的财产权"。

人类社会最大的贪婪，实质上是源自制度的贪婪。清末状元资本家张謇曾感叹道："中国但有征商之政，而无护商之法"。在君主政治无处不在的高压之下，普通经济人的处境可谓危如累卵，惶惶不可终日，他们连最低限度的私人产权都无法获得来自制度和法律层面的保障，更遑论财富的持续创造与积累。如西哲约翰·穆勒所说，"当制度形态不能为人们提供人身和财产的保证，人们就只有设法投靠统治阶级，把这些掠夺者奉为自己的主人，才能获得些许的安全感"。由于传统商人阶层在既有的统治秩序以外找不到其他的政治势力或社会力量去寻求特殊的保护，他们若想在如此不利的制度环境下寻求生机，就只能以寻租为手段，屈身于皇权与政府的威势之下并极力把握住从权力扩张的过程中滋生出来的种种机会来谋求利润的最大化，从而钻营出自己安身立命与从事经营的空间。唐代诗人元稹所作《估客乐》一诗深刻地表现了民间小商人成为富商大贾的手段及转变过程，其中"先问十常侍，次求百公卿，归来始安坐，富与王者竞"这样的描述就是对传统商人攀附统治阶级的生动写照。

其次，寻租对于传统商人的意义并不局限于生存的层面，其更为积极的意义则是以寻租的方式从政府手中换得政治买办特权，从而获得国家禁榷商品的专卖资质，在顶层市场中追逐暴利。由于封建政府一贯寻求垄断利润，它势必凭借政治强力来谋求租金收益最大化，因而中国古代社会中的产权结构明显呈现出一种以权力为基准的差异化特征。自汉武帝将"盐铁专营"奉为国策之后，绝大多数王朝基本上垄断国民经济中营利性最强的行业与要素市场，将顶层市场的控制权牢固地掌握在政府手中，导致民间商人只能在底层市场中谋求发展。而底层市场尽管体量庞大，但其不仅经营分散，而且利润微薄，商人至多也就是"竞锥刀末利"而已。两者相比之下，致富的最便捷、最稳妥的途径无疑只存在于国家高度管制的顶层市场之中。

北宋时期曾流行一句民谣："欲得富，赶着行在卖酒醋。"此语充分表明了各类国家专卖行业的暴利性。可以认为禁榷商品的特许专卖权具有一种硬通货的性质，它是一种直接源自政治权力的财富。自宋代之后，食盐、茶叶等特殊商品的禁榷专营制度逐渐由国家全面垄断产销转变为政府招商专卖并对商人特许授权，到明清时期这种"官商合营"的模式更是逐步以制度化的形式确定了下来，于是像晋商这样的民间商人便大量涌入国有专卖体系并逐渐形成了一个完全依附于君主政治的官商权贵阶层。

综合以上两点来看，无论是寻租以避祸，还是寻租以牟利，都是中国古代君主政治体制下商人阶层的必然选择，这与其说是传统商人阶层的宿命，更不如说是与专制相伴生的罪恶。

3. 权力经济体制下商业的权贵化趋势

商业的权贵化是中国古代社会权力经济畸形化发展的必然结果，也是商业资本同政治权力的一种扭曲的结合。费正清就认为中国传统商人阶层最为突出的特征就在于极力谋求买通官府以获得垄断性的市场控制权，而并非增强技术革新、开拓市场。对此他形象地描述说："中国的传统做法不是造出较好的捕鼠笼来捕捉更多的老鼠，而是向官府谋取捕鼠的专利"。如前所述，由于中国古代社会中普通民众的个人权利始终无法取得与统治权力对等的地位，商人从来都不是作为独立的利益主体而存在，加之统治集团掌控着社会资源的所有权与分配权，因而是否拥有特权，拥有多大的特权才是商人获利以及获利多少的关键。从《史记》中记载的那些秦汉之际的著名商人，到明清时期以晋商为代表的政商一体式商帮，历史一再证明，无论是统治阶级的兼营商业，还是民间商人通过寻租谋求官商结合，这些官商权贵们始终占据着国家经济活动中最为有利的位置，他们从事经营的行业诸如官盐运销、发典生息、贩造钱钞、边贸经营、通番入海，甚或是皇帝亲为的皇店私当，这些无一不是整个国民经济体系中营利性最强的行业，体现着深刻的垄断性特权。

由此可见，老生常谈的中国古代社会中所谓"抑商"的概念几乎是一个伪命题，历代王朝真正抑制的是资本薄弱、毫无任何政治背景的小商小贩，而那些掌握大量财富的富商大贾早已与统治阶级相互抱合在一起，形成了坚固的权贵资本。每逢一代王朝政治衰败之际，统治阶级加紧对百姓财富的聚敛和掠夺的时候，权贵商人总能在官府的特别庇佑之下安然无恙，他们将私营工商业中的风险大量转嫁给政府为其承担，而缺乏特权保护的普通商人则必然难于幸免。甚至权贵资本集团还往往充当统治阶级的帮凶，或将市场中的种种不利因素转嫁给普通商民，或伙同官府一并对这些中小商人的财产进行勒索和掠夺。

早在西汉初期，晁错就对官商权贵的社会危害做出评论："因其富厚，交通王侯，力过吏势，以利相倾"，并且告诫统治者要尽可能防止这种现象的恶化。然而由于生产力的不断提高、商品经济的不断发展，商业在专制王朝中发挥的作用日益显著，抑商制度也就愈发的流于形式，商业权贵化的程度也就愈发严重。到了明代之后，随着以晋商为代表的遍布全国各地大小不等的官商集团大量出现，中国古代社会的商业体系中已经完全呈现出一种以政治权力为基准，权贵资本集团制度性倾轧民间资本集团的差序格局。对此明人李梦阳指出："今淮扬数大家，非有尺寸之阶，氛石之储，一旦累资巨百万数，其力势足以制大贾，揣摩机识，足以蔑祸而固福。四方之贾，有不出其门者亦寡矣"。可见这种大商人附庸仕宦，官商权贵欺凌普通中小商人的情形几乎成为当时社会上的普遍现象，这也标志着商业的权贵化已经彻底形成了一种完全巩固、无法撼动的局面。

商业的权贵化对于商人来说可谓是一把双刃剑。从表面上看，商人力量崛起后在很大程度上具有了与政府合作、充当国家长期贸易伙伴甚至与政府分利的实力，但事实上专制王朝对资源配置所具有的压倒性主导地位并没有丝毫改变，政府与商人仍然没有形成平等的契约地位。自明代以降，统治者通过特许授权的制度安排以及逐步放宽对商人进入官场的各种限制，使本应独立自主，充分利用市场机制发展的民营工商业日益朝着权贵资本的方向发生异化。商人为了获得国家专卖商品的经营资质，以及长期维持某一区域或某一行业市场中的垄断地位，只能加紧投靠官府、奉纳皇权，把经营政商关系作为自己最主要的事业，甚至弃商从政，直接将家族触角伸向高层政坛并试图影响国家相关经济政策的制订。如此商业与政治互为利用，纠缠日深；官员与商人你中有我，我中有你，日趋难于分化，导致天性趋利的商人对君主政治的依赖程度一步步加深，最终彻底被政治所同化。然而，这种完全由政治权力所赋予的商业特权无疑是极为脆弱且不稳定的，一味迷恋垄断利润对于商人来说不啻饮鸩止渴。商人在政府的挟制之下完全无法主宰自身的命运，失去了应有的独立人格，其盛衰跌宕、起落浮沉几乎就在朝廷的一纸令文之中，一旦遭遇政局的动荡或权力的反噬，商人实际上完全不具备任何抵抗能力，更不会得到来自统治集团内部哪怕一丝一毫的声援。在这种情况下，权贵一体的商业格局反而会成为他们最大的桎梏。

三、明清政商关系总述

自从有了商人和商业，就有了所谓的"政商关系"。虽然两千多年的封建社会长期实行"重农抑商"政策，但商业还是不断发展，大商人还是不断涌现。到了明清时期，最终不但形成了包括晋商、徽商在内的十大商帮，还出现了一批包括胡雪岩在内的"红顶商人"。大商人的成功，有诸多因素，但毫无疑问，如果没有中央或地方政府的支持，大商人不可能走向成功。本文就以几个典型事例简析一下明清的政商关系。

1. 商人为皇室服务，皇室为商人搭台

低层次的政商关系是商人为皇室成员服务，皇室成员为商人搭台。徽商江春和晋商乔致庸的崛起，当属这个方面的典型。

大盐商江春早年乡试失败，于是弃学经商，寓居商业中心扬州。江春担任两淮总商前后达 40 多年，深谙官商结合的道理，多次率领众商捐资助赈、助饷、很得乾隆皇帝赏只。乾隆皇帝六下江南，都由江春筹划张罗接待，他花钱如流水，博得龙颜大悦。乾隆皇帝对江春颇有好感，曾因江春奏对称旨，亲解御佩荷囊，面赐佩带，并两次亲临江春的别墅"康山草堂"，赐金玉古玩，题写"怡性堂"匾额，授以布政使之衔，并以"盐商之财力，伟哉"，赞叹江春富可敌国。江春却回答说："奴才即使有金山银山，只需皇上一声口谕，便可名正言顺地拿过来，无须屈身说是赏借。"乾隆五十年（1785 年），江春等盐商献银 100 万两，贺乾隆皇帝登基 50 年大典，江春受邀赴宴于京城乾清宫举行的"千叟会"，并与皇帝进同与宴，受锡杖。至此，江春的个人声望至于极点。

类似故事也发生在乔致庸身上。1900 年，八国联军攻陷北京，慈禧太后携光绪皇帝仓皇西逃，路经山西时由于缺少盘缠，不得已向晋商借钱。在很多山西商人都婉言推托之际，乔家银号的一位分号经理却不经请示就答应了，无偿向朝廷捐了 30 万两白银。别人都以为乔家这下可赔大了，但乔致庸不但没有重罚反而越级提拔了这位分号经理。慈禧太后躲过灾难回到北京后，乔家随即就拿下了大量的政府税收汇兑业务。乔致庸的举动无疑承担着巨大的商业风险，但他一贯遵循的原则——济危扶困，却又往往给他带来更大的收益。这也许是他非常清楚舍和得的辩证关系吧！

2. 提携红顶商人

中等层次的政商关系是封建王朝提携商人为封建王朝服务。这方面的代表性人物，当属王有龄和左宗棠提携胡雪岩，让徽商的事业走向辉煌。咸丰

年间，崛起于广西的太平军迅速北上，剑指整个长江流域。危急之际，浙江巡抚王有龄委任阜康钱庄老板胡雪岩以办粮械、综理漕运等重任，致使胡雪岩几乎掌握了浙江一半以上的战时财经，为胡雪岩今后的发展奠定了良好的基础。1862 年，王有龄因丧失城池而自缢身亡，左宗棠继任浙江巡抚一职。左宗棠所部在安徽时饷项已欠近五个月，饿死及战死者众多。此番进兵浙江，粮饷短缺等问题依然令他苦恼无比。此时，胡雪岩雪中送炭，在战争环境下，出色地完成了在三天之内筹齐十万石粮食的几乎不可能完成的任务，在左宗棠面前一展才能，得其赏识并被委以重任。此后，胡雪岩常以亦官亦商的身份往来于宁波、上海等洋人聚集的通商口岸间。他在经办粮台转运、接济军需物资之余，还联络外国军官，为左宗棠训练了千余人、全部用洋枪洋炮装备的常捷军。左宗棠任职期间，胡雪岩管理赈抚局事务。他设立粥厂、善堂、义塾，修复名寺古刹，收殓了数十万具暴骸；恢复了因战乱而一度终止的牛车，方便了百姓；向官绅大户劝捐，以解决战后财政危机等事务。胡雪岩因此声名大振，信誉度也大大提高，财源也随之广进。清军攻取浙江后，大小将官将所掠之物不论大小，全数存在胡雪岩的钱庄中。胡雪岩以此为资本，从事贸易活动，利润颇丰，短短几年，家产已超过千万。1866 年，左宗棠由闽浙总督调任陕甘总督，奉命出关西征。正所谓"兵马未动，粮草先行"：西征军经费虽然由各省共同筹集，但为数不多，且经常拖欠。为解决经费问题，左宗棠只好奏请借洋款救急。自然，具体经办借洋款事务这一重任落在了胡雪岩肩上。胡雪岩通过任职上海汇丰银行帮办的朋友古应春的安排，向英国渣打银行借款，为左宗棠的西征筹得第一笔借款。此后，为助左宗棠西征，胡雪岩先后六次向洋人借款，累计金额为 1870 万两白银，而利息至少占总数的一半，可以说是非常惊人的高利贷。但从当时的情况来看，这一借款举动有其合理性。在当时西征大军欠缺粮饷，各方相互推诿的艰难时刻，胡雪岩不辞劳苦担负起筹借洋款的重任，协助左宗棠西征保住新疆，还是表现了他的爱国之情。胡雪岩也因力助左宗棠收复新疆有功，受朝廷嘉奖，封布政使衔，可以在紫禁城里骑马，赏穿黄马褂，赐红顶戴，后来也就有了红顶商人之称。

胡雪岩是一位商人，商人自然把利益放在第一位。在左宗棠任职期间，胡雪岩说服左让自己管理赈抚局事务。他向官绅大户"劝捐"，以解决战后财政危机等事务。胡雪岩因此声名大振，信誉度也大大提高，自此财源滚滚也就不在话下了。自清军攻取浙江后，大小官员将所掠之物不论大小，全数存在胡雪岩的钱庄中。胡以此为资本，从事贸易活动，在各市镇设立商号，利润颇丰，短短几年，家产已过千万。

晚清时期著名的洋务运动李鸿章、曾国藩、左宗棠三人发起。此三人迫切地要求向西方学习、自强御侮，但由于他们的特殊身份，不便与外国人打交道。这样，与左宗棠联系极为密切、深谙华洋事务的胡雪岩在洋务运动中又找到了用武之地。他协助左宗棠创办了福州船政局、甘肃织呢总局，帮助左宗棠引进机器，用西洋新机器开凿径河。毫不夸张地说，左宗棠晚年的成功中有着胡雪岩极大的功劳。而胡雪岩也正是依靠其亦官亦商的身份，才能走向财富的巅峰。

3. 大商人为社稷苍生服务

还有一种政商关系是政府将能为社稷苍生服务的大商人提拔为官员，而这些商人又利用影响力号召更多商人为社稷苍生而不仅仅为皇室服务。这方面的代表性人物，当属晋商渠本翘。渠本翘（1862—1919 年）自幼便有"神童"之誉，不到 20 岁便博经通史，23 岁中秀才，26 岁中解元，30 岁中三甲第四名进士，任内阁中书。渠本翘祖上世代以经商为业，到其父辈一代，渠家已经成为山西全省闻名的富商巨贾。他本人也是著名实业家，开创了民族资本工业的先河。1898 年，清政府以极低廉的价格将山西煤矿、铁矿的开采权出让给英国商人，消息传出全省哗然，商民各界开始了长达数年的争回矿权、路权的斗争。1905 年，英国商人开始在山西勘探、采样，并要求山西巡抚查禁山西人开办的民矿，矛盾激化。此时渠本翘刚刚卸任山西大学堂监督的职位，时局的变化使他再次从深宅大院中走出来，开始为山西人、中国人的利益奔走、争斗。渠本翘的方法既不是鼓动农民私自开矿，也不是率领学生上街游行，而是联合票号商人，希望通过谈判从英国商人手中赎回被廉价出让的矿权、路权，然后再组成有限责任公司，用现代机械化开发山西的矿产资源，他甚至为新公司想好了一个颇具含意的名字 —— 保晋公司。在渠本翘的全力号召下，晋商众志成城纷纷解囊，全省各界群起保矿，共推渠本翘为保晋公司经理。山西的赎矿运动得到了票号的大力支持，他们不仅在不到一个月的时间内调集了 100 多万两的赎矿银，而且踊跃认购保晋公司的股票，通过自己遍布全国的金融网络承担了保晋公司在全国招股的任务。1908 年 2 月 25 日，山西商人按时交付了 170 万白银，赎回矿权。保晋公司是清末中国收回矿权运动的一个很成功的例子。

以上一些官商"勾肩搭背"、出现"红顶商人"等现象，在晚清以后相对比较常见，也有着特定的历史背景。

第三节 正反案例阐述

一、徽商红顶商人——胡雪岩

胡雪岩（1823—1885）：清代著名徽商，名光墉，幼名顺官，字雪岩，安徽绩溪县湖里村人。他少年丧父，家境贫寒，在杭州阜康钱庄当学徒，从此走上经商之路。

1872 年，胡雪岩在杭州创办"胡庆余堂国药号"，药店所制"诸葛行散""八宝红灵丹""胡氏辟瘟丹"等药品畅销全国，与北京"同仁堂"一起平分中国药业秋色，成为驰名中外的中药老店铺。

胡雪岩投靠中兴名臣左宗棠，为左宗棠及湘军竭心尽力，因而在左宗棠等人的推荐下，被授予江西候补道职务，以商人身份被赐二品顶戴，史称红顶商人，并且依靠湘军的势力，在全国广设当铺和银号，成为富甲江南的大官商。

中国有句话叫"做官要学曾国藩，经商要学胡雪岩"，胡雪岩与吕不韦、陶朱公、沈万三一起，被称为中国的四大财神。

胡雪岩白手起家，凭借其超凡的经商能力在中国商业史上写下了灿烂的一页。他是典型的利用官场政治实现商业抱负的商人，终其一生，他以"仁""义"经商，但他生活奢侈，又不谙政界之道终于成为政治斗争的牺牲品，最终钱财散尽，黯然离世。

1. 雪中送炭最感人：资助落魄官僚获厚报

胡雪岩早年家境贫苦，他是家中长子，经亲戚推荐，前去杭州一家钱庄当学徒，从扫地、倒水等杂役干起。由于工作勤恳言行稳重，而且善于经营，颇受钱庄主人赏识。钱庄主人放心地派他去收账，他总是认真经办，凡是难以收回的账目，只要派他去，就必定能够收回。

　　一个偶然的机会胡雪岩结识了一个穷困潦倒的书生，名叫王有龄，他是福建侯宫人。清道光年间，王有龄就已捐了浙江盐运使，但无钱进京。胡雪岩看得出来，王有龄是个有才华、有抱负的人，但是缺少进京的盘缠和做官的"本钱"，只好每天在茶馆里消磨时光。胡雪岩了解到王有龄的状况后，就私下里挪用了钱庄的500两银子送给了王有龄，叫王有龄迅速进京。

　　这件事很快被钱庄的主人知道了，钱庄主人一怒之下，把胡雪岩赶走了，胡雪岩丝毫不后悔。王有龄走后，在天津遇到故交侍郎何桂清，经其推荐到浙江巡抚门下，当了粮台总办。王有龄做官之后不忘旧恩，常常想起当初资助自己的钱庄小伙计胡雪岩。当王有龄打听到当年胡雪岩为了自己被赶出钱庄，如今景况非常不好时，心中很是不安，他立刻找到胡雪岩，并资助胡雪岩自开钱庄。于是，在王有龄的支持下，胡雪岩的钱庄开起来了，号为"阜康"。之后，随着王有龄的不断高升，胡雪岩的生意也越做越大，除钱庄外，还开起了许多店铺。

　　胡雪岩在创立了自己的钱庄之后，头脑灵活的他就免费为一些特殊身份的太太小姐开设户头，这些特殊的客人就是巡抚布政使司的家眷。在阜康钱庄开业之初，胡雪岩曾专用一笔银两，分成若干份，每份20余两，分别开立存折，送给巡抚布政使司的家眷。官员家眷平白无故得了胡雪岩存折馈赠，以后有钱就存入阜康。此外，这件事经巡抚布政使司的家眷的宣传，外面知道后，都晓得阜康钱庄有抚台、藩台内眷撑腰，钱庄生意自然逐渐兴旺起来。

　　庚申之变中，胡雪岩与军界搭上了关系，大量的募兵经费被存于胡雪岩的钱庄中，后又被王有龄委以"办粮械""综理漕运"等重任，胡雪岩的康阜钱庄几乎掌握了浙江一半以上的战时军费。

1862 年，经曾国藩保荐　左宗棠继任浙江巡抚一职。左宗棠所部在安徽时，饷项已欠近五个月，饿死及战死者众多。此番进兵浙江，军粮依然短缺。胡雪岩得到这个消息，在 3 天之内筹齐 10 万石粮食送给左宗棠，由此得到了左宗棠的赏识并被委以重任。

在深得左宗棠信任后，胡雪岩常以亦官亦商的身份往来于宁波、上海等洋人聚集的通商口岸间。他在经办粮台转运、接济军需物资之余，还结交外国军官，为左宗棠训练了千余人、全部用洋枪洋炮装备的"常捷军"胡雪岩还为左宗棠的西征举借洋款，为左宗棠成功收复新疆、结束阿古柏在新疆十多年的野蛮统治立下了汗马功劳。

左宗棠任职期间，胡雪岩管理赈抚局事务他设立粥厂、善堂、义垫，修复名寺古刹，恢复了因战乱而一度终止的牛车，方便了百姓，向官绅大户"劝捐"，以解决战后财政危机等事务。胡雪岩因此声名大振，信誉度也大大提高。这样，自清军攻取浙江后，大小将官将所掠之物不论大小，全数存在胡雪岩的钱庄中。胡雪岩除经营钱庄之外，还在各市镇设立商号，利润颇丰，短短几年，家产已超过千万。

2. 以仁立业：胡庆余堂的兴旺

在中国传统观念中，医者具有崇高的地位。"不为良相，则为良医"，是众多封建士大夫追求的人生理想，其根源则是贯穿于中国古代儒家的核心思想 —— 仁。在儒家文化中，有句话被无数士子铭记，也就是"穷则独善其身，达则兼济天下"，"兼济天下"就是"仁"的一种表现。

胡雪岩早年在钱庄当学徒，身受杭州悠久的中医文化熏陶。1875 年由于战乱、疫病等原因，死亡率剧增，人口急剧下降，胡雪岩便打定主意，打算开一家药铺。但他不熟悉药业，必须得请一位懂行的账房先生，他深知这个账房先生之重要。经友人推荐，胡雪岩前后接待过四位老先生，每来一位，他总是很恭敬地静听他们对开办药店的高见。这几位账房先生，个个都称都得上是精明能干，也都有自己的一套经商理论。胡雪岩听他们说完之后，然后客客气气地给他们一一送了丰厚的川资和酬金，婉言辞谢。

某天，有人偶然向胡雪岩提起，江苏松江余天成药号的经理兼股东余修初很有魄力，但因资金有限，余天成只是当地小有名气的一家药号。胡雪岩听说后，就恭恭敬敬地把余修初请到家里，向他请教如何才能很快赚钱。

余修初说道："开药铺急于赚钱是不行的。如果急于赚钱，只会见钱眼开，要想有长久打算，就要重视信誉，细水长流。你看，每家药店门口几乎都写有'地道药材'四个字，这难道容易办到吗？"接着，他滔滔不绝地讲出一番道理："驴皮非囤三年就不能熬成上好的膏；女贞子要经过五蒸五晒；红花要来年采撷于西藏；茯苓不来自云南的洱海苍山不能算上品；麝香要当鹿茸要血尖，等等。"

最后，余先生说："药是治病救人的，所以贵到角、羚羊，贱到通草、马勃，都必须精选精挑，不能含糊马虎。开药店总得图百年大计，归根结底一句话，你要我做账房，就要准备先蚀三年本，才能慢慢赢利。不然，另请高贤。"

胡雪岩听了这番话，觉得句句在理，一个真正的生意人，就该有这种长远的眼光。他深深一揖道："今天我胡某总算请到了一位目光远大、懂得经营之道的好账房，余先生，今后一切全仗你啦。"

1872 年，胡雪岩在杭州创办"胡庆余堂国药号"，请余修初为账房先生。然后，他又不惜重金聘请江南名医和著名药剂研制专家，收集古方，总结经验，选配出丸散膏丹及胶露油酒的验方 40 余个，精制成药，便于携带和服用。那时，战争频仍，疫疠流行，"胡氏辟瘟丹""诸葛行军散""八宝红灵丹"等药品备受欢迎。其所用药材直接向产地选购，并自设养鹿园。胡庆余堂成为国内规模较大的全面配制中成药的国药号。

胡庆余堂在 1880 年时，资本达到 280 万两银子，与北京的百年老字号同仁堂南北相辉映，有"北有同仁堂，南有庆余堂"之称。胡庆余堂高大的青砖门楼上镌刻有"是乃仁术"四字。这四个字出自《孟子·梁惠王上》："医者，是乃仁术也。"胡庆余堂背靠的吴山，杭州人称其为"佛山"。山上庙宇众多，上山进香的香客终年不断。胡庆余堂开张不久的一天，从吴山上下来一批香客，说的都是湖州一带口音；衣衫朴素，均为普通农家。其中一人因劳累过度昏倒在地，被众人抬进胡庆余堂店中。

胡雪岩在内堂听说此事，便赶到店堂，不仅命人抢救晕倒之人，还给每人都送上一包痧药。香客们谈起，湖州一带本是富庶之地，近年因战乱而民不聊生，瘟疫大起，胡雪岩听后不住叹息。香客们临走时，胡雪岩送了他们一瓶辟瘟丹和大包的痧药，托他们将药送给无钱买药的病人。香客们即拜而去后，胡雪岩当即决定，派伙计穿上"胡庆余堂"字号的马甲，到水陆码头等交通要道向百姓赠送痧药三年。胡雪岩的这些活动，使"胡庆余堂"声名大振，店内伙计对老板如此大方赠药殊为不解，账房先生余修初笑道："实乃仁术！"

胡雪岩在经商中还坚持"戒欺"思想，于光绪四年（1878年）胡庆余堂立业之时立下"戒欺匾"。匾文如下："凡百贸易均着不得欺字，药业关系性命，尤为万不可欺。余存心济世，誓不以劣品弋取厚利，唯愿诸君心余之心，采办务真，修制务精，不至欺余以欺世人，是则造福冥冥，谓诸君之善为余谋也可，谓诸君之善自为谋亦可。"

3. 做生意一定要活络：开当铺财源广进

胡雪岩曾说过，做生意一定要做得活络。做生意要活络，就是指不要死守一方天地，而要根据具体情况当机立断做出灵活反应。胡雪岩想为自己开辟财源，就不能死守自己熟悉的行当，说到底，也就是时刻想着寻找新的行当，不断扩大自己的经商范围。一个生意人如果只看到自己正在经营的熟悉的行当，最终只会是抱残守缺，永远不会给自己广开财源。

钱庄是胡雪岩的第一笔生意，之后他有了自己的第一家当铺公济店。事实上，胡雪岩本人是钱庄伙计出身，对典当行业并不熟悉，不熟不入是生意人的一般原则，他真正进入典当业，是始于他与钱庄伙计朱福年的交谈那时，在战乱频繁、饥荒不断的年代，居于城市之中的人，不要说那些日入日食的穷家小户，即使稍有些积蓄的人家也会不时陷入困窘之中。急难之时，乡鹏中丽不身辰阳"秘新福年是胡雪岩在联合丝业巨商销洋庄的过程中收服的档手，后来在胡晶不铺国中主米士甲州重朝家，旧时被称作朝奉，朱福年从小耳濡目染，自然熟悉典当业的行情。胡雪岩从朱福年那里知道了许多有关典当业的运作方式、行规等常识，了解了典当业利润丰厚，认为典当业无论时局好坏都有生意可做，是一个比较稳定的行业。

与朱福年的一番交谈更坚定了胡雪岩投资典当业的想法。胡雪岩让朱福年替自己留心典当业的方面的人才，而自己立刻就在杭州城开设了自己的第一家当铺公济店，然后在朱福年等人的帮助下，他的典当行发展到20余家，其范围包括浙江、江苏、湖北、湖南等华东、华中部分省份，日后成为他仅次于钱庄的第二大经济来源。

4. 做生意先做有心人：隔壁闲谈悟商机

有一次，胡雪岩为私生意去了上海，在裕记客栈小歇时，无意中听到了隔壁房中两个人的一段关于上海房地产的谈话。这两个人对于洋场情况上海地产开发方式都非常熟悉，他们谈到洋人的城市开发、设计、建设与中国的差异，甚至中国人是常常先做好市面、住了人之后再修路，而这种修路，多半是自发的，顺其自然的，没有谁会特别重视修路这一事情。其中一个人说道："照上海滩的情况看，大马路，二马路，这样开下去，南北方面热闹是看得到的，其实，向西一带更有可为。眼光远的，趁这时候不管它芦苇荡、水田，尽量买下来，等洋人的路一开到那里，坐在家里等发财。"隔壁两人的一席谈话，使得胡雪岩躺不下去了出于商人的敏感，他顿时觉得这又是一个机会，但苦于自己以前没有这方面的经验。他马上雇了辆马车，由泥城墙往西，不择路去实地勘察，而且在勘察的路上，就拟出了两个方案：第一，在资金允许的情况下，趁地价便宜，先买下一片，等地价上涨之后转手赚钱。第二，通过古应春（胡雪岩的朋友，身为洋买办）的关系，先摸清洋人开发市面的计划，抢先买下洋人准备修路的地界附近的地皮，转眼就可以发财。

19世纪初期，上海每亩地价已由几十两涨至2700两，其后数年间，上海外滩的地价甚至一度高达每亩30万两白银之巨这样一档子买卖，可不就是一本万利的大财源吗？胡雪岩靠着这一次炒卖地皮，赚了几百万两银子。

5. 篾片有篾片的用途：胡雪岩不拘小节聚人才

胡雪岩曾经说过一句简洁又生动的话：篾片有篾片的用途。就是说，每个人都有自己的长处，即人有千面，各个不同。如果了解了一个人的长处，择其长处，让那些天资、秉性、特长不同的人在不同的地方发挥自己的长处，才能做到人尽其才。胡雪岩经商的成功，有大半功劳归功于其用人和识人，只有识人才能用人，只有用好人才能够创造价值。

胡雪岩在筹办自己的阜康钱庄时，非常重视人才的作用。杭州城为太平军攻破，后又被清军收复，城里一切都是兵荒马乱的景象，可居然有自觉恪守的巡夜更夫。胡雪岩发现这个"奇迹"后，认为这个60多岁的老人是了不起的人才，认为他最适合看管仓库，于是立即派人郑重请来为自己帮忙。

胡雪岩身边的许多人，在别人眼中都是"败家子"，但他们在胡雪岩的手下，一个个都成了有特殊作用的不可多得的人才，这正是胡雪岩"取人之长，容人之短，不求完人，但求能人"的最好体现。陈世龙原是一个整天混迹于赌场的"混混"，胡雪岩却把他带在身边。因为胡雪岩看到了他的长处：一是这小伙子灵活，与人结交从不露怯，打得开场面；二是这小伙子不吃里扒外，不出卖朋友；三是这小伙子说话算数，有血性。胡雪岩从这个人身上发现了这些优点，后将他调教成了为自己经商跑江湖的得力助手。胡雪岩用人有一个原则，那就是用而不疑，除了那些关系生意前途的重大决策外，在一些具体的生意事务中，胡雪岩总是让手下人去干，决不随意干预。

有一年，胡庆余堂负责进货的助理（俗称"阿二"）到东北采购药材。他回来后，药号经理（俗称"阿大"）见人参质次价高，就埋怨他不会办事。阿二以边境有战事之故据理力争,两人一直吵到胡雪岩处。胡雪岩细察详情后,留他们吃饭,并特别向阿二敬酒,感谢他千里奔波,在困难时期采购到大量紧俏药品。饭后,胡雪岩吩咐阿大:"古人云,将在外,军令有所不受。商事如同战事,应当用人不疑。以后凡采购的价格、数量和质量,就由阿二负责,我们就叫阿二为'进货阿大'。"从此两位阿大各司其职,把药号管理得井井有条。

对有功劳者,胡雪岩特设"功劳股",即从赢利中抽出一份特别红利,专门奖给对胡庆余堂有贡献的人。功劳股是永久性的,一直可以拿到本人去世。有一次,胡庆余堂对面的一排商店失火,火势迅速蔓延,眼看就要扑向胡庆余堂门前的两块金字招牌。一个伙计毫不犹豫地用一桶冷水将全身淋湿,声速冲进火场,抢出招牌,头发、眉毛都让火烧掉了。胡雪岩闻讯,立即当众宣布给孙永康一份"功劳股"。

有一次,胡庆余堂的一个采买货物的伙计不小心把豹骨误作虎骨买了进来,而且数量不少。进货阿大认为这个伙计平日做事很牢靠,忙乱之中未加详查就把豹骨入库备用。有个新提拔的副档手得知此事,以为又是晋升的机会了,就直接找到胡雪岩打"小报告"。胡雪岩当即到药库查看了这批药材,命药工将豹骨全部销毁。

眼看由于自己的失误带来巨大的损失,进货阿大羞愧地递了辞呈。不料,胡雪岩却温言相劝,说:"忙中出错,在所难免,以后小心就是。"但对那位自以为举报有功等着奖赏的副档手,胡雪岩却发了一封辞退书。因为在胡雪岩看来,身为副档手,发现伪药不及时向进货阿大汇报,已是渎职,还背后打"小报告"更是心术不正,继续使用此类人定会造成上下隔阂。善任厚待、宽严相济的用人方式,使胡雪岩手下有了一批尽心尽力为他效劳的人才。

6. 仁义为重:"胡大善人"美名扬

清朝年间,有个叫舒遵刚的商人,喜读《四书》《五经》,把书中的义理运用于经商之中，他曾说："钱，泉也，如流泉然。"他还说："对人言，生财有大道，以义为利，不以利为利，国且如此，况身家乎。"孔子曰："君子爱财，取之有道。"以义取利，德兴财昌，舍义取利，丧失了"义"也得不到"利"。积善之家，必有余庆，积不善之家，必有余殃。如果一个经营者有长期的理性和智慧，他必不会用恶劣、卑鄙之手段去获利；用恶劣的手段去做任何生意，最终将会失去已获的利润。胡雪岩深深明白这个道理。

　　胡雪岩的一生，以"仁""义"二字作为经商的核心，善于随机应变，而决不投机取巧，最终赚得万贯家财，但他富而不忘本，为杭州百姓做了许多义举。他开设钱塘江义渡，方便了"上八府"与"下三府"的联系，并设船，为候渡乘客提供方便，并因此博得了"胡大善人"的美名。他还极其热心于慈善事业，乐善好施。多次向直隶、陕西河南、山西等涝旱地区捐款赈灾。到 1878 年，除了胡雪岩捐运给西征军的药材外，他向各地捐赠的赈灾款估计已达 20 万两白银。更鲜为人知的是，在轰动朝野的杨乃武与小白菜一案中，他利用自己的声誉活动京官，赞助钱财，为此案最终昭雪立下了汗马功劳，并借此案使他的义声善名更加深入人心。此外，他还两度赴日本，高价购回流失在日本的中国文物。

　　胡雪岩善于跟人交往，他的处世哲学是"多个朋友多条路，多个仇人多堵墙"。与人交往，他处处为对方着想，胸襟宽阔，豁达大度，不计个人小怨。当遇到十分棘手的敌人时，胡雪岩也是尽量只拉弓，不放箭。当敌人知难而退后，心里明白是胡雪岩手下留情，便会心存一份感激。

　　胡雪岩年轻时，因为擅自借用钱庄银子去资助王有龄，从而被钱庄主人解雇。等到王有龄做了官，有了钱来还贷后，胡雪岩并没有因此而"扬眉吐气"，来报复钱庄主人，由于其居心仁厚，这位钱庄主人后来成为胡雪岩生意上的朋友。

　　胡雪岩生命中最辉煌的时期，清朝国民总收入每年是 8100 万两白银，而胡雪岩的收入却是 4200 万两白银，相当于清政府总收入的一半。他的产业遍及钱庄、当铺、丝绸、茶叶、军火各业。又因资助左宗棠收复新疆有功而以军功赏加市政使衔，从二品文官顶戴红珊瑚，皇帝并赏穿"黄马褂"，特赐紫禁城骑马。按清朝惯例，只有乾隆年间的盐商有过戴红顶子的，而戴红顶又穿黄马褂者历史上却仅有胡雪岩一人，故成为名噪一时的"红顶商人"。

随着事业上的发达，胡雪岩在生活上开始奢侈起来。他耗费巨资大兴土木，营造庭院，娶妻纳妾。与此同时，他在政治上坠入了危机四伏、如履薄冰的境地。由于李鸿章和左宗棠在洋务以及"海防""陆防"上的分歧越来越大，他们之间争权夺势的斗争也愈演愈烈，胡雪岩在财力上对左宗棠的支持，使李鸿章对胡雪岩如鲠骨在喉。他坚持"排左必先除胡"，对胡雪岩严厉打击。另外，由于胡雪岩在外债利息上的弊端被揭露，使左宗棠对他的信任打了折扣。

在这种纷繁复杂的形势下，朝廷降旨，胡雪岩先行革职，他在各地的典当行，茧丝以及白银全部待查处理。

胡雪岩事业上失败的另一个重要原因是洋商的排挤，当英国瓦特改良蒸汽机导致工业革命后，手工业没落是迟早的事。胡雪岩不是没看到这个问题，但为了维持广大江南农村养蚕人家的生计，不愿改弦易辙，亦不甘心屈服于西洋资本主义国家的经济力量之下。他以一人之力，囤积生丝，垄断居奇，企图迫使外商高价收买，但外商联合拒买胡雪岩囤积之丝，逼得胡雪岩不得不贱售其丝，损失惨重。

胡雪岩坦然面对这一切，正如他自己讲的："我是一双手起来的，到头来仍旧是一双空手，不输啥。"他遣散了12位姨太太，整日与患难相共的朋友饮酒聊天，寂寞地度完了余生。

"古有先秦陶朱公，近有晚清胡雪岩"，一代红顶商人胡雪岩在中国近代商业史上的地位，堪与中国古代"商圣"陶朱公范蠡相媲美，被后人誉为"亚商圣"。

二、晋商王崇古、张四维

王崇古（1515—1588 年），字学甫，号鉴川，山西平阳府蒲州人，嘉靖二十年进士，隆庆时总督山西边镇军务，任上极力促成与蒙元政权的"封贡互市"。他虽以儒生入仕，然而却知兵善战，可谓文韬武略兼备，他有勇有谋，久历边陲封疆，自隆庆之后实际上已经成为明王朝北方国防的最高指挥官，无论是对边疆诸省还是中央朝局都有很强的政治影响力。

王氏家族在明朝初年从汾阳迁居蒲州，其创业鼻祖是王现、王瑶兄弟，王氏兄弟少年曾随父祖业儒，然而却屡试不中，转而经商。王现字文显，号噫庵子，明人李梦阳为王现所作墓志铭中记述了他经商一生的传奇经历："王文显者蒲商也……初为士不成，乃出为商。尝西至洮泷，瑜张掖、敦煌、穷玉塞，历金城，已转而入巴蜀，沿长江，下吴越，又涉汾晋，践经原，迈九河，翱翔长芦之域……商四十余年，百货心历，足迹半天下，卒终老于盐场"。由此可见王现从商半生，行走大半个中国，他的经营轨迹和商贸版图恰恰是有明一代山西盐商开中纳粮，向西北诸省边镇贩运军需百货换取盐引，再到长芦盐场行盐运销这样的模式。可以说正是开中制造就了王现的发家致富，成为其家族兴盛的起点。

王现之弟王瑶同样是大盐商。据明人韩邦奇所著《苑落集》中的记载，"公蒲善士，为养而商也，生财而有道，行货而敦义，转输积而手不离册"。在弘治年间，王瑶就已经在河南邓州、湖北襄阳以及陕西境内一些地区往来贸易，积累了一定规模的资本。到了正德年间，王瑶开始进行长途运销大宗货物的贸易活动，把内陆腹地的紧俏物资运到张掖、酒泉等边镇地区销售，之后在两淮、浙江、苏州、湖广一带行盐，往返数年之间就积资巨富。王瑶经商的路线图依然与明代晋商开中行盐的一贯流程相吻合，其行盐区域主要是两淮和两浙盐场，正好与其兄经营的长芦盐场相得益彰。王瑶生三男五女，长子王崇义随父经商业盐，王崇古是其三子，自王崇古辈开始，王氏家族与山西境内的大商人和官僚家族广结姻亲以扩大家族威势。王崇古长姐嫁同为蒲州的大盐商沈江，据张四维《条麓堂集》中记载，其父沈廷珍"以家务服贾……南帆扬越，西历关陇……能柘产殖家"；沈江则子承父业，"牵车服贾……携巨资，游关陇、扬、越间，往往牟大利"。王崇古二姐嫁下文即将提到的另一蒲州官商巨族张氏家族的张允龄为妻，乃张四维之母，而沈廷珍之妻又是张四维之祖姑，可见沈氏一族与王、张二大家族都有姻亲关系。

张四维（1526—1585），字子维，号凤磐，山西蒲州风陵乡人，明嘉靖三十二年进士，万历执政之后张四维交结首抚张居正以及太后之父武清伯李伟，旋即掌管詹事府兼教庶吉士；万历三年出任礼部尚书兼东阁大学士，入阁参与机务，其后数年侍讲于皇帝，屡有加封；万历十年代替故去的张居正为首抚，位极人臣。如果说王崇古仅是地方封疆大吏，对明王朝的政治全局影响有限的话，那么张四维则是历职中枢，又广与皇室勋戚以及当朝显贵交好，甚至一度出任一人之下万人之上的首抚，可谓权倾朝野。

张氏家族祖居山西南部解州盐池地区，其先祖于元代迁居蒲州，传至八世张允龄、张遐龄兄弟时，行商大江南北，逐渐治下万贯家财。张允龄字伯延，号岷川，幼年丧父，其母解氏独自将其抚养成人，之后他服贾远游，经商致富。张四维所著《条麓堂集》记载了他的生平事迹："府君年方幼学，即掌理家政，甫弱冠产，驳骚称裕……西度皋兰、浩亹，居货张掖、酒泉间，数年乃南遁淮、泗，渡江入吴，又数年业益困，则溯江汉，西上夔峡，岁往来楚、蜀间，又北游沧、博，拮据二十年，足迹半天下"。可见张允龄经商致富同样是明代晋商一贯的经营模式，即从事开中行盐相关的长途贩运贸易活动，虽然史料中并未明确表示他经营官盐贸易，然而根据其经商路线和区域分析，则很有可能也是参与开中制的晋商之一。张允龄之弟张退龄也曾以经商为业却不甚成功，回乡之后其兄为其置办庄园产业，收获颇丰。张允龄之妻王氏即前述王崇古之二姐，生子七人，张四维是七兄弟中的长子，而张氏商业主要由三弟张四教继承。张四教自小随父经商，颇有成就。《条麓堂集》中记载他年方十六便"服贾远游，历汴泗，涉江淮，南及姑苏、吴兴之境，从先君居业沧瀛间，识量益宏达，综计精确，尤精九章算术……治业滋久，谙于东方碱利原委、分布、调度，具有操纵。末年，业用大裕，不啻十倍其初"。张四教将数学的知识用于官盐运销这种复杂的商业结构之中，掌握了国家盐务的运作原理，从而靠经营长芦盐业而大获其利。张氏家族产业的兴盛正是源自张四教的经营有方，张四维爱惜其弟的才华，为其捐纳了龙虎纪指挥金事的官职。

张四维五弟张四象的继妻范氏同样出自蒲州盐商大族，其祖父范世逵服贾四方，却不屑于做锱铢必较的小生意，他敏锐地认识到了从事开中行盐可以获得巨额暴利。《条麓堂集》中明确记载他"历关、陇，渡皋兰，往来张掖、酒泉、姑臧之境，察道里险易，计储峙，蓄盈缩，以时废居而低昂，其趋舍每发必奇中，往往牟大利"。范世逵从事开中行盐基本已经到了明中叶之后盐商分化为内外二商的时期，此时再从事纳粮换引已经弊大于利，然而范氏依然将此视作奇货可居，通过自己的商业才能获取大利。

张四维之子张定征娶嘉靖时期曾任兵部尚书的同为蒲州籍大官僚杨博孙女为妻。张四维之女嫁内阁大学士马自强之子马健，马氏家族是陕西西安府同州"三世民居，会食数百指"的官商大族，马自强兄弟四人，长兄和四弟都是朝廷命官，其三弟马自修经商致富，史载他幼年便"已释儒业，治农田，寻贩粟郎、延、鄜、洛间，崎岖跋涉，家计浸裕"。可见陕西马家的家族结构与张家和王家一样，呈现出家族中仕商结合、相互促进的形态。

综上所述，经过数代人的经营，同处山西蒲州地区的张王两大官商巨族与山陕两省其他的一些豪门望族结成了一个极其显赫，盘根错节雄踞一方的地方性政商家族联盟，其中有明王朝北方官盐贸易的垄断寡头，有官居内阁的当朝大臣，有历任封疆的地方大员。虽然王崇古和张四维本人是正途仕进出身的朝廷命官而并非商人，但如果以其一家乃至一族为单位去观察，他们家族中官僚与商人完全是一体化的，而且这种官商一体的家族势力又因两族之间的亲戚关系而得以进一步加强，其中政治权力与商业发展之间辗转互动的关系体现得淋漓尽致。一方面官僚依靠家族中商人的财力支援而攀附上司、结好同僚以扩充自己的政治势力,像《明史》中记载的张四维经常性馈赠张居正财物,结交国丈武清伯李伟即是明证。另一方面,商人在家族中官僚的支持与庇护之下极大地扩充商业实力。

张王两家的祖上都是白手起家,靠自己的勤奋和才智完成资本原始积累,但他们起家之后绝对称不上富商巨贾,他们成为明代中国商界之翘楚最根本、最核心的因素恰恰是其家族子弟入仕为官,以权护商的结果。张王两大家族在长期与皇家、政府以及各级官吏互相往来的过程中,通过种种利益输送手段和暗箱操作,实际形成了一个在典章制度和官方正史中难觅踪迹的,权势和利益共占的势力集团。他们以贵族、官僚为靠山,在朝中广结党羽,培植自己集团的代言人,深入了解政府的经济情报,影响国家经济政策的制定与执行,甚至还攀缘首抚乃至国丈的这样的勋戚为其撑腰,有相当的政治实力能够让正式制度的维护者给其让路。明人王世贞曾直言张王二家族控制并垄断了长芦盐场和河东盐池的官盐贸易。隆庆年间御史郜永春认为河东盐政败坏的根本原因就在于张、王两家的强权垄断,同时请求皇帝罚治王崇古同时罢免张四维。由于时任首抚高拱的极力回护以及皇帝念及张四维日侍讲读之情,郜永春的上奏最终意料之中被驳回,而两家对长芦和河东盐业的垄断局面没有受到丝毫影响。这样的情形连《明史》中都概叹:"四维家素封"。

盐商作为一个中国特有的历史概念古已有之,然而像王氏与张氏这样的地域性官商巨族在中国历史上诚可谓空前绝后,他们是明代中后期具体的政治、社会、经济等诸多条件共同作用而形成的特殊历史产物,其形成与膨胀标志着中国历史上商业的权贵化达至顶峰。及至清代尽管扬州盐商集团、山西票商集团等商人群体在财富的积累上大大超越了张氏与王氏家族,但是却再也没有出现过拥有如此大政治影响力的政商一体家族。此外值得一提的是,张王两家对明王朝政局的影响力远非单纯停留在官商勾结控制国家官盐贸易以牟取家族私利这样简单的层次。在政治的层面上,他们相互配合,促成了隆庆年间明政府与蒙古俺答汗的封贡和议，对明代后期的边境政治造成了深远影响。

三、从三大典故看徽商衰败之惨象

1. "大作奸弊"

万历以后，明廷的专制统治面临诸多挑战，高昂的社会治理成本让皇权官僚集团在税费的征收上变本加厉，而充实国库最重要的手段之一就是征收盐税。统治阶级安排矿监税使四处搜刮，而肆虐最甚之处，往往都是徽商的集聚地，徽商自然成为他们敲诈勒索的主要对象。据史料记载，大宦官陈增及其参事程守训是手段极其毒辣的矿监税使，多次在大江沿岸城市以及浙江一带制造冤假错案，无所不用其极地迫使徽商倾家荡产。程守训是徽州人，对徽商及徽商所在区域的富庶情况十分熟悉，又善于玩弄栽赃陷害的把戏，经常巧立名目给徽商巨贾定罪，以此逼迫徽商"捐资助饷"，通过这种方式搜刮了巨额财富。经此浩劫，徽州盐商的发展势头被严重遏制，《二十二史札记》称这段历史为"大作奸弊"。

2. "多藏贾祸"

天启七年（1627年），明末农民战争率先在陕西爆发，后经过不断发展，李自成和张献忠率领的起义军队伍成为农民运动的两股主要力量，控制了中原大片区域。在对待商人方面，李自成率领的农民军虽实行"平买平卖"的政策，号召保护商人的利益，但坚决打击为富不仁和与之作对的商人，徽商遂成为农民军打击的主要对象之一。而且徽商自始至终与皇权阶级立场一致，不仅不屑与农民军为任，更是处处与农民军作对，因而遭到了"罪加一等"的打击。李自成率领的农民军攻下城池后，徽商首先被追赃比饷，更有一些与农民军有过节的徽商在城池被攻破后被直接处死。面对农民军残酷的打击迫害，很多其他徽商害怕"多藏贾祸"，于是纷纷将自己的债权烧毁，或将钱财散尽，导致最终一蹶不振。

3. "扬州十日"

清军入关后势如破竹，大规模举兵南下，但在抵达扬州时，遭到明末名将史可法的顽强抵抗。扬州被攻陷后，一位叫汪文德的徽商偕其弟将全部家财30万金献与清军，其目的只是乞求清军勿滥杀无辜。

然而，事与愿违，清军因在攻城过程中伤亡较大而恼羞成怒，大将多铎毅然下令屠城10日。扬州是徽州盐商的大本营，盐商又是徽商的核心力量，经此一役后元气大伤，许多徽商在大屠杀中丧生，一些盐业巨头虽留住性命，却落得个"钱财散尽"的悲惨命运。扬州沦陷后，很多徽商又因参与"反剃发斗争"，再次难逃钱毁人亡的厄运。少数徽商子嗣虽保全性命苟活下来，但劫后余生的他们在苟延残喘之余不免成了清军搜刮军饷的主要对象，晚景十分凄惨。

第四节　若干评论启示

如果说胡雪岩是徽商成功的缩影，那么他的成功经历也透视出了中国古代政商关系的精髓，即"官商联盟"。胡雪岩成功的关键就在于与王有龄、左宗棠之间建立了无比深厚的特殊交情，通过"这种官商联盟，胡雪岩获得的商业利益，一般商贾难以望其项背"。我们也可以联想到其他成功的商人。乔家光前裕后、大富大贵，关键是在慈禧西逃时献金，自此以后"钱途"广开、日进斗金。一言以蔽之，中国古代的著名富豪中，从范蠡、吕不韦到沈万山，其成功的一个共同要诀，就是官商一体。商人们看重的是官员可以利用权势将政策向他们倾斜，通过钱权交易的形式获得某些特权，如特许经营权、资源垄断权等。最具有代表性的例子就是古代中国的"盐铁官营"，行政性垄断的官商一体十分盛行，结成攻守同盟的官商们获得的利益难以想象。

政商关系说到底是企业与政府管理部门或整个管理体制的关系，企业家与政治家的关系。中国古代的商人想要走向成功就得依赖官僚体系，这与几千年来根深蒂固的"官本位"思想是分不开的。该思想之所以长盛不衰，是因为皇权统治终究离不开官员，官员是统治的手段。而被作为"手段"的官员，也知道手中的权利，不用就过期作废：没有官府的撑腰、支持，生意根本就是"小本经营"，离"百年老店"的辉煌大业相去甚远。

不过我们也该警示到一枚硬币的反面：古代的政商关系又是不可靠的，商人经常会成为官场之争的牺牲品。成功的商人大多依靠的是腐败、不检点的官员，他们并不是好的保护伞，可靠性极低。"而对于公共物品的掠夺，官员往往占有更大份额，而且既不承担风险，也不付出成本，而且还有在大事不妙的情况下反噬的可能"。再说胡雪岩，他在晚年富可敌国，向各个领域投资。当时丝茶贸易为洋人操纵，中国商人屡遭排挤，胡雪岩有感于此，便出巨资四处收购生丝。哪知客观形势已不利于其发展,清政府与洋人勾结日深,而胡雪岩的后台左宗棠病入膏肓,影响力式微。最后竞争失败,胡雪岩损失利银 1000 万两,折本银 800 万两。光绪九年(1883 年),胡雪岩因经营失败,钱庄倒闭,家资散尽,负债累累,被清政府革去道员职务。一年之后,一代"红顶商人"胡雪岩忧愤而死。可以说,胡雪岩晚年的悲剧是对于政商关系不稳定的最好诠释,同时这也是一个时代的悲剧。

一、政商关系的变化对徽商兴衰的影响

徽州商帮从大规模形成到最后解体的 400 多年时间里,一直与皇权势力之间有着或亲或疏的关系。通过对历史史料的大量分析,不难发现正是由于这种或亲或疏的政商关系,直接影响了徽商的发展趋势。

徽商与皇权官僚阶级建立亲密的政商关系之后,得到了长足发展,获取了巨额的垄断利益。在这个过程中,皇权官僚阶级同样也收获了丰厚的回报,比如充足的税收、"捐输""赈灾款"以及官商之间的利益输送等。在这种"互利共赢"的合作模式下,官控垄断市场出现了一个较为稳定的"亚财政"系统,社会资本被大量吸收进去,再通过垄断途径运作出来,官与商都在此过程中攫取了不菲的社会财富。这种稳定暴利的获取又促进政商进一步加强合作,一度促进了依附型政商关系的发展。但是,必须清醒地认识到,依附型政商关系缔结的基础是利益,一旦利益输送的链条断裂,依附型政商关系也将破裂。那么,后来徽商与皇权之间的依附关系是如何破裂的呢?徽商是如何一步步走向衰败的呢?

1. 政商"合流"促使徽商兴盛

(1)徽商的"依势"贱买贵卖

贱买贵卖是商人原始资本积累的最直接方式,"商祖"白圭就认为"夫良

商不与人争买卖之贾，而谨司时。时贱而买，虽贵已贱矣；时贵而卖，虽贱已贵矣"。徽商"乃挟赀治鹾淮阴间，善察盈缩，与时低昂，以累奇赢致饶裕"，不仅很好地传承了这一经营理念，并且在实践中结合依附皇权的优势将贱买贵卖做到了极致。明中叶以后，政府开始征收金花银，迫使老百姓不得不在粮食收获的季节售卖粮食换取货币以备不时之需，徽商乘机压低价格收购，待到粮食紧缺时再以高价卖给政府或老百姓赚取差价。通过这种方式，徽商积累了大量的原始资本，为进入两淮盐场做足了准备。

（2）徽商的"借势"垄断经营

依托皇权官僚阶级的"保护伞"作用，徽商相继实现了对"四大宗"商品市场的垄断经营。明朝推行"开中折色制""纲法制"后，徽商通过依附皇权势力，开启了近两百年对两淮盐业的垄断经营历程。两淮盐场是当时中国最大的盐场，是全国各大商帮争相进驻的"香饽饽"。徽商获得经营专权后，大发垄断横财，并相继实现了在区域范围内对典、木、茶的垄断经营。凭借盐业经营积累的财富和官场人脉，康熙至乾隆的一百多年里，江南地区的典当业和木材业几乎为徽商垄断经营，"徽州木商在杭州地区的势力非常大，成立了徽商木业公所，专门从事木材业买卖的有关事宜。"借助皇权势力的支持，徽商在木材业的经营上"成绩斐然"——"清代乾隆末年，我国经济依然位居世界前列，中外贸易市场呈现巨额顺差，而在出口国外的商品中，由徽商垄断经营的绿茶的营销额在所有商品中位居第一位"。

（3）徽商的"聚势"排挤同行

徽商进驻两淮后，凭借地利优势和皇权势力的"保护伞"作用，在两淮盐场稳住阵脚，并逐渐在国内商业市场上称霸。随着徽商势力的不断增强，强势的徽州商人开始不断排挤其他商帮在淮扬地区的经营权，迫使擅长长途贩运的山陕商人（主要是晋商）撤出了两淮盐场，并不断压缩浙商的食盐销售空间。除了在盐业经营上打击同行外，徽商还充分利用政治优势和宗族优势，不断抢占典当市场。"当时南京的当铺总有五百家，福建铺本小，取利三分四分。徽州铺本大，取利一分二分三分。均之有益贫民"。通过采取这种策略，徽商成功排挤了福建典商，并最终雄霸南京典市。

2. 政商"分裂"加速徽商衰败

（1）皇权官僚阶级过度盘剥压榨

明朝后期，专制统治在政治上腐败、经济上衰退，对商人的盘剥日益加重。尤其是万历以后，官僚阶级向农民和商人征收的税费相当繁重，一些徽商甚至因此破产。清朝初年虽实行了休养生息政策，采取了减免税费等举措，但政策执行时间并不长。到了康熙年间，清政府对徽商累计征收的税费已超过了整个明朝对商人征收的税费。康熙以后，税费年年加码，苛捐杂税再次成为束缚徽商发展的枷锁。清朝中后期，国运衰败，内忧外患，割地赔款，统治阶级对徽商的盘剥也变得"无所不用其极"，加速了徽商的衰败。由于对皇权的过分依赖，当皇权统治面临危机时，徽商的经营也变得举步维艰。此时，皇权官僚阶级不仅不会顾及徽商的死活，反而会最大限度地榨干其剩余价值。即便是像"红顶商人"胡雪岩这样的徽商，成功跻身仕林后虽"亦官亦商"，但也难以摆脱被排挤和迫害的命运。尽管如此，"执迷不悟"的徽商仍然将复兴的希望寄托于资本俘获特权之上，使得非经营性资本的消耗严重影响了商业的发展，不少徽商因此出现资金链断裂并最终破产。

（2）盐政变革后的徽州盐商迅速衰竭

康熙至乾隆年间，盐业在税收上的贡献十分显著，统治阶级和盐商都获得了丰硕的收益。乾隆后，"纲法制"下的盐业市场面临诸多困境，不仅在缴费纳税上"后劲不足"，而且成为引发社会动乱的重要原因。到了道光年间，由于私盐泛滥、官盐滞销，盐业税收大量减少，引起了统治阶级的不满，并开始对盐业市场进行整顿。道光十二年，清廷采纳了盐政大臣陶澍的建议，对盐法进行改革。改革的核心内容是变"纲盐制"为"票盐制"，"招贩行票，在局纳课，买盐领票，直运赴岸，较商运简捷。不论资本多寡，皆可量力运行，去来自便"。徽商能在清朝前期积累大量资本，与其对两淮盐业的垄断是分不开的，并且"子孙承为世业"。然而，时过境迁，后来的清朝统治者在保障徽商既得利益和革除盐业市场积弊之间必须做出选择。鉴于当时的徽商对皇权势力而言，已经"没那么重要了"，这一改革举措被迅速推广。"票盐制"的实行让民间资本大量涌入盐场，彻底打破了徽州盐商在两淮盐场的垄断地位，撼动了徽商长期雄踞淮扬地区的根基。自那之后，徽商失去了商业帝国的"半壁江山"，衰败之势已无法阻挡。

（3）非经营性的资本消耗拖垮徽商

清朝初年，朝廷对徽商实行"恤商裕课"政策，政商之间进入了"蜜月期"，徽商在此过程中积累了数百上千万的资本。清朝中后期，专制制度的弊端暴露无遗，这一时期的政商关系也出现裂痕。徽商的发迹与清政府在财政上的捉襟见肘形成了极大反差，为了增加财政收入，清政府开始对徽商进行大肆压榨，包括课税繁重、捐输频繁、赈灾助饷、无端勒索等。尽管如此，徽商仍然将复兴的希望寄托于资本俘获特权之上，竭尽全力向朝廷"捐输"，使得非经营性资本的消耗严重影响了商业的发展，一些徽商甚至因此出现资金链断裂并最终破产。大盐商江春，虽是集官商于一身，被统治阶级榨干剩余价值之后，只落得个"旧时翠华临幸之地，今亭馆朽坏，荆棘遍地，游人限足不到"的晚景。

（4）徽商的私有财产不被保护

完善的产权制度和相对平等的政商关系是商业兴旺发达的两大基石。但遗憾的是，在我国的封建皇权史上，这两者都未曾实现过。在皇权统治之下，一切都属于最高统治者。"封建王朝只是视民间工商业为充实国库维护封建统治的一种手段，对商人的私有财产亦视为己物，任凭自己的意志通过课税、劝捐等手段掠取，甚至直接抄没，据为己有。"明清时期，商人的私有财产不受保护，皇权官僚势力能以任何理由掠夺商人的财富，商人只能忍气吞声。大盐商江春就曾说过："奴才即使有金山银山，只需皇上一声口谕，便可名正言顺地拿过来，无须屈身说是赏借。"这种"竭泽而渔"的掠夺方式，在加剧徽商衰败的同时，也促使依附型政商关系走向破裂。

（5）洋务运动导致官绅与商争利

徽商虽然长期向皇权官僚阶级输送利益，但起码在名义上享有对自己企业的所有权和独立经营权。这种模式亦可称为"官督商办"，主管机构的官员一般不干涉企业内部事务。但是在洋务运动兴起之后，"官督商办"的经营模式被认为存在诸多问题，清政府开始推行"官商合办"模式。所谓官商合办，即官僚和商人共同出资，共同管理企业，收益分成。1897年，光绪皇帝为实现"求富""求强"的目标，"并准本省各官暨京外大小官绅量力附股"，明确允许"官商合办"。然而，官商合办企业成立后，政治权力逐渐成为掌控企业的决定性因素，很多官员最终都成了官商合办模式中企业的实际控制者，包括徽商在内的普通商人无疑成了官商合办模式下的牺牲品。

（6）鸦片战争失败带来外商冲击

英军用大炮轰开了中国的大门之后，中国与世界经济的联系逐渐增多，来自外部的商业力量对中国传统的封建经济造成了巨大冲击。徽商由于与皇权官僚阶级渐行渐远，失去了来自皇权的直接支持，处境已经日薄西山。鸦片战争后，大量国外商品进入国内市场，徽商的商业版图被外商步步蚕食。首先是徽州茶商被以英控印度茶商为代表的外商挤出国内外市场，其次是欧美等西方金融商人凭借西方现代银行和灵活运营方式击垮了徽州典商。与此同时，外商在借助买办阶级大量输送商品的过程中，强势传入了西方现代科学文化。此后，"人才竞争和选拔的考察核心标准不再是昔日奉为圭臬的程朱理学，如此转变严重削弱了徽州传统科举优势，儒贾相依、士商结合的徽商经营传统已是摇摇欲坠，难以为继"。在此背景下，徽商彻底失去了东山再起的资本和信心，也就此退出了历史舞台。

表2 近代中国棉制品进口及棉花出口统计表

时间	进口棉花 / 万担	进口棉布 / 万匹
1872 年	5	1224.1
1890 年	108.2	1556.1
时间	出口棉花 / 万担	
1871—1873 年	0.8486	
1891—1893 年	290417	

注:出自严中平.中国近代经济史统计资料选辑[M].北京:中国社会科学出版社，2012.

表3 输入中国的鸦片数量表

年度	鸦片每年平均输入量（箱）
1795—1799	4124
1800—1804	3562
1804—1809	4281
1810—1814	4713
1815—1819	4420
1820—1824	7889
1825—1829	12576
1830—1834	20331
1835—1838	35445

注:采自《潘同文（孚）行》

二、晋商的历史局限及其衰亡的政治必然

五百年商路漫漫，晋商依托天时、地利、人和的优势，相识度地聚财，奋发开拓创业，从默默无闻，偏居一隅，牵车服贾的小商小贩逐渐发展成为海内知名，足迹遍及天下，"非数十万无以称富"的豪商巨贾，创造了中国古代社会的商业奇迹。然而，晋商终究是中国君主政治时代权力经济体制塑造之下的产物，他们的成功不单来自商业经营方面的卓越才能，也在很大的程度上来自皇家和政府的特许与恩赐。尽管晋商获得的财富积山盈海，但是他们始终无法摆脱对政治权力的深度依赖，从一定意义上说，晋商财富的增长与市场的充分竞争无关，与产业开拓无关，与技术革新无关。因而我们可以断言，晋商本身几乎并不含有现代化的因子，也无法将其视作一种进步的社会力量。

一言以蔽之，从商帮这一整体来看，晋商仍然属于中国传统商人阶层的范畴，他们基本不属于近代民族资产阶级的行列。表面上晋商的个人财富空前庞大，但他们在推动社会历史进步这方面的意义与作用，却相对显得黯然失色。从晋商长期从事的各类经营活动和商业形势来看，其资本的运作方式和自身的经营手段始终逃不脱孕育其自身的自然经济的宏观范畴。他们在传统农业社会生产、分配、交换、消费经济链条的运转中起到了很大的推动和润滑的作用，却几乎完全不具备任何近现代化的特征。晋商资本的利润实现方式几乎全部来自基于不等价交换基础之上的商品贩运行业，他们资本和利润的流向，仅有极小的部分投向商品生产，其余绝大部分投向了寻租与非生产性消费之中，他们中有许多人甚至直接把银两埋入地下窖藏起来，商业资本长期没有向产业资本进行转化。而到了君主政治行将就木之时，晋商仍未能把大量的商业利润投入近代工业的发展中，投入推动生产力发展的第一线，而这无疑是导致其败落的主要原因。尽管清末民初也曾有个别卓有见地的晋商试图向近代资本主义工商企业转型，甚至对君主专制提出了一定的质疑，然而这种凤毛麟角的极个别现

象与晋商这一商帮整体的封建性与保守性相比几乎可以忽略不计。

进一步来说，晋商在皇权专制趋于极盛的明清时代，却能一直保持旺盛的商业生命并称雄商界长达数百年之久，其成功的关键因素就在于将权力经济的制度逻辑拓展到了极致。自明至清，晋商发展的每一步都与专制王朝的大政方针息息相关，他们深谙政治之道，在政坛上巧妙地周旋，堪称完美地把握了明清两朝每一次有利于自己的政策拐点，依靠过人的政治投机与广泛的官商结合实现了经营事业的成功。与此同时，晋商在官盐行销、蒙俄贸易以及票号行业的市场垄断地位完全得自于政府的授予，他们为了维护这种垄断经营模式又必须时刻加固与统治集团的密切关系。为此，晋商长期与皇室和政府保持密切的往来，特别是其中的那些大商人上通朝廷，下连市场，出则为官，入则为商，一向扮演着"官商"的历史形象。因此，在政治权力主导的相应利益分配机制的驱使之下，晋商只需仰仗皇权的威势，以及营造稳定的官商同盟，就几乎可以无视"贵之征贱，贱之征贵"这种常规的市场供求关系，保证垄断利润源源不断。这种暴利远非同时期的各类官办甚或商办的近代工业可比，这也是晋商始终没有向近代新式民族资本主义工商业进行转型的重要原因，他们基本没有转型的必要，也没有转型的动力。

此外，由于明清政府采取包括科举、捐纳等各种方式分化、稀释商人阶层并将其同化于官僚地主体系之内。所以尽管商人在社会经济中所发挥的作用与日俱增，但是他们对政治权力的依附反而更为强烈。诚如马敏所言："他们本身仍然不能取代传统的官僚士绅阶层成为左右社会的基本社会力量，更谈不上与封建统治势力公开对抗"。晋商从始至终都匍匐在皇权脚下，心甘情愿地做忠臣顺民，他们徘徊在本与末、家与国、权与财这些怪圈中，并没有成为新的社会价值的代表，也没有对传统社会性质的改变做出任何贡献，最终只能以一种残缺而又模糊的形象遗憾地离开了历史舞台。

晋商最后的衰亡同样印证了在君主政治体制下的中国古代社会，官商权贵经济具有经不起市场风险和政治风险的固有的脆弱性和落后性。商人在背离市场竞争，投靠政府之后势必丧失自身发展的独立性与商业转型的能力，一旦丧失官权力的保护则很容易破产。具体而言，一方面，在君主政治的庇护之下，晋商长期从事独占性的食盐、茶叶、外贸以及金融生意，大量攫取垄断暴利，其经济活动不仅依靠市场基础和商业网络，更重要的是依赖政治权力的支撑。另一方面，晋商对君主政治既受其卵翼的庇护，沾其余润的恩赐，在享受某些特权的同时，又不得不承担许多本不应属于商人的特殊而严峻的义务。尽管晋商常年独霸某一地区市场并处于"以权代税"这种类似无税贸易的状态之下，看似躲过了政府的横征暴敛，但是他们对自己的保护者——明清王朝却又必须极尽恭顺，由此成了统治阶级剥削勒索的重要对象。实际上，晋商所得的巨额商业利润之中有相当大的部分都用来报效皇室与政府大小官僚，这些动辄万两、百万两以计的捐输到了清末已经危及了他们的正常生产经营活动，然而此时的晋商已经完全成骑虎难下之势，只能任由各种政治势力所宰割。最终在政治时局变革的情况下，统治者为了维持统治转而放弃和牺牲晋商的时候，其衰败就此成为必然。

在中国近代社会的剧变中，传统商业的产权结构发生了重大变化，一方面，通过以往的官商结合策略发展商业的实际经济绩效在逐渐递减，交易成本与风险则与日俱增。另一方面，对政府依附程度更低、独立性更强的近代资本主义工商业或其他可供替代的商品经济模式却在发生着相反的转化。这些都令晋商这一内生于农耕社会、长期依附于专制王朝、大量从事垄断性经营事业的传统商帮无所适从。在生死存亡之际，晋商既难以摆脱已彻底沦为累赘的依附型政商关系从而向近现代工商业转型，又疲于应付统治集团的横加掠夺无法保全自身财富，官商结合的经济绩效骤减，但同时交易成本、现实风险剧增，如此对其商业发展造成了严重影响，最终导致其走向了衰落。总而言之，晋商的兴盛与君主政治的支持息息相关，但又与其随后的铁血统治格格不入，他们既是政治权力的共谋者，也是政治权力的受益者，然而终究是政治权力的受害者。